Gestalt-terapia

Dados Internacionais de Catalogação na Publicação (CIP)
(Câmara Brasileira do Livro, SP, Brasil)

Perls, Frederick Salomon, 1893-1970
   Gestalt-terapia / Frederick Perls, Ralph Hefferline, Paul Goodman [tradução Fernando Rosa Ribeiro]. São Paulo: Summus, 1997.

   Título original: Gestal therapy.
   ISBN: 978-85-323-0625-8

   1. Gestalt-terapia   I. Hefferline, Ralph   II. Goodman, Paul.   III. Título.

97-3272   CDD-616.89143
                                                         NLM-WM 20

Índice para catálogo sistemático:
1. Gestalt-terapia : Medicina 616.89143

www.summus.com.br

EDITORA AFILIADA

Compre em lugar de fotocopiar.
Cada real que você dá por um livro recompensa seus autores
e os convida a produzir mais sobre o tema;
incentiva seus editores a encomendar, traduzir e publicar
outras obras sobreo assunto;
e paga aos livreiros por estocar e levar até você livros
para a sua informação e o se entretenimento.
Cada real que você dá pela fotocópia não autorizada de um livro
financia um crime
e ajuda a matar a produção intelectual de seu país.

Gestalt-terapia

Frederick Perls, Ralph Hefferline e
Paul Goodman

Do original em língua inglesa
GESTALT THERAPY
Excitement and growth in the human personality
Copyright © by Frederick Perls, M.D., Ph.D.; Ralph Hefferline,
Ph.D.; & Paul Goodman, Ph.D.
Direitos desta tradução adquiridos por Summus Editorial

Tradução: **Fernando Rosa Ribeiro**
Revisão técnica: **Walter F. da Rosa Ribeiro**
Capa: **BVDA/Brasil Verde**

Summus Editorial
Departamento editorial
Rua Itapicuru, 613 – 7º andar
05006-000 – São Paulo – SP
Fone: (11) 3872-3322
http://www.summus.com.br
e-mail: summus@summus.com.br

Atendimento ao consumidor
Summus Editorial
Fone: (11) 3865-9890

Vendas por atacado
Fone: (11) 3873-8638
e-mail: vendas@summus.com.br

Impresso no Brasil

SUMÁRIO

Apresentação à edição brasileira 7

Apresentação à edição de 1969 11

Introdução à edição do The Gestalt Journal 15

Prefácio 31

PARTE 1 – INTRODUÇÃO

Capítulo I – A Estrutura de Crescimento 41

Capítulo II – Diferenças de Perspectiva Geral e Diferenças na Terapia 50

PARTE 2 – REALIDADE, NATUREZA HUMANA E SOCIEDADE

Capítulo III – "Mente", "Corpo" e "Mundo Externo" 65

Capítulo IV – Realidade, Emergência e Avaliação 83

Capítulo V – O Amadurecimento e a Rememoração da Infância 98

Capítulo VI – A Natureza Humana e a Antropologia da Neurose 115

Capítulo VII — Verbalização e Poesia 128

Capítulo VIII – O Anti-social e a Agressão 141

Capítulo IX – Conflito e Autoconquista 160

PARTE 3 — TEORIA DO SELF

Capítulo X – Self, Ego, Id e Personalidade 177

Capítulo XI – Crítica de Teorias Psicanalíticas do Self 190

Capítulo XII – Ajustamento Criativo: I. O Pré- contato e o Processo de
Contato 205

Capítulo XIII – Ajustamento Criativo: II. Contato Final e Pós-contato 220

Capítulo XIV – A Perda das Funções de Ego: I. Repressão; Crítica da
Teoria da Repressão de Freud 232

Capítulo XV – A Perda das Funções de Ego: II. Fronteiras e Estruturas
Típicas 248

APRESENTAÇÃO À EDIÇÃO BRASILEIRA

Apresentar ao público brasileiro este livro é apresentar uma das mais significativas obras já escritas a respeito da Gestal-terapia.

A Gestalt-terapia lançou suas raízes no Brasil no início da década de 1970, com uma palestra proferida por Therése Tellegen e posterior convite a Gestalt-terapeutas estrangeiros para colaborarem na formação do primeiro grupo de terapeutas nesta abordagem no Brasil. Na mesma época, a Summus Editorial, por sugestão de Paulo Barros, lançou os livros *Gestalt-terapia Explicada* (baseado em transcrições de *workshops* realizados por Fritz Perls) e *Tornar-se Presente*, de John Stevens. Somente agora, porém, quarenta e seis anos após sua primeira publicação nos Estados Unidos, é que *Gestalt Therapy: Excitement and Growth in the Human Personality*, um dos mais importantes e fundamentais livros a respeito de Gestalt-terapia, chega às nossas mãos. Não foi por acaso ou descaso que isto aconteceu.

Desde 1985 tentamos viabilizar a edição brasileira desta obra, por muitos considerada "a bíblia da Gestalt", mas, por tratar-se de obra de três autores falecidos, era necessária a permissão dos herdeiros. Infelizmente a viúva de Ralph E. Hefferline durante muito tempo não pôde ser localizada. Foi somente há pouco tempo que os direitos autorais dos três autores passaram a ser centralizados por Steve Perls (filho de Fritz Perls) e Joe

Wysong (editor do *The Gestalt Journal* americano), tornando assim possível a publicação desta obra no Brasil pela Summus Editorial.

O livro, originalmente, foi concebido em dois volumes: o primeiro a respeito dos fundamentos teóricos da Gestalt-terapia baseados nas idéias de Perls e desenvolvidas, elaboradas e redigidas por Paul Goodman, um dos mais criativos pensadores americanos.

O segundo volume apresenta – por meio de experimentos descritos e comentados com eventuais elaborações teórica – os complexos conceitos desta abordagem de forma simples (e quem sabe, ingênua). Este volume é fruto da colaboração entre Perls e Ralph Hefferline que, na qualidade de professor da Universidade de Colúmbia, utilizou com seus alunos os experimentos propostos.

No entanto, na primeira edição publicada pela Julian Press em 1951, os dois volumes foram apresentados em um único livro e a ordem original, por razões comerciais, foi invertida: o volume I passou a ser constituído pelos experimentos e o volume II pela parte teórica. Esta inversão, mantida inclusive em outras edições, possibilitou, para os que leram apenas o volume referente aos experimentos, minimizar a importância dos fundamentos contidos no volume que apresentra a teoria. Assim, o livro passou a ser visto, por alguns, quase como um "manual de auto-ajuda" ou uma forma de "autoterapia", gerando uma visão bastante distorcida da Gestalt-terapia: a de que é constituída basicamente por uma série de experimentos.

Na presente edição brasileira optou-se, por sua maior importância, por publicar o volume no qual são apresentados os fundamentos teóricos da Gestalt-terapia. Encontra-se também a introdução feita por Michael Vincent Miller – um dos principais pensadores americanos da Gestal-terapia na atualidade – para a nova edição do livro (publicada pelo *The Gestalt Journal*).

Não foram poucos os esforços da comunidade gestáltica brasileira para tornar possível o acesso a esta obra. Se, de um lado, muitas horas de conversa e negociação com Joe Wysong se fizeram necessárias, de outro é preciso mencionar o trabalho de Walter F. da Rosa Ribeiro, que cuidadosamente supervisionou e revisou a tradução deste livro, tarefa bastante árdua se levarmos em conta a linguagem, em alguns trechos quase intraduzível, empregada por Goodman.

Tanto a forma quanto o conteúdo do livro nos remetem ao ambiente intelectual não conformista no qual Perls vivia e no qual o livro foi escrito.

Frederick Perls nasceu em 1893, filho de uma família judaica de Berlim. Sempre fora um jovem rebelde, interessado e engajado nos círculos intelectuais que questionavam o *establishment*. Envolveu-se com o teatro de Max Reinhardt e com o grupo Bauhaus, que ansiava por um estilo de vida e de expressão mais autêntico e menos sujeito aos códigos sociais vigentes. Nesta época conheceu o filósofo Friedlander, que influenciou de forma marcante seu pensamento, assim como Buber, Tillich e muitos outros: Goldstein, Lewin, Reich, Moreno, Smuts, Korzybski e o movimento psicanalítico da época.

Após formar-se em medicina em 1920, Perls fez sua análise com Karen Horney, trabalhou com Kurt Goldstein (cujo trabalho era baseado na psicologia da Gestalt de Koffa, Köhler e Wertheimer) e conheceu Laura, com quem se casou posteriormente.

Perls esteve em supervisão com Helene Deutsch e em análise com outros três analistas, dentre os quais Wilhelm Reich.

Em meados da década de 1930, por causa da perseguição nazista e por sugestão de Ernest Jones, Perls estabeleceu-se na África do Sul, onde em 1935, juntamente com sua esposa Laura, também psicanalista, fundou o Instituto Sul-africano de Psicanálise.

Em 1938, Perls apresentou no Congresso Internacional de Psicanálise na Checoslováquia um trabalho intitulado "Resistências Orais", que foi recebido com bastante indiferença pela comunidade psicanalítica da época. Este trabalho deu origem a seu primeiro livro, intitulado *Ego, Hunger and Agression* (publicado em 1942 e escrito com a colaboração de Laura), no qual se propõem a reexaminar a teoria psicanalítica, lançando a idéia de que a agressividade se constitui numa função saudável que desempenha um papel importante no processo de desenvolvimento tanto no que concerne à preservação de si mesmo quanto na interação do indivíduo com seu meio (ver a Introdução de Michael Vincent Miller). No início da década de 1940, temendo o *apartheid* na África do Sul, Perls e sua família emigraram para os Estados Unidos. Nesta época tanto Perls quanto Laura ainda se diziam psicanalistas e uma vez nos Estados Unidos integraram-se ao grupo de artistas e intelectuais não conformistas do qual fazia parte o anarquista Paul Goodman. Embora Perls seja considerado por muitos como o criador da Gestalt-terapia, é importante mencionar o "grupo dos sete", constituído por Isadore From, Paul Goodman, Paul Weisz, Sylvester Eastman e Elliot Shapiro, além de Laura e de Fritz Perls. Posteriormente, Ralph Hefferline veio a fazer parte deste grupo e muitos consideram que não foi Fritz Perls o criador da Gestalt-terapia e sim o "grupo dos sete".

Houve muita divergência e debates neste grupo a respeito do nome que deveria ter a nova abordagem pscioterápica: Laura sugeriu "Psicanálise Existencial", Hefferline, "Terapia Integrativa", Fritz achava que deveria ser "Terapia de Concentração" e outros sugeriram que fosse "Terapia Experiencial". Após muita discussão a nova abordagem recebeu o nome de

"Gestalt-terapia", contra a vontade de Laura. Estudiosa da psicologia da gestalt, achava que o nome gestalt não era adequado.

É neste contexto de acaloradas discussões, no seio dos movimentos de questionamento ao *establishment*, quando Perls tinha cinquenta e oito anos e uma sólida experiência como psicanalista, que o presente livro foi escrito e publicado nos Estados Unidos.

Em muitos aspectos, Perls e Goodman inovam e antecipam no tempo questionamentos que posteriormente alguns psicanalistas se fariam.

Uma das importantes contribuições da Gestalt-terapia refere-se à visão holística do homem, o qual é concebido como ser bio-psicossocial, sempre em interação com seu meio, isto é, leva-se em conta não apenas o que ocorre com a pessoa em sua totalidade, mas também o contexto no qual isto ocorre.

Disto decorre outra contribuição, influenciada pelo pensamento de Buber, que é a de levar em conta na situação terapêutica não apenas o cliente, mas a relação que se estabelece entre ele e o terapeuta, como fenômeno do campo no qual ocorre o processo terapêutico.

Perls e Goodman mudam a ênfase no passado (o por quê?) para o presente: o que acontece e como acontece? Em lugar da interpretação oferecida ao cliente pelo psicanalista surge o importante conceito de *awareness*,* que possibilita ao cliente dar-se conta do que se passa consigo. *Awarenees* refere-se à capacidade de aperceber-se do que se passa dentro de si e fora de si no momento presente, em nível corporal, mental e emocional. É a possibilidade de perceber simultaneamente os meios externo e interno através dos recursos perceptivos e emocionais, embora em determinado momento alguma coisa (interna ou externa) possa se tornar mais proeminente.

Apesar de este livro ter sido publicado no início da década de 1950, foi somente na década de 1960, com a eclosão dos movimentos de contracultura, que a Gestalt-terapia encontrou espaço nos Estados Unidos, como uma abordagem psicoterápica que respondia aos anseios da geração jovem americana.

Embora tantos anos tenham-se passado, este livro ainda continua sendo uma das principais fontes para aqueles que desejam aprofundar a pesquisa científica nesta abordagem e o livro básico para os que desejam conhecer a Gestalt-terapia.

Lilian Meyer Frazão
Agosto de 1997

---

* Embora a palavra *awareness* possa ser traduzida por "consciência", a maioria dos Gestalt-terapeuta brasileiros prefere mantê-la em inglês a fim de que não seja confundida com o significado da palavra "consciência" tal como concebida e utilizada em psicanálise.

APRESENTAÇÃO À EDIÇÃO DE 1969

A Gestalt-terapia agora está se tornando maior de idade, embora eu tenha escrito o manuscrito original, se tanto, há vinte anos. Nesse ínterim ocorreram muitas mudanças, tanto sociais como psicológicas; contudo, os experimentos de gestalt incluídos neste volume são tão válidos hoje como provaram sê-lo na primeira vez em que dirigimos aulas de expansão de *awareness*.

A ênfase global, entretanto, mudou da idéia de terapia para um conceito gestáltico de crescimento (desenvolvimento). Agora considero a neurose não uma doença, mas um dos vários sintomas da estagnação do crescimento (desenvolvimento). Outros sintomas dessa estagnação são a necessidade de manipular o mundo e controlar a loucura, distorções de caráter, a redução do potencial humano, a perda da "habilidade de responder" e, o mais importante de tudo, a produção de buracos na personalidade.

Saturação é um processo contínuo de transcender o suporte ambiental e desenvolver o auto-suporte, o que significa uma redução crescente das dependências.

O recém-nascido depende em tudo de sua mãe — para conseguir o material para o desenvolvimento físico, oxigênio, calor, transporte; imediatamente após o nascimento, ele tem de se prover do seu próprio oxigênio. Logo em seguida, tem de contribuir para a ingestão da sua própria comida, sugando o leite e provendo uma considerável quantidade de calor para si próprio.

À medida que o tempo passa, ele se torna mais e mais auto-suficiente, aprende a se comunicar, a engatinhar e a andar, a morder e a mastigar, a aceitar e a rejeitar. Assim o desenvolvimento prossegue e a criança torna realidade algumas partes do seu potencial para a existência. Infelizmente, nos dias de hoje, a média das pessoas usa apenas de 10% a 15% do seu potencial; o indivíduo que usa 25% do seu potencial já é chamado de gênio.

Para mobilizar seu potencial e garantir maturação adequada, a criança tem de superar muitas frustrações. Na criança saudável essas frustrações mobilizarão as reservas inatas disponíveis.

Quando ou as frustrações são demasiado grandes para a criança lidar com elas ou a criança é atrapalhada ou impedida nas oportunidades de "fazer por si mesma", ela desenvolverá uma espécie de psicopatologia própria e individual. Ela começará a manipular o ambiente com comportamentos "infantilóides" (*role playing*), ou a assumir o controle para assegurar-se de que aquelas frustrações intoleráveis não ocorrerão novamente. Ela formará um caráter específico e escreverá (inscreverá) um *script* de vida que garantirá sua sobrevivência. As mais importantes frustrações ocorrem, é claro, quando exigências do ambiente são feitas à criança em um estágio em que ela não pode *lidar* com elas com sucesso: quando, por exemplo, dirigem-se a ela em uma linguagem de conceitos e abstrações num tempo em que ela só pode pensar em termos concretos. Nessa época a criança pode desenvolver um sentimento de total e mais profunda estupidez. Num caso como *esse*, seu *script* de vida exigirá uma supercompensação de onisciência.

O princípio básico que está subjacente a esses distúrbios é o de que o ambiente lhe exige que seja o que não é, exige que se torne um modelo ideal em vez de auto-realizar-se. A criança se descompensa (desequilibra). Parte do seu potencial é, então, alienado, reprimido, projetado, outras características são adicionadas, tais como comportamentos "infantilóides", sobrecarregando seu auto-suporte, o que leva à exaustão sem satisfação.

Finalmente, essa profunda cisão entre nossa existência biológica e social leva a mais e mais conflitos e "buracos". Os buracos são a característica principal da personalidade incompleta. Alguns de nós não têm coração ou intuição, alguns não têm pernas para ficar em pé, não têm partes genitais, nenhuma confiança, não têm olhos ou ouvidos.

Se uma pessoa tem um buraco onde outras têm olhos, ela descobre (sente) que seus olhos estão projetados no ambiente e *dirigirá* sua vida para uma auto-referência exagerada, permanentemente perseguida pela idéia de que está sendo olhada, julgada, admirada, acusada etc. O pior buraco em que posso pensar é o de uma pessoa que não tenha ouvidos. Isso é usualmente encontrado em pessoas que falam, falam e esperam que o mundo as ouça. Elas usam as frases de outras pessoas meramente como um trampolim para replicar, se é que ouvem tanto. Essas pessoas certamente não ouvem; do meio ambiente, no máximo, abstraem o conteúdo e permanecem em um vazio intelectual. Temos uma polaridade peculiar neste mundo: escutar *versus* brigar. As pessoas que escutam não brigam, e as pessoas que brigam não escutam. Se as facções litigantes de nossa sociedade — parceiros de casamento, oponentes em negócios — abrissem os ouvidos e escutassem seus oponentes, as hostilidades no nosso ambiente e entre as nações poderiam diminuir enormemente.

O "Eu estou dizendo-lhe o que você necessita" seria trocado por "Eu estou escutando o que você quer", e as bases para a discussão racional abrir-se-iam.

Isso se aplica tanto aos nossos conflitos internos como à situação mundial em geral.

Mas como abrirmos os ouvidos e os olhos do mundo? Considero o meu trabalho uma pequena contribuição para o problema, a qual poderia conter a possibilidade de sobrevivência da espécie humana.

Frederick S. Perls
Agosto de 1969
Cowichan Lodge, B. C.

INTRODUÇÃO À EDIÇÃO DO *THE GESTALT JOURNAL*

Isadore From morreu a 27 de junho de 1994 de complicações durante o tratamento de um câncer. Tinha setenta e cinco anos e havia passado por um período de doença cada vez mais séria, suportando-a com coragem, circunspecção irônica e uma falta completa de comiseração para consigo mesmo. Manteve-se também em contato próximo com seus numerosos amigos nos Estados Unidos e Europa. Para Isadore, a amizade sempre fora o *sine qua non* da boa vida.

Apesar de amar a literatura e a filosofia, e de prestar muita atenção à linguagem tanto no seu ensino quanto na prática, Isadore recusava-se a escrever. Ele influenciou profundamente a teoria e prática de Gestalt-terapia por meio da fala — através do ensino e da supervisão. Os poucos artigos seus publicados são transcrições de palestras ou entrevistas. Assim, não é de surpreender que me tenha deixado a tarefa efetiva de escrever esta introdução. Tivemos uma oportunidade, contudo, de nos reunir para algumas conversas longas a respeito de um primeiro rascunho antes que sua doença e o tratamento com quimioterapia o cansassem demais para outros encontros desse tipo. Enviei-lhe a versão final pouco antes que morresse. Não sei se teve a oportunidade de lê-la por inteiro.

Desse modo, sou obrigado a assumir toda a responsabilidade tanto pela qualidade da escrita quanto por quaisquer erros no que se segue. Contudo, Isadore moldou tão profundamente minha própria compreensão da Gestalt-terapia que o que escrevi está saturado de seu pensamento. Esta introdução certamente pertence a ele tanto quanto a mim. Quero também expressar minha gratidão a Hunt Cole, companheiro de Isadore From durante trinta e quatro anos, por seu competente exame editorial do manuscrito.

Michael Vicent Miller
Cambridge, Massachusetts

I

Se a acolhida deste livro, quando apareceu pela primeira vez em 1951, publicado pela Julian Press, tivesse se baseado no seu todo, de capa a contracapa, sua influência na história subseqüente da teoria psicológica e da prática psicoterapêutica poderia ter sido muito significativa. A nova perspectiva apresentada pelo livro partiu de um exame radical, se bem que nem de longe desrespeitoso, das limitações da psicanálise, e desse modo antecipou em décadas as críticas que só começaram a emergir de forma plena (e não muito respeitosamente) durante os últimos anos. Mas o livro foi bastante além da diagnose de dificuldades da teoria psicanalítica: apresentou um fundamento abrangente para uma abordagem profundamente nova da psicoterapia, uma abordagem que, em lugar de jogar fora o que fora aprendido da psicanálise, combinava-o com uma visão por inteiro diferente da natureza humana e suas fraquezas. Em lugar de concentrar-se, como a psicanálise, na escavação do passado do paciente e na interpretação do inconsciente como fontes primárias de descoberta terapêutica, deslocou o centro de gravidade para a experiência presente do paciente. E, em lugar de deixar o terapeuta semi-oculto nos bastidores para estimular a regressão e a transferência no paciente (o cerne do método psicanalítico), colocou o terapeuta e o paciente juntos no centro das atenções para iluminar tanto quanto possível seu relacionamento concreto.

Contudo, mais de quarenta anos após seu *début*, a Gestalt-terapia ainda perambula pelas estradas laterais da psicologia e da psicoterapia contemporâneas. Quase todo mundo escutou falar dela, mas poucas pessoas têm alguma noção do que realmente é, mesmo nos grupos profissionais onde se ensina e pratica a psicoterapia. Muitos fatores, institucionais e culturais, podem estar implicados no ato de impedir a Gestalt-terapia, a despeito de sua promessa original, de tomar um lugar mais significativo na evolução da psicoterapia. Mas não se pode negar que, quase desde o início, a Gestalt-terapia foi conivente com o enfraquecimento de sua própria voz entre o número crescente de terapias contemporâneas que clamam tanto pela atenção profissional quanto pública.

Que o *début* oficial da Gestalt-terapia tenha tomado a forma de um livro não é de surpreender. De maneira similar, a psicanálise começou a atrair a atenção pública pela primeira vez no final do século XIX com a publicação de *A interpretação dos sonhos*. A primeira edição de *Gestalt Therapy: Excitement and Growth in the Human Personality*, entretanto, foi uma mistura esquisita, consistindo em dois volumes dissemelhantes publicados num único tomo, um formato que deu ao livro uma personalidade dividida. Essa idiossincrasia não foi acidental, já que havia verdadeiros conflitos subjacentes à duplicidade peculiar do livro.

17

O volume I escrito numa prosa descompromissadamente difícil, expunha uma visão altamente original da natureza humana. Reinterpretava também a origem dos distúrbios neuróticos a partir de uma perspectiva nova, que levava em maior consideração o papel de forças sociais e ambientais do que talvez qualquer outra perspectiva precedente. E fornecia o fundamento de uma abordagem alternativa da psicoterapia que rompia resolutamente com o modelo psicanalítico dominante, sem destruir, como fez, por exemplo, o behaviorismo, o que havia de valioso na psicanálise.

Em seu ensaio "Paleface and Redskin" ("Cara-pálida e Pele-vermelha"), o crítico literário Philip Rahv afirma que os escritores americanos tenderam sempre a tomar partido numa competição entre dois campos — resultado de uma "dicotomia", como ele diz, "entre a experiência e a consciência... entre a energia e a sensibilidade, entre a conduta e as teorias da conduta". Nossos romancistas mais vendidos e nossos líderes de movimentos literários populares, de Walt Whitman a Hemingway e Jack Kerouac, estão no grupo que Rahv chamou de peles-vermelhas. Representam a mentalidade inquieta da fronteira, com sua reverência pelo sensual e intuitivo em detrimento do intelecto, seu individualismo autoconfiante e seu entusiasmo pela superação rápida dos obstáculos. O herói de um *best-seller* recente, *The Bridges of Madison County (As Pontes de Madison)*, com sua caminhonete, seu jeans e botas desgastadas, seu violão amarrado ao estepe, poderia ser parte integrante desse campo.

Enquanto os peles-vermelhas punham o pé na estrada, anotando suas aventuras ao longo do caminho, os caras-pálidas tendiam a se congregar nas cidades, onde se utilizavam muito das tradições literárias e intelectuais européias. No mínimo, davam tanto valor à transformação artística e à reflexão intelectual quanto davam à captura dos datlos brutos das emoções e dos sentidos no seu retratar da experiência humana. James e Eliot seriam figuras de proa dos caras-pálidas. Ambos subseqüentemente deixaram os Estados Unidos, uma sociedade que passaram a considerar como tosca, para passar o resto de suas vidas na Inglaterra.

Rahv estava se referindo a uma falta de integração na literatura americana, mas sua análise também ajuda a explicar uma bifurcação nas nossas escolas de psicologia e psicoterapia. Já estamos bastante cansados dessa história toda, de tanto ver um corpo sacerdotal analítico e altivo, num extremo, que pronuncia interpretações oraculares e arcanas, e uma turba de psicoterapeutas à la John Wayne, no outro extremo, melodramáticos e viscerais.

Não se trata exatamente de que os fundadores da Gestalt-terapia se conformassem com esses estereótipos: Perls chegou a Nova York com uma educação européia burguesa e um treinamento clássico na psicanálise. Mesmo assim, ninguém mais teria juntado forças com os peles-vermelhas mais prontamente do que ele o fez — pelo menos com os peles-vermelhas em sua versão hippie da Costa Oeste durante a década de 1960. Goodman não era exatamente um anglófilo literário requintado; seu pensamento estava enraizado nas correntes coloquiais, pragmáticas e democráticas da tendência dominante da sociedade americana, e vivia sua vida nas ruas de Nova York, assim como nos campus em plena rebelião estudantil. Mas ele era também, sob todos os aspectos, um intelectual, perfeitamente versado no pensamento clássico e contemporâneo europeu.

Embora os autores de *Gestalt-terapia* pretendessem iniciar com a apresentação da teoria e em seguida expor a técnica, o editor achou que invertendo a ordem poderia fazer que o livro tivesse mais sucesso comercial. Obviamente os autores devem ter concordado com esse arranjo.

O "pele vermelhismo" prevaleceu, senão na escrita, pelo menos na publicação do *Gestalt Theropy,* como prevaleceria logo depois no ensino de Frederick Perls. A importância radical do livro, que poderia ter influenciado de maneira significativa a história da psicologia e psicoterapia modernas, perdeu-se em grande medida. Quantos praticantes comprometidos com a psicoterapia, embrenhados na intricada tradição do pensamento psicanalítico a respeito do caráter e do desenvolvimento humanos teriam atravessado as 227 paginas até que o volume II começasse?

Assim se estabeleceu o cenário para a carreira repleta de vicissitudes da Gestalt-terapia. Não que haja algo errado com os exercícios naquilo que agora é o volume II. Seu objetivo é ilustrar os métodos para ampliar a *awareness* individual de sentimentos e sensações amortecidas, rever o conhecimento da pessoa no que ele ou ela tomam como certo e garantido enquanto realidade fixa, redescobrir regras semeadas no psiquismo na infância por autoridades e instituições que podem inibir de forma perniciosa o comportamento adulto. A criação de experimentos nessa linha é uma importante atividade nas sessões de Gestalt-terapia; seu propósito é ajudar o paciente a ter *insights* a partir da experiência imediata em vez de fazê-lo com base nas interpretações do terapeuta. Com isso, é reservado ao cliente um expressivo grau de controle sobre como e o que ele aprende com a psicoterapia (que, de modo geral, vem se mostrando uma disciplina bastante autoritária).

Tais experimentos, entendidos adequadamente, fazem parte das trocas em colaboração entre paciente e terapeuta numa sessão de psicoterapia. Pode ser valioso usá-los por conta própria para auto aperfeiçoamento, mas isso não tem quase relevância alguma com respeito ao seu uso na Gestalt-terapia, onde são guiados pelo relacionamento entre o paciente e o terapeuta. Também podemos interpretar nossos próprios sonhos da maneira psicanalítica — o próprio Freud o fez na *Interpretação dos sonhos;* que outra escolha ele tinha? — o que não é o mesmo que psicoterapia psicanalítica, na qual a transferência desempenha um papel tão central. Precisamente a perda desse tipo de distinção ajudou a alimentar uma tendência redutiva, tanto no mundo da saúde mental quanto na vida americana em geral. O que passou a ser conhecido como Gestalt-terapia era uma versão despojada de seu contexto teórico e prontamente empobrecida sob a forma de *slogans* para a vida. O emprego do momento presente como vantagem terapêutica tornou-se um imperativo de viver no "aqui e agora". A tentativa de diferençar entre o que foi aprendido que era crucial para o próprio crescimento e o que foi aprendido por decreto transformou-se num puritanismo invertido, um imperativo moral de livrar-se de todos os "deves".

Essas tendências tiveram o apoio de Perls, cuja habilidade como *showman* clínico dominou o desenvolvimento subsequente da Gestalt-terapia. Freud, que não era nenhum fã dos Estados Unidos, preocupou-se com o destino de suas descobertas nas mãos dos americanos, que inicialmente se entusiasmaram muito mais com elas do que seus próprios compatriotas. Ele temia que o apetite americano voraz por novidades e progresso, de fato por qualquer coisa que prometesse uma vida melhor, vulgarizasse as descobertas que guardava tão ciumentamente (e por vezes tiranicamente). Perls não tinha tais receios. Por meio de seu magistério peripatético e sua carreira como guru no Esalen Institute em Big Sur, Califórnia, ele aspergiu generosamente suas platéias e treinados com *slogans* e criou novas técnicas de sopetão, apresentando as mais recentes como a essência da Gestalt-terapia, mesmo que advertisse quase ao mesmo tempo contra a dependência de truques e caminhos mais curtos na terapia.

Em virtude de sua influência, a Gestalt-terapia apresentou-se nas décadas de 1960 e 70 como um conjunto de técnicas parecidas ao psicodrama, encimadas por uma cobertura superficial de filosofia existencialista, para induzir a liberação emocional em nome da liberdade de restrições. Assim, muitas pessoas — com e sem treinamento anterior e credenciais em psicoterapia — sentiram-se estimuladas a pendurar na porta plaquinhas dizendo que eram terapeutas de Gestalt depois de dois *workshops* de fim de semana em Esalen ou em algum lugar ao longo da estrada onde Perls parasse para descansar. Ou então queriam uma fatia maior do mercado — prática que prossegue ainda — ofertando ao público um prato combinado chamado "Gestalt e _____" (preencha o espaço em branco com qualquer uma das numerosas terapias que floresceram nas últimas décadas), quer a combinação implicasse perspectivas do funcionamento humano que fossem filosoficamente compatíveis ou não. A versão mais conhecida da Gestalt-terapia nesse período era um estilo de vida chamado simplesmente de "Gestalt". Puro "pele vermelhíssimo". O termo cara-pálida "terapia" terminou na lata de lixo.

20

Os livros subsequentes de Perls foram em sua maior parte transcritos diretamente de fitas de palestras e demonstrações suas, o que reforçou ainda mais a opinião de que havia pouca teoria coerente por trás da Gestalt-terapia. Após sua mudança para Esalen, ele raramente se referiu ao livro que resultou de sua colaboração com Hefferline e Goodman. . Quer o livro fosse lido ou não, a Gestalt-terapia tornou-se popular no clima de contracultura dessa época. Mas se tornou difícil manter mesmo esse pequeno patrimônio, uma vez que o *Gestalt Therapy* de Perls, Hefferline e Goodman desaparecera das livrarias, quando sumiram os últimos resíduos do movimento de contracultura que o tinham mantido à venda. Ademais, a qualidade do ensino e prática em muitos desses institutos havia sido contaminada pela abordagem de salada mista que combina "Gestalt" e o que quer que esteja na moda. Claro que temos de aprender tanto quanto pudermos de muitas fontes, mas não ao custo da integridade intelectual com relação aos materiais que empregamos quando engajados em um empreendimento tão sensível e premente como é o intervir no sofrimento de outras pessoas.

II

Questionar o impacto da carreira posterior de Perls na acolhida da Gestalt-terapia não é menosprezar a inventividade ou originalidade de suas conquistas anteriores. O embrião da Gestalt-terapia foi um artigo que Perls escreveu em meados da década 1930, que concluía que as chamadas "resistências" — a maneira psicológica de dizer não a si mesmo ou aos outros — era de origem oral. A significância dessa consideração não é extremamente revolucionária — representava uma pequena mudança numa ênfase psicanalítica tradicional — mas suas ramificações foram, não obstante, subversivas. Aparentemente, os analistas reconheceram isso logo de início: Perls menciona em sua obra que o artigo, que apresentou num congresso freudiano em 1936, encontrou desaprovação.

A análise clássica considerava que a fonte da resistência era anal — o ânus era o local, pode-se dizer, de uma recusa obscura e frequentemente hostil, uma forma, na primeira infância, que se expressa em nossa frase *the terrible twos*, quando as crianças dizem não a tudo que lhes pedem ou digam que façam. Seguindo Klein, por exemplo, algumas escolas de psicanálise consideram tudo isso como fazendo parte da evidência da natureza inerentemente bárbara da criança, que precisa ser domada para se moldar e se transformar em comportamento civilizado. Erik Erikson pôs o estágio anal sob uma luz mais benigna: considerou o desenvolvimento pela criança de um controle premeditado do músculo do esfíncter como indício importante de autonomia. Os pais também podem reconhecer intuitivamente os sinais de que seu filho está se tornando em maior grau um indivíduo, mesmo em suas recusas irracionais, mas geralmente providenciam que a criança, para seu próprio bem (e com frequência para muito além de seu próprio bem), seja forçada a respeitar a vontade deles.

O termo psicanalítico para a receptividade da criança aos imperativos dos pais — um termo que a Gestalt-terapia viria a reter — é "introjeção", que significa aprender incorporando valores, regras e modos de conduta do ambiente, nesse caso o ambiente de autoridade dos pais, sem questionar a informação ou sua fonte. A teoria psicanalítica sugere que as crianças têm de continuar a aprender principalmente através de introjeção pelo menos até o estágio edipiano, por volta dos cinco ou seis anos de idade, para serem socializadas adequadamente.

A mudança da recusa anal para a oral pressupõe uma possibilidade diferente. Ergue a capacidade de dizer não tão livremente quanto sim, de se rebelar assim como de se acomodar, de onde jazia enterrada num *locus* inferior para a boca, o local de comer, mastigar, degustar, mas também da linguagem e às vezes o local de amar — em outras palavras, para um local de encontro mais óbvio entre o indivíduo e o mundo. Perls ainda não havia formulado o conceito de "fronteira de contato", tão fundamental para a Gestalt-terapia; isto ainda ficaria para ser feito em sua colaboração com Goodman. Mas as primeiras sementes da ideia já estavam plantadas aqui.

Certas implicações da oralidade foram elaboradas mais plenamente no primeiro livro de Perls, *Ego, Hunger, and Aggression,* publicado em 1947. Nele fez o que foi talvez sua contribuição mais importante para uma visão alternativa do desenvolvimento humano: empregou o surgimento dos dentes num bebê de oito ou nove meses como uma metáfora abrangente para a complexidade e refinamento em crescimento constante das capacidades motoras, dos sentidos e do equipamento mental em geral. Perls propôs que, assim como a criança, agora armada com dentes que a capacitam a mastigar a comida em lugar de meramente engoli-la, começa a desenvolver seu próprio sentido de paladar com relação ao que gosta ou quer e ao que não gosta ou não quer, também pode começar a discriminar e selecionar dentre o que engole psicologicamente do ambiente. Ao tornar-se uma crítica da experiência, a criança forma uma personalidade individual.

Assim, a necessidade de aprender primariamente pela introjeção — pela identificação com e modelando a si mesma de acordo com os adultos que dela tomam conta e a disciplinam — pode começar a ser substituída pela autodeterminação muito mais cedo do que os freudianos alegaram. Na visão de Perls, apoiar a tendência da criança a ir além da introjeção bem cedo não é consigná-la ao barbarismo; é respeitar um processo natural, auto-re-

22

gulador de crescimento sadio. Se há algo de bárbaro nesse quadro, são as tentativas de pais e educadores ansiosos ou prepotentes de interferir desnecessariamente na natureza.

Decorre dessa linha de pensamento que a Gestalt-terapia veio a considerar a função da agressão de uma maneira muito distinta. Em *Ego, Hunger, and Aggression,* Perls descreveu as origens desta no que ele chamou de "agressão dental", morder, tirar um pedaço, e mastigar completamente a própria experiência para absorver as partes de que se precisa e livrar-se do que não se precisa. Essa ênfase coloca a agressão sob uma luz positiva, realçando seu papel tanto na preservação de um sentido de si próprio como no estender-se para contatar o ambiente. A agressão nos habilita arriscar a ter um impacto no nosso mundo, e nos liberta para sermos criativos ou produtivos. Este, naturalmente, é o rumo oposto ao tomado por Freud, que vinculava a agressão ao sadismo anal e ao instinto de morte. Para a Gestalt-terapia, a agressão é por natureza sadia e está a serviço da vida. A personalidade sadia é moldada pelas próprias sequências idiossincráticas de sins e de nãos; como disse Jakob Boehme, o místico alemão que tanto influenciou Hegel, "no Sim e Não consistem todas as coisas". Quando as pessoas não podem dizer não tão prontamente quanto sim, tendem a aceitar acriticamente uma visão da realidade ou um modo de vida ditado por outros. Perls considerou que a ausência do não era causada pela repressão da agressão dental, devido ao medo do conflito, que ele considerou como fonte fundamental da patologia neurótica. Não é a agressão mas a sua inibição na personalidade que produz a impotência, explosões na violência ou dessensibilizarão e embotamento.

Todo método de psicoterapia pressupõe, quer o deixe explícito ou não, uma visão do desenvolvimento humano. Enquanto a psicanálise estimula o paciente a regredir e reintroduz a introjeção através da interpretação, uma abordagem muito diferente surge da alegação de Perls de que a capacidade de autodeterminação e de apoio a si próprio desenvolve-se cedo. Da maneira como se desenvolveu posteriormente, a Gestalt-terapia não jogou fora a interpretação — todos os psicoterapeutas fazem interpretações — mas sim ofereceu também experimentos que capacitam os pacientes a descobrir por conta própria. Relevantemente, incluídos nesses experimentos estão os gerados pela obrigação do terapeuta de assegurar que o paciente retenha ou libere sua habilidade de resistir e criticar as interpretações do terapeuta.

Em outros aspectos, *Ego, Hunger, and Aggression* não se desviou muito do campo psicanalítico, particularmente num ponto fundamental: a despeito de sua crítica da ênfase de Freud no instinto sexual e suas referências à dialética hegeliana, Marx, a alguns poucos neo-hegelianos e nietzscheanos menores, a teóricos semânticos, psicólogos da Gestalt (não terapeutas da Gestalt) e outros pensadores holistas, promoveu uma visão da natureza humana que ainda colocava o indivíduo encapsulado noseucentro. Amaturidade total da Gestalt-terapia teve de esperar pela proclamação de Paul Goodman (em) Perls, Hefferline e Goodman de que "a experiência ocorre na fronteira entre o organismo e seu ambiente... Falamos do organismo contatando o ambiente, mas é o contato que é a realidade mais simples e primeira".

Com essa definição posta, a Gestalt-terapia lançou-se formalmente em águas distantes daquelas onde a psicanálise, o behaviorismo e qualquer outra teoria durante esse período pescava suas verdades. Uma mudança radical no posto de observação para entendimento psicológico está proposta nesta passagem. O *self* agigantado, egocêntrico da psicanálise não é mais o único objeto de psicoterapia; de fato, frequentemente diminui de tamanho e quase desaparece de vista, tornando-se parte do fundo, de onde pode ser retirado, contudo, quando preciso. O local primordial da experiência psicológica, para onde a teoria e prática psicoterapêuticas têm de dirigir sua atenção, é o próprio contato, o lugar onde *self* e ambiente organizam seu encontro e se envolvem mutuamente.

Hoje o termo "contato", filtrado pelos grupos de encontro e pelo movimento das terapias de potencial humano de há vinte anos atrás, entrou nas salas de estar e quartos de dormir da cultura de classe média. As pessoas hoje em certos círculos podem dizer umas às outras coisas como "quero mais contato com você", como se o contato sempre tivesse que ver com promover a comunicação ou a intimidade, junto com abraços e beijos. Mas enquanto a expressão popular significa algo parecido a proximidade ou simplesmente passar algum tempo juntos, isto dificilmente é o que os autores de *Gestalt Therapy* tinham em mente. Eles introduziram o termo "contato" como um conceito abstrato formal (no sentido de que todos os conceitos teóricos são abstratos, embora não matematicamente rigorosos, na teoria psicológica — isto é, num nível de abstração semelhante ao, digamos, de. "inconsciente" ou "libido" ou, por falar nisso, "o *self* feito sob medida para distinguir as suas premissas fundamentais daquelas de virtualmente todas as outras teorias clínicas de sua época. Na visão deles, na medida em que a psicologia limitou seu interesse ao indivíduo isolado, ela distorce a maneira como a vida é vivida.

A Gestalt-terapia, particularmente como a elaborada por Goodman, toma como ponto de partida algo que, mesmo tão óbvio, nossas ciências humanas e sociais geralmente parecem não notar: a troca que se dá incessantemente entre o organismo humano e seu ambiente circundante em todas as áreas da vida vincula a pessoa e o mundo um ao outro de maneira inextricável. Respirar significa absorver oxigênio e devolvê-lo sob forma modificada, e esse dar e receber mínimo tem de continuar até quando dormimos; comer implica em tomar partes da natureza e convertê-las — "destruindo-as", como diria a

Gestalt-terapia, para salientar a agressividade exigida — em algo digerível; trabalhar sugere o remoldar útil de uma parte do ambiente, mas também ter nossa própria atividade nesse sentido organizada pela resistência que o ambiente opõe ou os limites que estabelece; falar significa falar *com* alguém, que geralmente pode responder; fazer amor significa que duas pessoas consentiram com o uso mais íntimo possível do corpo uma da outra. O mundo da Gestalt-terapia é um mundo movimentado, cheio de atividade com ação e transação constantes, um lugar em fluxo contínuo. Dentro desse fluxo, a experiência do *self* muda em tamanho e em finalidade dependendo do que esteja acontecendo. Pode ficar muito pequeno, quase ínfimo, quando nos perdemos na contemplação de uma obra de arte ou estamos absortos no amor; contudo, pode tomar toda a figura da *awareness*, quando, por exemplo, sentimos dor, período no qual o self, de fato, se torna a dor.

Mesmo a cognição não é meramente receptiva: a Gestalt-terapia alimenta-se da noção da psicologia da gestalt clássica de que uma massa de dados interminável e rudimentar que nos é apresentada pelo ambiente é organizada e moldada, pelo sujeito da percepção, em "todos", que têm tipicamente forma e estrutura e que são esses todos subjetivamente estruturados, e não os dados brutos incognoscíveis, que compõem a experiência de uma pessoa. O modo específico pelo qual os todos da experiência, chamados "gestalten", são criados é influenciado pelas necessidades, apetites, impulsos, interesses, e assim por diante, da pessoa. Assim, a Gestalt-terapia reintroduziu a ideia dos poetas românticos do século XIX de que semicriamos o que percebemos e lhe damos um novo ímpeto motivacional. E se pressupusermos que existe esse elemento subjetivo em toda experiência humana, decorre daí que não há duas pessoas que experimentem exatamente a mesma realidade.

Todas as atividades de contatar o ambiente (ou ser contatado por ele) ocorrem ao longo de uma demarcação experiencial (e de modo algum necessariamente física entre o que o organismo considera como sendo si próprio, o que já domesticou, por assim dizer, para seus propósitos, e o sertão, ainda desconhecido, que é a alteridade inexaurível do mundo. A essa margem flutuante onde ego e outro se encontram e algo acontece, a Gestalt-terapia dá o nome de "fronteira de contato".

Assim, na Gestalt-terapia, o espaço entre *o self* e o outro não é um vácuo, como é na maioria das outras teorias psicológicas. A experiência se desdobra em um campo, parecido a um campo elétrico, carregado de premências — a vontade, necessidades, preferências, anseios, desejos, julgamentos e outras expressões ou manifestações de ser. O contato entre duas pessoas não é, por exemplo, uma colisão entre duas partículas atômicas, cada qual com sua estrutura neurobiológica interna ou hábitos e crenças condicionados ou um ego, id e superego. A Gestalt-terapia não tem nem de pressupor nem rejeitar quaisquer dessas construções; pode até admiti-las todas — porque sua preocupação é somente com a atividade na fronteira de contato, onde o que está acontecendo pode ser observado.

Se tudo isso não dista muito do senso comum, e em parte é até muito óbvio, foi não obstante uma forma altamente inovadora de reformular a teoria psicológica de uma maneira que exigisse um modo inteiramente novo de praticar a psicoterapia. A Gestalt-terapia argumenta que é precisamente na fronteira de contato, o local de encontros entre *self* e outro e de afastamentos para ambos, que a psicologia pode explicar melhor, e os psicoterapeutas presenciar melhor e reportar aos pacientes a responsabilidade que as pessoas têm em moldar sua própria experiência. Ademais, a fronteira de contato é onde ocorre o crescimento — o que, afinal de contas, é o assunto da psicoterapia — porque é onde a necessidade emergente de uma pessoa e o que está disponível no ambiente para satisfazê-la juntam-se ou digladiam-se, dependendo de se o encontro for amigável ou não-amigável. O crescimento surge da metabolização do desconhecido, que é assimilado do ambiente, tornando-o conhecido, o que o transforma num aspecto do *self.* Por exemplo, uma criança monta numa bicicleta pela primeira vez e sai cambaleando temerosamente por aí. Ela ainda não experiência essa atividade como expressão integral de si própria. Na décima ou décima segunda vez que montar, ela poderá anunciar orgulhosamente que sabe andar de bicicleta, um atributo que agora poderá vir a ser enumerado entre os que constituem sua identidade. Podemos levar algum tempo para nos tornar senhores do nosso feudo: até certo ponto, como disse o poeta Wallace Stevens, "Tudo a ele vem / do meio de seu campo". ("Everything comes to him / From the middle of his field".) Mas geralmente, crescemos nos aventurando até as cercas e perímetros onde nossa posse diminui e começamos a nos aproximar dos imprevistos do contato humano.

Já que o contato e afastamento prosseguem incansavelmente enquanto a vida continuar-mudando de momento a momento à medida que uma necessidade surge ou um interesse é perseguido e se permite que surjam outros — o que decorre em Gestalt-terapia é uma passagem da interpretação de eventos traumáticos no passado de um paciente para o exame íntimo de como o paciente vai criando sua experiência (inclusive repetindo as reações ao trauma passado) no presente. A Gestalt-terapia não está tão interessada em perguntas sobre onde o desenvolvimento do paciente pode ter sido sustado na sua infância quanto está em ajudá-lo a identificar e trabalhar suas ansiedades e bloqueios atuais, talvez melhor denominados distúrbios de contato do que resistências, que impedem que aconteça o *próximo* ato iminente de crescimento (por exemplo, terminar a terapia).

Surge dessa perspectiva o valor terapêutico na Gestalt-terapia de prestar acurada atenção ao momento presente, o que significa que numa sessão de terapia a observação da fronteira de contato em mudança entre o terapeuta e o paciente adquire importância suprema. Nesse momento ambos podem aprender exatamente como e onde o contato fica perturbado. Trata-se de uma correção crucial da visão comumente aceita e de enfatizar a ideia de que o momento presente — o famoso "aqui e agora" da Gestalt-terapia — é uma maneira de notificar o terapeuta e o paciente onde concentrar sua atenção, enquanto estão fazendo Gestalt-terapia. O momento presente foi introduzido em Perls, Hefferline e Goodman como a metodologia terapêutica mais efetiva, e não como o melhor modo de vida. Não se pressupunha que os terapeutas de Gestalt se comportassem como mestres espirituais budistas, pregando o valor ético ou os prazeres de viver neste momento, embora possa ter parecido assim devido ao legado derivado do trabalho posterior de Perls e do ambiente da década de 1970. Se uma pessoa decide conduzir-se de acordo com alguma noção de viver no momento, tudo bem, mas isso tem menos a ver com terapia do que tem a ver com nossa concepção pessoal de uma vida boa. Se, por outro lado, uma pessoa faz a escolha livre e refletida de viver uma vida de nostalgia, a Gestalt-terapia não teria nenhuma objeção a isso. Proust teria tido uma vida melhor caso tivesse vivido de maneira mais zen no aqui e agora?

III

Talvez a razão mais importante para a ressurreição deste livro e a insistência para que seja amplamente lido é que poderá ajudar a prover muito do que é preciso para reabilitar os fundamentos profundamente perturbados da psicoterapia.

O edifício imponente de Freud, que dominou por tanto tempo a paisagem da psicoterapia, está soçobrando sob pesado bombardeio crítico. Sem dúvida isto tinha de acontecer, já que nossa situação histórica e imperativos culturais sofreram uma transformação profunda desde o final do século XIX. A psicanálise fundamentava-se em dois pressupostos fundamentais: a sexualidade infantil e a motivação inconsciente. Ambas eram invenções radicais na época que nos permitiram entender o comportamento que havia parecido incompreensível. Contudo, ambos exigem um salto de fé, uma crença de que as raízes de toda a conduta adulta estão plantadas em eventos mentais primitivos, vagos ou invisíveis, ocorridos durante a tenra infância, que dão origem a conflitos irreconciliáveis na vida interior de todo indivíduo. Essa concepção proporcionou uma tradição rica em perspectivas e *insights* para todas as disciplinas humanísticas, assim como para a psicoterapia, mas a convicção, muito difundida, a partir dessa tradição, de que a psicanálise constitui uma ciência, a deixou vulnerável a muitas indagações. Como consequência, a abordagem psicanalítica, como um todo, está atualmente sendo fragmentada em várias direções ao mesmo tempo.

Em primeiro lugar, não somente a psicanálise, mas toda a psicoterapia está sendo posta de lado, em certa medida, pelo ressurgimento de um antigo determinismo biológico. O retorno à biologia, naturalmente, tanto decorre como acarreta a aceitação crescente de medicamentos na comunidade psiquiátrica como a melhor resposta para a depressão, a ansiedade, as desordens obsessivo-compulsivas e a psicose. Enquanto isso, a metapsicologia e o método interpretativo de Freud estão levando uma surra de críticos filosóficos que argumentam que as reivindicações da psicanálise da verdade causal não são científicas porque não existem meios de sujeitá-las à verificação empírica — por exemplo, não há modo de provar que a repressão na infância produz sintomas adultos.

Mesmo o caráter de Freud está sendo massacrado por analistas decadentes e críticos literários desiludidos que consideram seus falsos pontos de partida, suas mudanças de opinião e a tendência a menosprezar a oposição como resistência, justificação bastante para chamá-lo de mentiroso, covarde e oportunista. Esses xingamentos se coadunam com nossa epidemia atual de investigação e denúncia biográfica, um tipo de puritanismo renovado, aparentemente dedicado à proposta de que expor suficientemente condutas questionáveis na vida de um inovador reverenciado invalida sua arte ou suas conquistas, ou torna sua teoria e prática indignas de atenção séria. Pode-se imaginar que a psicanálise possa eventualmente terminar desmantelada e jogada, sem sequer um gesto de despedida e gratidão, no ferro-velho da história eurocêntrica e masculino-chauvinista. Esta é uma estratégia de avançar atacando ferozmente o lugar de onde viemos, que se chama eufemisticamente "desconstrução".

Se a Gestalt-terapia puder ainda conter a promessa de trazer uma nova perspectiva a esse debate cada vez .mais estridente, será porque a teoria da Gestalt-terapia abandonou completamente o modelo da ciência natural sem se voltar para o misticismo. O livro de Perls, Hefferline e Goodman, em lugar de tentar descrever saúde e patologia em termos derivados da ciência causal, apresenta um entendimento fenomenológico, baseado na experiência observável e imediatamente relatável, de como uma pessoa faz para criar — e continua criando — uma realidade neurótica ou saudável. Isto representa uma mudança fundamental de paradigma para psicoterapia, que sugere que a Gestalt-terapia não precisa ficar atolada em afirmações e refutações a respeito de se é a psicologia ou a neurofisiologia que representa a ciência mais verdadeira do sofrimento humano.

Em sua busca de uma realidade empírica objetiva, um mundo físico que pudesse ser descrito pelas leis da lógica e da matemática, a ciência moderna, que se originou no final do século XVI no pensamento de Galileu, Descartes e Francis Bacon, criou uma divisão entre o sujeito, a mente conhecedora, e o objeto, aquilo que é conhecido. Virtualmente, todo o pensamento ocidental subsequente manteve esse dualismo, que dá origem a todo tipo de problema sobre a relação da mente com a matéria. O movimento fenomenológico na filosofia, iniciado por Edmund Husserl nos primeiros anos deste século, talvez possa ser melhor entendido como uma tentativa de restaurar a unidade entre sujeito e objeto. A fenomenologia é, sobretudo, um método alternativo ao método científico dominante: ela nem afirma nem rejeita a existência de um mundo físico "externo"; simplesmente insiste que a investigação filosófica comece com o mundo nos únicos termos pelos quais podemos conhecê-lo — tal como é apresentado à consciência. Portanto, a filosofia deve tornar-se o estudo da estrutura da experiência subjetiva imediata.

A Gestalt-terapia é fenomenologia aplicada. Tal como concebida pela Gestalt-terapia, a fronteira de contato é um construto fenomenológico, do mesmo modo que o *self* que avança e retrocede, e o surgimento e desvanecimento do momento presente. Nenhuma dessas concepções representa uma entidade fixa, que fique quieta o suficiente para ser reificada ou medida quantitativamente. Caso de fato as fixemos brevemente no tempo e no espaço para discuti-las ou ilustrar uma questão ou fazer um diagnóstico, isto é simplesmente outro nível de uma abstração às vezes útil.

A fixação crônica e inconsciente tratada como realidade é indício de neurose — numa teoria assim como numa pessoa.

A filosofia fenomenológica, como a psicologia acadêmica da Gestalt de Wertheimer, Köhler e Koffka, à qual se relaciona intimamente sob certos aspectos, ocupa-se principalmente de problemas de percepção e cognição. Como teoria de psicoterapia, a Gestalt-terapia incorpora também os aspectos intencionais, ativos, emocionais e cheios de ansiedade da existência humana. Podemos captar o sabor peculiar da Gestalt-terapia emprestando uma formulação feita por Arnold Toynbee. Este alegava que a história não se pode basear no modelo das ciências naturais porque as ações humanas não são uma causa mas um desafio, e suas consequências não são um efeito mas uma resposta. A resposta a um desafio não é invariável, e desse modo a história é inerentemente imprevisível.

De maneira semelhante, a Gestalt-terapia considera o curso do desenvolvimento humano — e, por falar nisso, a própria sessão terapêutica — como um desafio e resposta, em lugar de causa e efeito. Onde há desafio em vez de mera causalidade, há ansiedade que não pode ser erradicada, mas pode ser transformada em algo mais produtivo do que sintomas ou caráter neurótico. A Gestalt-terapia, levada a sério, não oferece uma cura para todos os problemas de que os seres humanos são vítimas pelo simples fato de herdar a condição humana. Não oferece nenhuma passagem de volta pelos portões do Éden. Mas, como outrora prometia a psicanálise, pode ajudar-nos a viver melhor num mundo decadente.

Isadore From
Michael Vincent Miller

PREFÁCIO

Este livro começou como um manuscrito redigido por Frederick S. Perls. O material foi desenvolvido e elaborado por Paul Goodman, e Ralph Hefferline deu-lhe uma aplicação prática. Contudo, da maneira como está agora, o livro é de fato o resultado do empenho cooperativo dos três autores. O que começou como o trabalho de um autor, terminou como o de três: cada um de nós foi igualmente responsável.

Tínhamos um propósito em comum: desenvolver uma teoria e um método que ampliassem os limites e a aplicabilidade da psicoterapia. Nossas diferenças eram muitas, mas, manifestando-as em vez de escondê-las por cortesia, chegamos muitas vezes a soluções que nenhum de nós poderia ter antevisto. Muitas das idéias do manuscrito original foram mantidas neste livro, mas um igual número de outras foi-lhe acrescentado no empenho cooperativo dos três autores na sua redação; mais importante ainda, essas idéias ganham um novo significado no contexto do livro da maneira como este foi concluído.

* * *

Os *insights* da psicologia da gestalt foram produtivos na abordagem da arte e da educação; e, na psicologia acadêmica, os trabalhos de Wertheimer, Köhler, Lewin e outros são agora plenamente reconhecidos. Contudo, por causa do interesse no behaviorismo, que em geral é motoricamente orientado, os círculos acadêmicos agora dão demasiada ênfase ao aspecto perceptivo da gestalt. O magnífico trabalho de Goldstein em neuropsiquiatria não encontrou o lugar que merece na ciência moderna. Ainda não se empreendeu a aplicação plena do gestaltismo em psicoterapia como a única teoria que abrange consistente e adequadamente tanto a psicologia normal como a anormal. Esta obra é uma tentativa de lançar os alicerces para isso.

* * *

É indispensável, tanto para a redação como para a compreensão perfeita deste livro, uma postura teórica que realmente permeie o seu conteúdo e o seu método. Assim, o leitor é aparentemente confrontado com uma tarefa impossível: para entender o livro precisa ter uma mentalidade "gestaltista", e para adquiri-la precisa entender o livro. Felizmente, a dificuldade está longe de ser insuperável, visto que os autores não inventaram tal mentalidade. Ao contrário, acreditamos que a perspectiva gestálitica é a abordagem original, não deturpada e natural da vida; isto é, do pensar, agir e sentir do homem. O indivíduo comum, tendo sido criado numa atmosfera cheia de rupturas, perdeu sua Inteireza, sua Integridade. Para reintegrar-se de novo, ele tem de sobrepujar o dualismo de sua pessoa, de seu pensamento e de sua linguagem. Ele está acostumado a pensar em termos de contrastes — infantil e maduro, corpo e mente, organismo e meio, *self* e realidade — como se fossem entidades em oposição. A perspectiva unitária que pode dissolver uma abordagem dualística desse tipo está oculta mas não destruída, e, como pretendemos mostrar, pode ser readquirida com benefício salutar.

Um dos temas do livro é a assimilação. O organismo cresce ao assimilar do ambiente o que precisa para o seu próprio crescimento. Embora isto seja óbvio para todos com relação aos processos fisiológicos, os estágios de assimilação mental foram, de modo geral, negligenciados. (Uma exceção é o conceito de introjeção de Freud, que pelo menos parcialmente leva isso em consideração.) Somente por meio da assimilação completa é que substâncias heterogêneas podem ser unificadas num novo Todo. Acreditamos que por meio da assimilação de tudo quanto seja de valor que as ciências psicológicas de nosso tempo têm a oferecer é que estamos agora em posição de formular a base para uma psicoterapia consistente e prática.

Por que, então, como o título sugere, damos preferência ao termo "gestalt" quando levamos em consideração igualmente a psicanálise freudiana e parafreudiana, a teoria reichiana da couraça, a semântica e a filosofia? Explicamo-nos: não fomos benevolentemente ecléticos; nenhuma das disciplinas mencionadas foi engolida indiscriminadamente e sintetizada artificialmente. Foram, sim, examinadas criticamente, e organizadas num novo todo, numa teoria abrangente. Ocorreu que neste processo tivemos de deslocar o foco da psiquiatria do fetiche do desconhecido, da adoração do "inconsciente", para os problemas e a fenomenologia da *awareness*: que fatores operam na *awareness*, e como faculdades que podem operar com êxito só no estado de *awareness* perdem essa propriedade?

A *awareness* caracteriza-se pelo contato, pelo *sentir* (sensação/percepção), pelo *excitamento* e pela formação de gestalten. O seu funcionamento adequado é o reino da psicologia normal; qualquer perturbação cai na categoria da psicopatologia.

O *contato*, como tal, é possível sem *awareness*, mas para a *awareness* o contato é indispensável. A questão crucial é com o que se está em contato? Uma pessoa que observa um quadro moderno poderá acreditar que está em contato com a tela, quando na realidade está em contato com o crítico de arte de seu jornal predileto.

O *sentir* determina a natureza da *awareness*, quer ela seja distante (p. ex., acústica), próxima (p. ex., tátil) ou dentro da pele (proprioceptiva). Na última expressão está incluída a percepção de nossos sonhos e pensamentos.

Excitamento parece ser lingüisticamente um bom termo: abrange a excitação fisiológica assim como emoções indiferenciadas. Inclui a noção freudiana de catexis, o elã vital de Bergson, as manifestações psicológicas do metabolismo, do mongolismo a Basedow, e nos dá a base para uma teoria simples da ansiedade.

A formação de gestalten sempre acompanha a *awareness*. Não enxergamos três pontos isolados; fazemos um triângulo com eles. A formação de gestalten completas e abrangentes é a condição da saúde mental e do crescimento. Só a gestalt completada pode ser organizada como uma unidade (reflexo) de funcionamento automático no organismo total. Toda gestalt incompleta representa uma "situação inacabada" que clama por atenção e interfere na formação de qualquer gestalt nova, vital. Em vez de crescimento e desenvolvimento, encontramos estagnação e regressão.

$$* * *$$

Configuração, estrutura, tema, relação estrutural (Korzybski) ou todo organizado e significativo são os termos que se assemelham mais de perto à palavra *gestalt*, originalmente uma palavra alemã, para a qual não há uma equivalência em inglês. Um exemplo lingüístico: *pal* (companheiro, colega) e *lap* (colo, dobra, volta, lambida) contêm os mesmos elementos, mas o significado depende da ordem das letras no interior de sua gestalt. Ainda, *bridge* tem o significado de um jogo de cartas ou de uma estrutura ligando as duas margens de um rio (ponte). Aqui o significado depende do contexto no qual *bridge* aparece. A cor lilás parece azulada contra um fundo vermelho e avermelhada contra um fundo azul O contexto no qual aparece um elemento chama-se na psicologia da gestalt "fundo" contra o qual sobressai a "figura".

Na neurose, e muito mais na psicose, a elasticidade da formação figura/fundo fica perturbada. Encontramos freqüentemente ou uma rigidez (fixação), ou uma falta de formação da figura (repressão). Ambas interferem na completação normal de uma gestalt adequada.

A relação entre figura e fundo na saúde é um processo de emergência e recuo permanentes, mas significativos. Assim, a interação entre figura e fundo torna-se o centro da teoria tal qual apresentada neste livro: atenção, concentração, interesse, preocupação, excitamento e graça são característicos da formação saudável de figura/fundo; enquanto confusão, tédio, compulsões, fixações, ansiedade, amnésias, estagnação e acanhamento são indicadores de uma formação figura/fundo perturbada.

Figura/fundo, situação inacabada e *gestalt* são os termos que tomamos emprestado da psicologia da gestalt. Termos psicanalíticos tais como superego, repressão, introjeção, projeção etc. são tão comumente usados em qualquer livro contemporâneo de psiquiatria que, no momento, não nos preocuparemos com eles. Serão discutidos em detalhe por todo o livro. Empregamos um mínimo de semântica e terminologia filosófica. As teorias da cibernética, dianética e do orgone serão pouco ou não discutidas no texto. Consideramos que essas teorias são, na melhor das hipóteses, meias-verdades, já que tratam o organismo em separado e não em contato criativo com o ambiente. Uma avaliação crítica da dianética pode ser encontrada, contudo, na introdução do livro de J. A. Winter sobre esse assunto. A cibernética tem uma perspectiva unitária no princípio do tudo-ou-nada (mencionado pela primeira vez por Alfred Adler como uma atitude neurótica geral), na posição sim/não do tubo eletrônico (incluída neste livro na discussão da função-ego de identificação/alienação) e na eficiência ótima dos sistemas balanceados; mas enquanto os robôs de Wiener não crescerem e se propagarem por conta própria, preferimos explicar suas máquinas pela função humana em vez de vice-versa.

A teoria do orgone de Reich expande, com êxito, *ad absurdum*, a parte mais duvidosa da obra de Freud, a teoria da libido. Por outro lado, temos uma dívida profunda com Reich por ele ter tornado concreta a noção de Freud, um tanto abstrata, de repressão. A idéia da couraça muscular de Reich é, sem dúvida, a contribuição mais importante para a medicina psicossomática desde Freud. Discordamos dele (e de Anna Freud) em um ponto: consideramos a função *defensiva* da couraça um engano ideológico. Uma vez que uma necessidade organísmica é condenada, o *self* dirige a sua atividade criativa, sob a forma de agressão, contra o impulso repudiado, subjugando-o e controlando-o. Se não fosse pela habilidade do organismo de formar *cordons sanitaires* que funcionam automaticamente, uma pessoa teria de engajar-se por toda a vida numa luta exasperante com os próprios instintos (o que é confirmado por muitos colapsos nervosos). O ego é tão defensivo quanto o Ministério da Defesa de Hitler em 1939.

Contudo, seguimos Reich de todo o coração quando este muda a ênfase da recuperação daquilo que foi "reprimido" para a reorganização das forças "repressoras", embora achemos que na recuperação do *self* haja muito mais coisas envolvidas do que a mera dissolução da couraça do caráter. Encontramos uma inconsistência espantosa quando tentamos fazer com que o paciente se torne *consciente* dos "meios pelos quais" ele suprime. Descobrimos que está *consciente* e orgulhoso quando usa muitas das suas energias contra si próprio, como no autocontrole, mas percebemos também — e este é o dilema terapêutico — que ele é, em geral, incapaz de renunciar ao seu autocontrole.

O freudiano diz a seu paciente que relaxe e não censure. Mas isto é precisamente o que ele não pode fazer. Ele "esqueceu" a maneira como ele se inibe. A inibição tornou-se rotina, um comportamento padronizado, da mesma maneira que, ao lermos, esquecemos a grafia de cada palavra em separado. Agora parece que estamos só um pouquinho melhor do que Reich. Primeiro, não estávamos *conscientes* do que era reprimido; agora não percebemos em grande medida *como* reprimimos. O terapeuta ativo parece ser indispensável: ou ele tem que interpretar ou tem de sacudir o paciente.

De novo uma perspectiva gestaltista vem em nosso socorro. Num livro anterior (Perls: *Ego, Hunger and Agression*) [*Ego, fome e agressão*] foi apresentada a seguinte teoria: na luta pela sobrevivência, a necessidade mais importante torna-se figura e organiza o comportamento do indivíduo até que seja satisfeita, depois do que ela recua para o fundo (equilíbrio temporário) e dá lugar à próxima necessidade mais importante *agora*. No organismo saudável, essa mudança de dominância tem melhor possibilidade de sobrevivência. Em nossa sociedade necessidades dominantes, como moral, bons costumes etc., tornam-se freqüentemente crônicas e interferem com a auto-regulação sutil do organismo humano.

Agora temos de novo um princípio unitário para trabalhar. A perspectiva de sobrevivência do neurótico (mesmo que pareça ridícula para quem olha de fora) exige que ele se torne tenso, que ele censure, derrote o analista etc. Esta é a sua necessidade dominante, mas visto que ele esqueceu como a organizou, ela se tornou rotina. Suas intenções de não censurar são tão eficazes quanto a decisão de Ano-novo de um alcoolista de não beber mais. A rotina tem de se tornar uma vez mais uma necessidade totalmente consciente, nova e excitante, para que recobre a habilidade de lidar com situações inacabadas. Em vez de extrair expedientes do inconsciente, trabalhamos com o que está mais à superfície. O problema é que o paciente (e com demasiada freqüência o próprio terapeuta) passa por cima dessa superfície. A maneira como o paciente fala, respira, movimenta-se, censura, despreza, busca motivos etc. — para ele é óbvia, é sua constituição, é sua natureza. Mas, na realidade, isto é a expressão de suas necessidades dominantes, por exemplo, de ser vitorioso, bom e de impressionar. É precisamente no óbvio que encontramos a sua personalidade inacabada; e o paciente pode recobrar a vivacidade da relação elástica figura/fundo somente lidando com o óbvio, dissolvendo o que está petrificado, distinguindo o blá-blá-blá do interesse verdadeiro, o obsoleto do criativo. Nesse, que é o processo de crescimento e maturação, o paciente experiencia e desenvolve o seu *self*, e pretendemos mostrar como ele chega a esse *self* por meio dos recursos de que dispõe: a quantidade de *awareness* de que dispõe em situações experimentais.

* * *

O maior valor da abordagem gestáltica está, talvez, na compreensão de que o *todo determina as partes*, o que contrasta com a suposição anterior de que o todo é meramente a soma total de seus elementos. A situação terapêutica, por exemplo, é mais do que somente uma ocorrência estatística de um médico mais um paciente. É um *encontro* de médico e paciente. O médico não será um bom terapeuta se for rígido e insensível às necessidades específicas de uma situação terapêutica que está sempre mudando. Ele poderia ser um valentão ou um homem de negócios ou um dogmático; mas não é um terapeuta se se recusa a ser parte dos processos em andamento da situação psiquiátrica. Do mesmo modo, o comportamento do paciente é ditado por muitas variáveis da entrevista, e somente os 100% rígidos ou dementes (esquecidos do contexto no qual operam) comportar-se-ão no consultório como se comportam fora dela.

Nem o entendimento pleno das funções organísmicas, nem o melhor conhecimento do ambiente (sociedade etc.) abrange a situação total. Só a interação do organismo e ambiente (uma consideração parcial disto é dada pela teoria das relações interpessoais de Harry Stack Sullivan) constitui a situação psicológica, não o organismo e o ambiente tomados em separado. O organismo isolado e suas abstrações — mente, alma e corpo — e o ambiente isolado são o objeto de muitas ciências: por exemplo, fisiologia, geografia etc., e não dizem respeito à psicologia.

Esta limitação impediu até agora a criação de uma teoria adequada tanto para a psicologia normal como para a anormal. Como não há dúvida de que existem associações e reflexos, a maioria das teorias anteriores, mesmo a de Korzybski, em grande medida concluiu que a mente consiste em uma massa de associações ou que o comportamento e o pensamento consistem em reflexos. A atividade criativa do organismo é tão pouco explicada pelas associações, reflexos e outros automatismos quanto a estratégia de planejamento e a organização da guerra são explicadas pelo automatismo do soldado disciplinado.

A sensação e o movimento são *ambas* atividades que emergem, não respostas mecânicas, sempre e onde quer que o organismo encontre situações novas. O sistema *sensorial* de *orientação* e o sistema *motor* de *manipulação* trabalham em interdependência, mas como reflexos trabalham somente nas camadas inferiores que estão completamente automatizadas e não necessitam de nenhuma *awareness*. Manipulação é o nosso termo (um tanto deselegante) para toda atividade muscular. Inteligência é a orientação adequada, eficiência é a manipulação adequada. Para recuperá-las o neurótico dessensibilizado e imobilizado tem que recobrar sua *awareness* total; isto é, seu sentir, contatar, excitamento e formação de gestalten.

Para fazer isso, mudamos nossa perspectiva com relação à situação terapêutica, reconhecendo que toda abordagem não-dogmática baseia-se no método da natureza de tentativa e erro. Dessa maneira, a situação clínica torna-se uma situação experimental. Em vez de colocar exigências explícitas ou implícitas sobre o paciente —"Contenha-se", ou "Você deve relaxar", ou "Não censure", ou "Você é mau, você está mentindo", ou "Você está positivamente morto" — percebemos que tais exigências só aumentariam suas dificuldades e o tornariam mais neurótico, e até mesmo desesperado. Sugerimos experimentos gradativos que — e isto é da maior importância — não sejam *tarefas* a serem completadas enquanto tais. Perguntamos explicitamente: "O que acontece se você experimentar repetidamente isto ou aquilo?". Com este método trazemos à superfície as dificuldades do paciente. O que interfere com o acabamento bem-sucedido da tarefa torna-se o centro de nosso trabalho, e não a tarefa. Em termos freudianos, trazemos à tona e trabalhamos diretamente as próprias resistências.

Este livro tem muitas funções. Trazemos para aqueles que trabalham no campo da educação, medicina e psicoterapia, oportunidades de abandonar a atitude sectária de que o seu ponto de vista específico é o único possível. Esperamos demonstrar que podem contemplar outras abordagens sem ficar em pedaços. Trazemos ao leigo um curso sistemático para o seu desenvolvimento e integração pessoais.

Parte I
INTRODUÇÃO

I
A ESTRUTURA DE CRESCIMENTO

1. A fronteira de contato

A experiência se dá na fronteira entre o organismo e seu ambiente, primordialmente a superfície da pele e os outros órgãos de resposta sensorial e motora. A experiência é função dessa fronteira, e psicologicamente o que é real são as configurações "inteiras"[1] desse funcionar, com a obtenção de algum significado e a conclusão de alguma ação. As totalidades de experiência não incluem "tudo", mas são estruturas unificadas definidas; e psicologicamente tudo o mais, inclusive as próprias idéias de organismo e ambiente, é uma abstração ou uma construção possível, ou uma potencialidade que se dá nessa experiência como indício de alguma outra experiência. Falamos do organismo que se põe em contato com o ambiente, mas o contato é que é a realidade mais simples e primeira. Você pode experimentar isso agora

---

1. *"Whole"* no original. Os autores colocaram o termo entre aspas devido às suas acepções múltiplas. Como adjetivo, *whole* pode significar também: são, sadio, intacto, incólume, integral, completo, indiviso, total, perfeito. (N. do T.)

mesmo se, em lugar de meramente olhar para os objetos à sua frente, também se conscientizar do fato de que estes são objetos em seu campo oval de visão, e se você sentir como esse oval de visão está, por assim dizer, rente aos seus olhos — isto *é* o olhar de seus olhos. Note em seguida como nesse campo oval os objetos começam a ter relações estéticas, de valor espacial e colorativo. E, da mesma maneira, você pode experienciar isso com os sons "lá fora": estes têm sua raiz de realidade na fronteira de contato, e nessa fronteira são experienciados em estruturas unificadas. E da mesma maneira motoricamente, se você se conscientizar ao jogar uma bola, a distância se aproxima e seu impulso motor precipita-se, por assim dizer, para a superfície a fim de encontrá-la. Pois bem, o propósito de todos os experimentos práticos e discussões teóricas neste livro é analisar a função de entrar em contato e intensificar a *awareness*[2] da realidade.

Empregamos a palavra "contato" — "em contato com" objetos — como subjacente tanto à *awareness* sensorial como ao comportamento motor. Presumivelmente existem organismos primitivos nos quais *awareness* e reação motórica são a mesma ação; e, em organismos superiores, onde há contato satisfatório, pode-se sempre mostrar a cooperação entre percepção e movimento (e também sentimento).

2. A interação de organismo e ambiente

Em toda e qualquer investigação biológica, psicológica ou sociológica temos de partir da interação entre o organismo e seu ambiente. Não tem sentido falar, por exemplo, de um animal que respira sem considerar o ar e o oxigênio como parte da definição deste, ou falar de comer sem mencionar a comida, ou de enxergar sem luz, ou de locomoção sem gravidade e um chão para apoio, ou da fala sem comunicadores. Não há uma única função, de animal algum, que se complete sem objetos e ambiente, quer se pense em funções vegetativas como alimentação e sexualidade, quer em funções perceptivas, motoras, sentimento ou raciocínio. O significado da raiva compreende um obstáculo frustrante; o significado do raciocínio compreende problemas de prática. Denominemos esse interagir entre organismo e ambiente em qualquer função o "campo organismo/ambiente", e lembremo-nos de que qualquer que seja a maneira pela qual teorizamos sobre impulsos, instintos etc., estamos nos referindo sempre a esse campo interacional

---

2. *Awareness* é um dos conceitos fundamentais da Gestalt-terapia, por isso preferimos não traduzi-lo. Gary Yontef em *Gestalt-terapia: fenomenologia clínica*, p.3, a define: "*Awareness* é uma forma de experienciar. É o processo de estar em contato vigilante com o evento de maior importância no campo indivíduo/meio, com total suporte sensório-motor, emocional, cognitivo e energético".

e não a um animal isolado. Quando o organismo movimenta-se num campo vasto e tem uma estrutura interna complicada, como um animal, parecerá plausível falar a seu respeito isoladamente — como sendo, por exemplo, a pele e o que nela está contido —, mas isto é simplesmente uma ilusão devida ao fato de que o movimento através do espaço e os pormenores internos chamam atenção para si próprios em comparação com a relativa estabilidade e simplicidade do *background*.

O organismo/ambiente humano naturalmente não é apenas físico mas social. Desse modo, em qualquer estudo de ciências do homem, tais como fisiologia humana, psicologia ou psicoterapia, temos de falar de um campo no qual interagem pelo menos fatores socioculturais, animais e físicos. Nossa abordagem neste livro é "unitária" no sentido de que tentamos de maneira detalhada levar em consideração *todo* problema como se dando num campo social-animal-físico. Desse ponto de vista, por exemplo, não se podem considerar fatores históricos e culturais modificando ou complicando condições de uma situação biofísica mais simples, mas como intrínsecos à maneira pela qual todo problema se nos apresenta.

3. Qual é o tema da psicologia?

Pensando bem, as duas subdivisões precedentes devem parecer óbvias e certamente não extraordinárias. Elas afirmam: 1) que experiência é essencialmente contato, o funcionar da fronteira entre o organismo e seu ambiente; e 2) que toda função humana é um interagir num campo organismo/ambiente, sociocultural, animal e físico. Contudo, tratemos agora essas duas proposições em conjunto.

Dentre as ciências biológicas e sociais, as quais tratam do interagir no campo organismo/ambiente, a *psicologia estuda a operação da fronteira de contato no campo organismo/ambiente*. Este é um tema peculiar, e entende-se facilmente por que psicólogos sempre acharam difícil delimitar seu objeto.[3] Quando dizemos "fronteira" pensamos em uma "fronteira entre"; mas a fronteira — de — contato, onde a experiência tem lugar, não *separa* o organismo e seu ambiente; em vez disso limita o organismo, o contém e protege, *ao mesmo tempo* que contata o ambiente. Isto é, expressando-o de maneira que deve parecer estranha, a fronteira de contato — por exemplo, a pele sensível — não é tão parte do "organismo" como é essencialmente *o*

---

3. Imitando Aristóteles, psicólogos modernos (especialmente do século XIX) começam pela mera física dos *objetos* de percepção, e em seguida voltam-se para a biologia dos órgãos etc. Contudo, eles não têm o discernimento compensador e preciso de Aristóteles de que "no ato", no perceber, o objeto e o órgão são idênticos.

43

órgão de uma relação específica entre o organismo e o ambiente. Primordialmente, como tentaremos mostrar mais adiante, essa relação específica é *crescimento*. Somos sensíveis não à condição do órgão (que seria a dor), mas ao interagir do campo. O contato é *awareness* do campo ou resposta motora no campo. É por isso que contatar, o funcionar da mera fronteira do organismo, pode aspirar, não obstante, a dizer o que é a realidade, algo mais do que o estímulo ou a passividade do organismo. Entendamos contatar, *awareness* e resposta motora no sentido mais amplo, incluindo apetite e rejeição, aproximar e evitar, perceber, sentir, manipular, avaliar, comunicar, lutar etc. — todo tipo de relação viva que se dê na fronteira, na interação entre o organismo e o ambiente. Todo contatar desse tipo é o tema da psicologia (o que se denomina "consciência" parece ser um tipo especial de *awareness*, uma função-contato em que há dificuldades e demoras de ajustamento).

4. Contato e novidade

Ao imaginar um animal que perambula livremente num ambiente vasto e variado, percebemos que o número e a extensão das funções-contato têm de ser imensos, porque fundamentalmente um organismo vive em seu ambiente por meio da manutenção de sua diferença e, o que é mais importante, por meio da assimilação do ambiente à sua diferença; e é na fronteira que os perigos são rejeitados, os obstáculos superados e o assimilável é selecionado e apropriado. Bem, o que é selecionado e assimilado é sempre o novo; o organismo persiste pela assimilação do novo, pela mudança e crescimento. Por exemplo, o alimento, como Aristóteles costuma dizer, é o "dessemelhante" que pode se tornar "semelhante"; e no processo de assimilação o organismo é sucessivamente modificado. Primordialmente, o contato é *awareness* da novidade assimilável e comportamento com relação a esta; e rejeição da novidade inassimilável. O que é difuso, sempre o mesmo, ou indiferente, não é um objeto de contato. (Desse modo, quando se está com saúde, não se entra em contato com os próprios órgãos, pois estes são conservadores.)

5. Definição de psicologia e psicologia anormal

Temos, portanto, de concluir que todo contato é criativo e dinâmico. Ele não pode ser rotineiro, estereotipado ou simplesmente conservador porque tem de enfrentar o novo, uma vez que só este é nutritivo. (Contudo, como os próprios órgãos de percepção, a fisiologia interna não-contactante do organismo é conservadora.) Por outro lado, o contato não pode aceitar a novidade de forma passiva ou *meramente* se ajustar a ela, porque a novidade tem de ser assimilada. *Todo contato é ajustamento criativo do organismo e ambiente.* Resposta *consciente* no campo (como orientação e como manipulação) é o instrumento de crescimento no campo. Crescimento é a função da fronteira-de-contato no campo organismo/ambiente; é por meio de ajustamento criativo, mudança e crescimento que as unidades orgânicas complicadas persistem na unidade maior do campo.

Podemos portanto definir: *a psicologia é o estudo dos ajustamentos criativos.* Seu tema é a transição sempre renovada entre a novidade e a rotina que resulta em assimilação e crescimento.

Correspondentemente, *a psicologia anormal é o estudo da interrupção, inibição ou outros acidentes no decorrer do ajustamento criativo.* Consideraremos, por exemplo, a ansiedade, fator preponderante na neurose, como conseqüência da interrupção do excitamento do crescimento criativo (com a falta de fôlego que a acompanha); e analisaremos os diferentes "caracteres" neuróticos como padrões estereotipados que limitam o processo flexível de dirigir-se criativamente ao novo. Além disso, já que o real é progressivamente dado no contato, no ajustamento criativo de organismo e ambiente, quando isto é inibido pelo neurótico, o mundo deste está "fora de contato" e, portanto, progressivamente alucinatório, projetado, obliterado ou irreal sob outros aspectos.

Criatividade e ajustamento são polares, são mutuamente necessários. Espontaneidade é apoderar-se, crescer e incandescer com o que é interessante e nutritivo no ambiente. (Infelizmente, o "ajustamento" de muitas psicoterapias, a "conformidade ao princípio-de-realidade", equivale a engolir um estereótipo.)

6. Figura de contato contra o fundo do campo organismo/ambiente

Voltemos à idéia pela qual iniciamos, a de que as totalidades de experiência são estruturas unificadas definidas. *Contato, o trabalho que resulta em assimilação e crescimento é a formação de uma figura de interesse contra um fundo ou contexto do campo organismo/ambiente.* A figura (gestalt) na *awareness* é uma percepção, imagem ou *insight* claros e vívidos; no comportamento motor, é o movimento elegante, vigoroso, que tem ritmo, que se completa etc. Em ambos os casos, a necessidade e energia do organismo e as possibilidades plausíveis do ambiente são incorporadas e unificadas na figura.

O processo de formação de figura/fundo é um processo dinâmico no qual as urgências e recursos do campo progressivamente emprestam suas forças ao interesse, brilho e potência da figura dominante. Não tem sentido, por conseguinte, tentar lidar com qualquer comportamento psicológico fora de seu contexto sociocultural, biológico e físico. Simultaneamente, a figura é especificamente psicológica: tem propriedades específicas observáveis de brilho, limpidez, unidade, fascinação, graça, vigor, desprendimento etc., dependendo de se estivermos levando em consideração essencialmente um contexto perceptivo, sensitivo ou motor. O fato de a gestalt ter propriedades psicológicas observáveis específicas é de importância capital em psicoterapia, porque fornece *um critério autônomo da profundidade e realidade da experiência*. Não se faz necessário ter teorias de "comportamento normal" ou "ajustamento à realidade", a não ser para fazer explorações. Quando a figura é opaca, confusa, deselegante, sem energia (uma "gestalt débil"), podemos estar certos de que há falta de contato, algo no ambiente está obliterado, alguma necessidade orgânica vital não está sendo expressa; a pessoa não está "toda aí", isto é, seu campo total não pode emprestar sua urgência e recursos para o completamento da figura.

7. Terapia como análise gestáltica

A terapia consiste, assim, em analisar a estrutura interna da experiência concreta, qualquer que seja o grau de contato desta; não tanto *o que* está sendo experienciado, relembrado, feito, dito etc., mas a maneira *como* o que está sendo relembrado é relembrado, ou como o que é dito é dito, com que expressão facial, tom de voz, sintaxe, postura, afeto, omissão, consideração ou falta de consideração para com a outra pessoa etc. Trabalhando a unidade e a desunidade dessa estrutura da experiência aqui e agora, é possível refazer as relações dinâmicas da figura e fundo até que o contato se intensifique, a *awareness* se ilumine e o comportamento se energize. E o mais importante de tudo, *a realização de uma gestalt vigorosa é a própria cura, porquanto a figura de contato não é apenas uma indicação da integração criativa da experiência, mas é a própria integração.*

Desde o início da psicanálise, naturalmente, uma propriedade de gestalt específica, o "Ah!" do reconhecimento, teve um lugar de destaque. Contudo, sempre pareceu um mistério que a "mera" *awareness*, por exemplo, a recordação, curasse a neurose. Note, contudo, que a *awareness* não é uma reflexão sobre o problema, mas é ela própria uma integração criativa deste. Podemos entender também por que comumente "*awareness*" não ajuda, pois geralmente não se trata em absoluto de uma gestalt consciente, um conteúdo *estruturado*, mas mero conteúdo, verbalização ou reminiscência, e como tal não se alimenta da energia da necessidade orgânica atual e de uma ajuda ambiental atual.

8. Destruir como parte da formação figura/fundo

O processo de ajustamento criativo a novos materiais e circunstâncias compreende sempre uma fase de agressão e destruição, porque é abordando, apoderando-se de velhas estruturas e alterando-as que o dessemelhante torna-se semelhante. Quando uma nova configuração passa a existir, tanto o antigo hábito consumado do organismo contactante como o estado anterior do que é abordado e contatado são destruídos no interesse do novo contato. Semelhante destruição do *status quo* pode provocar medo, interrupção e ansiedade, proporcionalmente maiores à medida que sejamos neuroticamente inflexíveis; mas o processo vem acompanhado da segurança da nova invenção que passa a existir experimentalmente. Aqui, como em qualquer outra situação, a única solução de um problema humano é a invenção experimental. A ansiedade não é "tolerada" por meio de firmeza espartana — embora a coragem seja uma virtude bonita e indispensável — mas porque a energia perturbadora flui para a nova figura.

Sem agressão e destruição renovadas, toda satisfação consumada torna-se logo um fato do passado e não é sentida. O que ordinariamente denomina-se "segurança" é apegar-se ao não percebido, recusando o risco do desconhecido implicado em qualquer satisfação absorvente, e com uma dessensibilização e inibição motora correspondentes. É um pavor da agressão, destruição e perda que resulta naturalmente em agressão e destruição inconscientes voltadas tanto para fora como para dentro. Um significado mais adequado de "segurança" seria a confiança de um apoio firme, proveniente do fato de experiências anteriores terem sido assimiladas e o crescimento realizado, sem situações inacabadas; mas em semelhante caso, toda atenção tende a fluir do fundo do que somos para a figura na qual estamos nos tornando. O estado seguro não tem interesse, não é percebido; e a pessoa segura nunca tem conhecimento dele, mas sempre sente que o está arriscando e que nisso será adequada.

9. Excitamento é evidência de realidade

Contato, formação figura/fundo é um excitamento crescente, sensitivo e interessado; e, inversamente, aquilo que não é de interesse, presente para nós, não é psicologicamente real. Os diferentes gêneros de sentimento — por exemplo, o prazer ou as distintas emoções — indicam um envolvimento orgânico que se altera na situação real, e esse envolvimento parte da situação real. Não existe realidade neutra, indiferente. A convicção científica moderna e epidêmica de que a maior parte da realidade ou mesmo toda ela é neutra é um indício da inibição do prazer espontâneo, da ludicidade, da raiva, da indignação e do medo (uma inibição causada por um condicionamento social e sexual como o que cria a personalidade acadêmica).

Emoções são unificações, ou tendências unificadoras, de certas tensões fisiológicas com situações ambientais favoráveis ou desfavoráveis, e, como tal, fornecem o conhecimento último indispensável (embora não adequado) dos objetos apropriados às necessidades, assim como o sentimento estético nos fornece o conhecimento último (adequado) de nossas sensibilidades e seus objetos. Em geral, *o interesse e o excitamento da formação figura/fundo são testemunhos imediatos do campo organismo/ambiente.* Um momento de reflexão mostrará que assim deve ser, pois de que outro modo os animais teriam motivações e se esforçariam de acordo com suas motivações, e ainda assim teriam êxito? Pois o êxito advém de encontrar a realidade.

10. Contato é "achar e fazer" a solução vindoura

A preocupação é sentida por um problema atual, e o excitamento cresce em direção à solução vindoura mas ainda desconhecida. O assimilar da novidade se dá no momento atual à medida que este se transforma no futuro. Seu resultado nunca é um mero agregamento de situações inacabadas do organismo, mas uma configuração que contém material novo do ambiente. É, portanto, diferente do que poderia ser relembrado (ou conjecturado), assim como a obra de um artista torna-se nova e impredizível para ele à medida que manuseia o meio material.

Assim, em psicoterapia procuramos a instigação de situações inacabadas na situação atual, e, por meio da experimentação atual com novas atitudes e novos materiais da experiência do dia-a-dia concreto, visamos uma integração melhor. O paciente não se lembra de si mesmo, simplesmente reembaralhando as cartas, mas "acha e faz" a si próprio. (A importância de condições novas no presente era perfeitamente compreendida por Freud quando falava da transferência inevitável da fixação da infância para a pessoa do analista; seu significado terapêutico não é de que se trata da mesma velha história, mas, precisamente, que ela é trabalhada agora de maneira diferente em forma de uma aventura atual: o analista não é o mesmo tipo de genitor. E nada é mais claro, infelizmente, do que o fato de que certas tensões e bloqueios não podem ser liberados a não ser que haja uma mudança real do ambiente que ofereça novas possibilidades. Se as instituições e os costumes fossem alterados, muitos sintomas recalcitrantes desapareceriam repentinamente.)

11. O *self* e suas identificações

Chamemos de *"self"* o sistema de contatos em qualquer momento. Como tal, o *self* é flexivelmente variado, porque varia com as necessidades orgânicas dominantes e os estímulos ambientais prementes; é o sistema de respostas; diminui durante o sono, quando há menos necessidade de reagir. O *self* é a fronteira-de-contato em funcionamento; sua atividade é formar figuras e fundos.

Precisamos contrastar essa concepção do *self* com a "consciência" ociosa da psicanálise ortodoxa, que tem como função ser mera espectadora, relatar ao analista e cooperar não interferindo. E da mesma forma, as escolas parafreudianas revisionistas, por exemplo, os reichianos ou a Escola de Washington, tendem a reduzir totalmente o *self* ao sistema do organismo ou à sociedade interpessoal: estritamente falando não são, em absoluto, psicologias, mas biologias, sociologias etc. Contudo, o *self* é precisamente o integrador; é a unidade *sintética*, como disse Kant. É o artista da vida. É só um pequeno fator na interação total organismo/ambiente, mas desempenha o papel crucial de achar e fazer os significados por meio dos quais crescemos.

A descrição da saúde e doença psicológicas é simples. É uma questão das identificações e alienações do *self*: se um homem se identifica com seu *self* em formação, não inibe seu próprio excitamento criativo e sua busca da solução vindoura; e, inversamente, se ele aliena o que não é organicamente seu e portanto não pode ser vitalmente interessante, pois dilacera a figura/fundo, nesse caso ele é psicologicamente sadio, porque está exercendo sua capacidade superior, e fará o melhor que puder nas circunstâncias difíceis do mundo. Contudo, ao contrário, se ele se aliena e, devido a identificações falsas, tenta subjugar sua própria espontaneidade, torna sua vida insípida, confusa e dolorosa. Chamaremos o sistema de identificações e alienações de "ego".

Desse ponto de vista, nosso método terapêutico é o seguinte: treinar o ego, as diferentes identificações e alienações, por meio de experimentos com uma *awareness* deliberada das nossas variadas funções, até que se reviva espontaneamente a sensação de que "Sou eu que estou pensando, percebendo, sentindo e fazendo isto". Nessa altura, o paciente pode assumir, por conta própria, o controle.

II
DIFERENÇAS DE PERSPECTIVA GERAL E DIFERENÇAS NA TERAPIA

1. A Gestalt-terapia e as tendências da psicanálise

A psicoterapia proposta nos capítulos anteriores enfatiza: concentrar na estrutura da situação concreta; preservar a integridade da concretude encontrando a relação intrínseca entre fatores socioculturais, animais e físicos; experimentar e promover o poder criativo do paciente de reintegrar as partes dissociadas.

Neste momento pode ser proveitoso para o leitor salientar que todo elemento aqui é familiar na história da psicanálise; e, falando de um modo geral, a síntese desses elementos é a tendência usual. Quando Freud trabalhou com a transferência de sentimentos reprimidos para o analista, ele estava trabalhando por meio da situação concreta; e, de uma maneira mais penetrante e sistemática, aqueles que falam sobre "interpersonalidade" trabalham por meio da análise da estrutura da entrevista concreta. A maioria dos analistas agora pratica a "análise do caráter", que foi desenvolvida tematicamente pela primeira vez por Reich, e consiste, em grande parte, em desbloquear por meio da análise da estrutura do comportamento observado. E, quanto à estrutura do pensamento e imagem, Freud a ensinou a todos nós de forma indelével em *A interpretação dos sonhos*, pois toda interpretação simbólica se concentra na estrutura do conteúdo. Bons médicos levam em consideração a unidade psicossomática e a unidade de sociedade e individuo. Além disso, de diversas maneiras, da primitiva "atuação da cena" e do "método ativo" de Ferenczi aos recentes "vegetoterapia" e "psicodrama", têm-se usado métodos experimentais não somente para o alívio catártico da tensão, mas também para o retreinamento. E finalmente, Jung, Rank, educadores progressivos, ludoterapeutas e outros confiaram amplamente na expressão criativa como meio de reintegração; e Rank, em especial, descobriu o ato criativo como sendo a própria saúde psicológica.

O que acrescentamos é simplesmente isto: a insistência na reintegração da psicologia normal e anormal, e, com isso, a reavaliação do que é considerado um funcionamento psicológico normal. Expressando a questão de modo um tanto dramático, desde o princípio Freud chamou atenção para os elementos neuróticos na vida diária, e ele e outros puseram a descoberto cada vez mais as bases irracionais de muitas instituições; agora completamos o ciclo e aventuramo-nos a afirmar que a experiência da psicoterapia e a reintegração de estruturas neuróticas muitas vezes fornecem uma melhor informação de realidade do que a neurose da normalidade.

Em geral, dissemos, a tendência da psicoterapia é para a concentração na estrutura da situação concreta. Por outro lado, a psicoterapia (e a história da psicoterapia) faz diferença na nossa visão da situação real. E quanto mais estritamente a terapia se concentra no aqui e agora concreto, mais insatisfatórios se mostram os preconceitos científicos, políticos e pessoais do que é a "realidade", quer se trate da realidade perceptiva, social ou moral. Considere simplesmente como um médico, que tenta "ajustar o paciente à realidade", poderia descobrir, à medida que o tratamento prossegue (e como tem prosseguido por meio século), que a "realidade" começa a parecer muito diferente de seus próprios preconceitos ou dos preconceitos aceitos; então ele teria de rever seus objetivos e métodos.

Em que sentido deve revê-los? Ele deve propor uma nova norma de natureza humana e tentar ajustar seus pacientes a ela? Isto é o que fizeram, em realidade, alguns terapeutas. Neste livro tentamos algo mais modesto: considerar o desenvolvimento da experiência concreta como fornecedor de critérios autônomos; isto é, considerar a estrutura dinâmica da experiência não como uma pista para um "inconsciente" desconhecido ou um sintoma, mas como sendo ela mesma aquilo que é importante. Isto é psicologizar sem prejulgamento de normal ou anormal, e desse ponto de vista a psicoterapia é um método não de correção, mas de crescimento.

2. Gestalt-terapia e psicologia da gestalt

Por outro lado, consideremos nossa relação com a psicologia do normal. Trabalhamos com as descobertas principais da psicologia da gestalt: a relação de figura e fundo; a importância de interpretar a coerência ou a cisão de uma figura em termos do contexto total da situação concreta; o todo estruturado definido que não é demasiado inclusivo, e apesar disso não é um mero átomo; a força organizadora ativa de todos significativos e a tendência natural para a simplicidade da forma; a tendência de situações inacabadas a se completarem. O que acrescentamos a isso?

Considere, por exemplo, a abordagem unitária, encarar seriamente a unidade irredutível do campo sociocultural, animal e físico em toda experiência concreta. Esta é naturalmente a tese principal da psicologia da gestalt: que se tem de respeitar a totalidade de fenômenos que surgem como todos unitários, e que estes só podem ser analiticamente divididos em pedaços ao preço da aniquilação daquilo que se pretendia estudar. Empregando esta tese principalmente em situações de laboratório de percepção e aprendizagem, como fizeram os psicólogos da psicologia normal, descobrem-se muitas verdades bonitas, pode-se demonstrar a inadequação das psicologias associacionista e reflexiva, e assim por diante. Contudo, estamos protegidos de uma rejeição demasiado vasta dos pressupostos científicos hatituais, porque a própria situação de laboratório põe um limite em relação à extensão de nosso pensamento e ao que descobriremos. *Essa* situação é o contexto total que determina o significado do que emerge, e o que emerge da limitação é a qualidade peculiarmente formal e estática da maior parte da teoria da gestalt. Pouco se diz a respeito da relação dinâmica entre figura e fundo ou sobre a seqüência forçada pelas necessidades, na qual uma figura rapidamente se transforma no fundo para a próxima figura emergente, até que haja um clímax de contato e satisfação e a situação vital esteja *realmente* acabada.

Entretanto, como se poderia dizer muito a respeito dessas coisas? Pois uma situação de laboratório controlada não é de fato uma situação vitalmente instigante. A única pessoa interessada de modo vital é o experimentador, e seu comportamento não é o objeto de estudo. Mais exatamente, com um fervor louvável de objetividade, os gestaltistas evitaram, às vezes com declarações cômicas de pureza, qualquer comércio com aquilo que apaixona e interessa; investigaram a solução de problemas humanos que não eram exatamente prementes. Muitas vezes parecem estar dizendo na verdade que tudo é relevante no campo da totalidade, exceto os fatores humanamente interessantes; estes são "subjetivos" e irrelevantes! Contudo, por outro lado, só o que é interessante produz uma estrutura vigorosa. (Com relação a experimentos com animais, no entanto, semelhantes fatores de necessidade e interesse não são irrelevantes, especialmente considerando que macacos e galinhas não são cobaias de laboratório tão dóceis.)

O resultado final foi naturalmente que a própria psicologia da gestalt ficou irrelevante e isolada do processo em curso na psicologia, na psicanálise e seus vários ramos, pois estas não puderam evitar as exigências prementes — da terapia, pedagogia, política, criminologia e assim por diante.

3. Psicologia do "consciente" e "inconsciente"

Apesar disso, a superação da psicologia da gestalt pelos psicanalistas foi muito desastrosa, porque a psicologia da gestalt fornece uma teoria adequada de *awareness*, e desde o princípio a psicanálise tem sido tolhida por teorias de *awareness* inadequadas, embora o intensificar da *awareness* tenha sido sempre o objetivo principal da psicoterapia. As diferentes escolas de psicoterapia concentraram-se em diferentes métodos de intensificar a *awareness*, seja por meio de palavras, exercícios musculares miméticos, análise do caráter, situações sociais experimentais ou pelo excelente caminho dos sonhos.

Quase desde o princípio Freud descobriu fatos poderosos do "inconsciente", e estes se multiplicaram em discernimentos brilhantes sobre a unidade psicossomática, os caracteres dos homens, as relações interpessoais da sociedade. Entretanto, de algum modo esses discernimentos não se combinam numa teoria satisfatória do *self*, e isto, acreditamos, deve-se a uma má compreensão da assim chamada vida "consciente". A consciência ainda é considerada, na psicanálise e na maioria de seus ramos (Rank foi uma exceção), como o receptor passivo de impressões, o associador aditivo de impressões, o racionalizador ou o verbalizador. É aquilo que é manejado, reflete, fala e não faz nada.

Portanto, neste livro, como psicoterapeutas que se alimentam da psicologia da gestalt, investigamos a teoria e o método da *awareness* criativa, a formação figura/fundo como sendo o centro coerente dos discernimentos eficazes mas dispersos a respeito do "inconsciente" e da noção inadequada de "consciente".

4. Reintegração das psicologias do "consciente" e do "inconsciente"

Quando insistimos, contudo, na tese unitária, na criatividade de todos estruturados, e assim por diante, não nas situações desinteressantes de laboratórios, mas nas situações prementes de psicoterapia, pedagogia, relações pessoais e sociais, então percebemos repentinamente que estamos levando — e sendo levados — ao extremo a rejeição de muitas pressuposições, divisões e categorias comumente aceitas, por serem fundamentalmente inadmissíveis, pois "rompem em pedaços e aniquilam aquilo que se pretendia estudar". Em lugar de verdades que formulam a natureza do caso, vemos que são precisamente a expressão de uma divisão neurótica no paciente e na sociedade. E chamar atenção para pressuposições básicas que são neuróticas provoca ansiedade (tanto nos autores quanto nos leitores).

Numa divisão neurótica, uma parte é mantida fora da *awareness* ou reconhecida friamente mas alijada do foco de atenção, ou ambas as partes são cuidadosamente isoladas uma da outra e tornadas em aparência irrelevantes uma à outra, evitando conflito e mantendo o *status quo*. Contudo, se numa situação atual premente, seja no escritório do médico ou em sociedade, concentramos *awareness* na parte não consciente ou nas conexões "irrelevantes", então se desenvolve a ansiedade, em conseqüência de se inibir a unificação criativa. O método de tratamento é entrar em contato cada vez mais íntimo com a crise atual até que nos identifiquemos, com o risco do salto para o desconhecido, com a integração criativa vindoura da divisão.

5. O plano deste livro

Este livro concentra-se numa série de semelhantes dicotomias neuróticas básicas de teoria e tenta interpretá-las, conduzindo a uma teoria do *self* e sua ação criativa. Partimos de problemas de percepção e realidade primárias, e, em seguida, consideramos o desenvolvimento e fala humanos até chegarmos a questões de sociedade, moralidade e personalidade. Chamamos a atenção sucessivamente para as seguintes dicotomias neuróticas, algumas das quais predominam universalmente; se dissolveram na história da psicoterapia mas ainda são admitidas de outro modo, e outras que (naturalmente) são preconceitos da própria psicoterapia.

Corpo e *Mente*: esta divisão ainda está em circulação popularmente, embora a unidade psicossomática seja aceita como verdadeira entre os melhores médicos. Mostraremos que é o exercício de uma cautela costumeira, e, em última instância, inconsciente diante do estado de emergência crônico, especialmente a ameaça ao funcionamento orgânico, que tornou essa divisão mutiladora inevitável e quase endêmica, resultando na falta de alegria e graça de nossa cultura (capítulo III).

Self e *Mundo Externo*: essa divisão é uniformemente um artigo de fé em toda a ciência ocidental moderna. Vem acompanhada da divisão anterior, mas talvez com mais ênfase em ameaças de natureza política e interpessoal. Infelizmente aqueles que na história da filosofia recente mostraram o absurdo dessa divisão foram eles mesmos, em grande parte, contaminados, seja por um tipo de mentalismo, seja de materialismo (capítulos III e IV).

Emocional (subjetivo) e *Real* (objetivo): esta divisão é mais uma vez um artigo de fé científico geral, vinculado de maneira unitária com o precedente. É conseqüência da evitação de contato e envolvimento, e do isolamento deliberado das funções sensoriais e motoras uma da outra. (A história recente da sociologia estatística é um estudo dessas evitações elevado à categoria de arte sofisticada.) Tentaremos mostrar que o real é intrinsecamente um envolvimento ou "compromisso" (capítulo IV).

Infantil e *Maduro*: esta divisão é uma doença ocupacional da própria psicoterapia, derivada das personalidades dos terapeutas e do papel social da "cura": por um lado há uma preocupação tantalizante com o passado distante, e, por outro, uma tentativa de ajustar-se a um padrão de realidade adulto ao qual não vale a pena ajustar-se. Traços da infância são menosprezados, traços cuja própria falta desvitaliza os adultos; e outros traços denominados infantis são as introjeções de neuroses dos adultos (capítulo V).

Biológico e *Cultural*: esta dicotomia, que é tarefa essencial da antropologia eliminar, tornou-se arraigada nas últimas décadas exatamente na antropologia; de modo que (para não mencionar os racialismos idiotas unilaterais) a natureza humana se torna completamente relativa e um nada em absoluto, como se fosse infinitamente maleável. Mostraremos que isto é conseqüência de uma fascinação neurótica por artefatos e símbolos, e a política e cultura destes, como se funcionassem por conta própria (capítulo VI).

Poesia e *Prosa*: esta divisão, vinculada de maneira unitária com todas as precedentes, é conseqüência da verbalização neurótica (e outras experiências substitutivas) e da náusea da verbalização como reação contra esta; e leva alguns semanticistas recentes e inventores de linguagem de ciência e linguagens "básicas" a menosprezar a fala humana como se tivéssemos outros meios suficientes de comunicação. Não os temos, e há uma deficiência de comunicação. Mais uma vez, termos universais são considerados mais como abstrações mecânicas do que como expressões de discernimento. E de maneira correspondente, a poesia (e as artes plásticas) torna-se crescentemente isolada e obscura (capítulo VII).

Espontâneo e *Deliberado*: de maneira mais geral acredita-se que a espontaneidade e a inspiração pertençam a indivíduos especiais em estados emocionais peculiares, ou então, a pessoas sob a influência de álcool ou do haxixe, e não como uma qualidade da experiência de modo geral. E de modo análogo, o comportamento calculado visa a um bem que não corresponde exatamente à nossa preferência, mas só serve para alguma outra coisa (de modo que o prazer em si é tolerado como um meio de obter saúde e eficiência). "Ser si próprio" significa agir imprudentemente, como se o desejo não tivesse sentido; e "agir sensatamente" significa conter-se e entediar-se.

Pessoal e *Social*: esta separação corrente continua a ser a ruína da vida comunitária. É tanto efeito como causa do tipo de tecnologia e economia que temos com sua divisão entre emprego e *hobby*, mas não trabalho ou vocação; e de burocracias acanhadas e uma política indireta de testas-de-ferro. O mérito de sanar essa divisão é dos terapeutas de relações interpessoais, cuja escola, que controla ansiosamente os fatores animais e sexuais no campo, também logra, em geral, satisfações formais e simbólicas em lugar de satisfações comunais autêntîcas (capítulos VIII e IX).

Amor e *Agressão*: esta divisão sempre foi conseqüência da frustração dos instintos e da auto-subjugação, voltando a hostilidade contra si

55

mesmo e tendo em apreço uma mansidão reativa desapaixonada, quando somente uma descarga de agressão e disposição para destruir as velhas situações pode restaurar o contato erótico. Contudo, nas últimas décadas, essa condição foi complicada por uma nova valorização dada ao amor sexual ao mesmo tempo que se menosprezam, de maneira especial, vários impulsos agressivos como anti-sociais. A qualidade da satisfação sexual talvez possa ser medida pelo fato de as guerras com as quais consentimos serem continuamente mais destrutivas e menos raivosas (capítulos VIII e IX).

Inconsciente e *Consciente*: se considerada absolutamente, esta divisão notável, aperfeiçoada pela psicanálise, tornaria toda psicoterapia impossível em princípio, pois um paciente não pode aprender a respeito de si próprio o que lhe é incognoscível. (Ele se percebe, ou pode-se fazer com que se aperceba, das distorções na estrutura de sua experiência concreta). Essa divisão teórica vem acompanhada de uma subestimação da realidade do sonho, da alucinação, do jogo e arte, e uma superestimação da realidade do discurso deliberado, do pensamento e da introspecção; e, em geral, da divisão freudiana absoluta entre processos de pensamento "primários" (muito precoces) e processos "secundários". Similarmente, o "id" e o "ego" não são considerados estruturas alternadas do *self* que diferem em grau — um é um extremo de relaxamento e associação frouxa, o outro, um extremo de organização deliberada com objetivo de identificação —, e contudo isso surge a cada momento da terapia.

6. O método contextual de argumentação

As anteriores são por ordem as principais dicotomias neuróticas que tentaremos dissolver. Com relação a estas e outras distinções "falsas", empregamos um método de argumentação que pode parecer, à primeira vista, injusto, mas que é inevitável, e em si mesmo um exercício da abordagem gestáltica. Chamemo-lo de "método contextual", e chamemos a atenção para ele imediatamente, a fim de que o leitor possa reconhecê-lo à medida que o usemos.

Erros teóricos fundamentais são invariavelmente caracterológicos, o resultado de uma deficiência neurótica de percepção, sentimento ou ação. (Isto é óbvio, pois em toda questão básica as indicações estão, por assim dizer, "por toda parte" e serão percebidas, a não ser que não queiramos ou não possamos percebê-las.) Um erro teórico fundamental é *dado* de modo importante na experiência do observador; eem boa fé ele tem de fazer a estimativa errônea; e uma refutação "meramente científica" pela apresentação de provas em contrário não tem sentido porque ele não *experiencia* essas provas em seu valor adequado — ele não vê o que você vê, passa despercebido pela sua mente, parece-lhe irrelevante, ele encontra uma explicação satisfatória etc. Então o único método útil de argumentação é incluir o contexto total do problema, inclusive as condições de sua experienciação, o meio social e as "defesas" pessoais do observador. Isto é, submeter a opinião e seu processo de sustentação a uma análise gestáltica. Um erro básico não é refutado — em realidade, como São Tomás disse, um erro nítido é melhor do que uma verdade opaca —; ele só pode ser alterado pela mudança das condições da experiência bruta.

Nesse caso, nosso método é o seguinte: mostramos que nas condições de experiência do observador ele *tem* de sustentar a opinião, e em seguida, pela ação da *awareness* sobre as condições limitantes, admitiremos a emergência de um melhor parecer (nele e em nós mesmos). Temos consciência de que este é um desenvolvimento da argumentação *ad hominem*, só que muito mais ofensiva pois, não somente chamamos nosso oponente de tratante e, portanto, errado, como também o ajudamos caridosamente a corrigir-se! No entanto, por esse método injusto de argumentação, acreditamos fazer freqüentemente mais justiça a um oponente do que é comum em polêmicas científicas, pois nos percebemos desde o princípio que um erro nítido já é um ato criativo e deve estar *resolvendo* um problema importante para quem o sustenta.

7. O método contextual aplicado às teorias de psicoterapia

Contudo, se dizemos — e pretendemos demonstrá-lo — que a psicoterapia faz diferença com relação aos preconceitos comuns, temos de dizer também o que nós mesmos consideramos ser a psicoterapia, pois ela está apenas em processo de se tornar algo. Desse modo, nos próximos capítulos, à medida que continuarmos nossa crítica de muitas idéias gerais, ao mesmo tempo deveremos continuar a nos referir a muitos detalhes especializados da prática terapêutica, pois atingir cada novo estágio de perspectiva geral faz diferença para os objetivos e métodos da prática.

Há uma relação integral entre sua teoria, sua maneira de proceder e o que você encontra. Isto é válido, naturalmente, para todo campo de pesquisa, mas é algo muito descurado na polêmica entre as escolas de psicoterapia, de modo que há acusações tolas de ma-fé ou mesmo de insanidade. A atitude e o caráter do terapeuta (incluindo o próprio treinamento deste) determinam sua orientação teórica, e seu método de procedimento clínico é derivado tanto de sua atitude como de sua teoria; contudo, da mesma maneira, a confirmação que obtemos de nossa teoria é derivada do método empregado, pois o método (e a expectativa do terapeuta) cria em parte o que se descobre, da mesma maneira como o próprio terapeuta foi orientado como treinando. Além disso, essa relação tem de ser considerada, por sua vez, no contexto social do tipo seleto de pacientes que toda escola atrai na qualidade de seu material observado, nos padrões variados de cura, e em nossa atitude com relação à avaliação social de comportamento "aceitável" e da felicidade alcançável. Tudo isto está na natureza do caso e é vantajoso aceitar esse fato em lugar de queixar-se dele ou condená-lo.

Neste livro aceitamos sinceramente como abordagens eficazes várias teorias e técnicas diferentes: são relevantes no campo total, e por mais que possam parecer incompatíveis a seus respectivos proponentes, ainda assim têm de ser compatíveis se consentirmos que emerja uma síntese entre elas pela aceitação e pelo conflito aberto — porque não consideramos que os melhores campeões sejam parvos ou ajam de má-fé; e já que trabalhamos no mesmo mundo, deve haver em algum lugar uma unidade criativa. A questão é que, à medida que o tratamento progride, muitas vezes torna-se necessário mudar a ênfase da abordagem, do caráter para a tensão muscular, para o hábito da linguagem, para a conexão emocional, para o sonho e de novo para o caráter. Acreditamos ser possível evitar andar em círculos, a esmo, se, justamente pela aceitação do fato de que todos esses elementos fornece uma variedade de contextos, nos concentrarmos na estrutura da figura/fundo e proporcionarmos oportunidades abertas para que o *self* integre progressivamente o *self*.

8. Ajustamento criativo: a estrutura da atividade artística e das brincadeiras de criança

Na qualidade de exemplos de integração progressiva faremos referência constantemente a artistas criativos e à atividade artística, e a crianças e suas brincadeiras.

Por sinal, as referências a artistas e crianças na literatura psicanalítica são inconsistentes de uma maneira engraçada. De um lado, esses grupos são invariavelmente diferenciados como "espontâneos", e admite-se que a espontaneidade é fundamental para a saúde; numa sessão terapêutica bemsucedida o que assinala o *insight* curativo é sua espontaneidade. Por outro lado, os artistas são considerados excepcionalmente neuróticos, e as crianças são... infantis. Além disso, a psicologia da arte sempre esteve em incômoda vinculação com o restante da teoria psicanalítica, parecendo ser estranhamente relevante e contudo misteriosa: pois por que o sonho do artista é diferente de qualquer outro sonho? E por que o cálculo consciente do artista tem mais valor do que qualquer outro cálculo consciente?

A solução do mistério é positivamente simples. O que é importante na psicologia da arte não está no sonho ou na consciência crítica; está (onde os psicanalistas não o buscam) na sensação concentrada e na lúdica manipulação do meio material. Por meio da sensação vivida e do jogo com o meio como seus atos fundamentais, o artista aceita então seu sonho e usa sua reflexão crítica: e realiza espontaneamente uma forma objetiva. O artista está inteiramente *consciente* do que está fazendo — depois que a coisa está feita ele nos pode indicar as etapas detalhadamente; ele não é inconsciente em sua atividade, mas tampouco é em essência deliberadamente calculista. Sua *awareness* está numa espécie de modo intermediário, nem ativo, nem passivo, mas que aceita as condições, se dedica ao trabalho e cresce no sentido da solução. E é exatamente o mesmo com relação a crianças: é a sensação vivida e a brincadeira irrestrita destas, aparentemente sem objetivo, que permite à energia fluir espontaneamente e chegar a semelhantes invenções fascinantes.

Em ambos os casos é a integração sensório-motora, a aceitação do impulso e o contato atento com material ambiental novo que resultam numa obra de valor. Não obstante, afinal de contas, estes são casos bastante especiais. Tanto obras artísticas como brincadeiras de criança consomem pouca riqueza social e não têm, necessariamente, conseqüências danosas. O mesmo modo intermediário de aceitação e crescimento pode operar na vida adulta em assuntos mais "sérios"? Acreditamos que sim.

9. Ajustamento criativo: em geral

Acreditamos que a livre interação das faculdades, concentrando-se numa questão atual, não resulta em caos ou numa imaginação demente, mas em uma gestalt que resolve um problema concreto. Pensamos que isso pode ser demonstrado à exaustão por meio de exemplos surpreendentes (e, pensando bem, nada mais pode ser demonstrado). Entretanto, é essa possibilidade elementar que o homem moderno e a maior parte da psicoterapia moderna se recusam a levar em consideração. Em vez disso, balança-se a cabeça e há uma necessidade medrosa de ser ponderado e de moldar-se ao "princípio de realidade". A conseqüência de semelhante ponderação costumeira é que estamos cada vez mais sem contato com nossas circunstâncias atuais, visto que o presente é sempre novo; e a ponderação medrosa não está preparada para a novidade — ela depende de outra coisa, de algo como o passado. E então, se estamos desvinculados da realidade, é provável que nossas explosões abortivas de espontaneidade realmente errem o alvo (embora não errem necessariamente mais do que nossa cautela o faz); e isto em seguida torna-se uma refutação da possibilidade de espontaneidade criativa, pois esta não é "realista".

No entanto, quando estamos em contato com a necessidade e as circunstâncias, torna-se imediatamente claro que a realidade não é algo inflexível e imutável, mas que está pronta para ser recriada; e quanto mais espontaneamente exercermos todo poder de orientação e manipulação, sem nos conter, tanto mais viável provará ser essa recriação. Que alguém pense sobre suas *melhores* proezas, no trabalho ou na brincadeira, amor ou amizade, e veja se não foi assim.

10. Ajustamento criativo: "auto-regulação organísmica"

Com relação ao funcionamento do corpo orgânico, houve recentemente uma mudança salutar na teoria a esse respeito. Muitos terapeutas agora falam em "auto-regulação organísmica", isto é, que não é necessário programar, incentivar ou inibir de maneira deliberada os incitamentos do apetite da sexualidade, e assim por diante, no interesse da saúde ou da moral. Se deixam essas coisas livres, elas regularão a si próprias de maneira espontânea, e se elas forem perturbadas, tenderão a reequilibrar-se. Contudo, há oposição à proposta da auto-regulação mais total de todas as funções do espírito, incluindo cultura e aprendizado, agressão e fazer o trabalho que é atrativo, junto com a ação livre da alucinação. A possibilidade de que se deixarmos essas coisas como estão, em contato com a concretude, mesmo seus desarranjos atuais tenderão a reequilibrar-se e tornar-se algo valioso, é recebida com ansiedade e rejeitada como um tipo de niilismo. (Contudo, reiteramos que essa é uma proposta extremamente conservadora, porque nada mais é senão o antigo conselho do Tao: "Deixe o caminho livre".)

Em vez disso, cada terapeuta sabe — como? — qual é a "realidade" à qual o paciente deveria amoldar-se ou qual "saúde" ou "natureza humana" o paciente deveria encarnar. Como ele o sabe? É muitíssimo provável que se queira dizer com "princípio de realidade" os arranjos sociais existentes introjetados, que reaparecem como leis imutáveis do homem e da sociedade. Dizemos arranjos sociais, pois note que, com relação a fenômenos físicos, não se sente em absoluto nenhuma necessidade de amoldar-se; ao contrário, os físicos em geral constroem hipóteses abertamente, experimentam e falham ou têm êxito, sem nenhuma culpa ou medo da "natureza", e desse modo criam máquinas engenhosas que "cavalgam o furacão" ou o instigam insensatamente.

11. Ajustamento criativo: a função do "*self*"

Falamos sobre ajustamento criativo como a função essencial do *self* (ou melhor, o *self* é o sistema de ajustamentos criativos). No entanto, desde que as funções criativas de auto-regulação, acolhimento com prazer da novidade, destruição e reintegração de experiências — desde que esse trabalho seja anulado, não resta muito para constituir uma teoria do *self*. E isto mostrou ser assim. Na literatura psicanalítica, notoriamente o capítulo mais fraco é a teoria do *self* ou ego. Neste livro, ao procedermos não pela anulação mas pela afirmação da operação poderosa do ajustamento criativo, ensaiamos uma nova teoria do *self* e do ego, que o leitor encontrará oportunamente. Continuemos aqui a indicar que diferença faz para a prática terapêutica se o *self* é uma "consciência" ociosa mais um ego inconsciente, ou se é um contatar criativo.

12. Algumas diferenças na atitude terapêutica geral

a) O paciente vem buscar ajuda porque não pode ajudar a si próprio. Agora, se a *awareness* de si próprio do paciente é ociosa, uma simples consciência do que está acontecendo, não faz a menor diferença para seu bem-estar — embora já tenha feito diferença, porque *ele* veio, por seus próprios pés. Neste caso, o papel do paciente é de que algo está sendo feito para ele. Pede-se apenas que ele não interfira. Contudo, ao contrário, se *awareness* de si próprio é uma força integrativa, então desde o começo o paciente é um parceiro ativo no trabalho, como um treinando de psicoterapia. E a ênfase desloca-se do ponto de vista bastante cômodo de que ele está doente para o ponto de vista de que ele está aprendendo alguma coisa, porque a psicoterapia é obviamente uma disciplina humana, um desenvolvimento da dialética socrática. E a conclusão do tratamento não é a dissolução da maioria dos complexos ou a liberação de determinados reflexos, mas é alcançar um nível determinado na técnica de *awareness* de si próprio que o paciente possa continuar sem ajuda — pois aqui, como em todo outro campo da medicina, *natura sanat non medicus*, apenas nós mesmos (no ambiente) é que podemos nos curar.

b) O *self* só encontra a si próprio e se constitui no ambiente. Se o paciente é um parceiro experimental ativo durante a sessão, transferirá essa atitude para fora da sessão e progredirá mais rapidamente, pois o material ambiental é muito mais interessante e premente. E isso é na verdade menos perigoso do que transitar passivamente sujeito às disposições de ânimo que surgem do seu íntimo.

c) Se *awareness* de si próprio é impotente e é somente o reflexo do ego inconsciente, então a própria tentativa do paciente de cooperar é obstrutiva; e desse modo, na análise de caráter habitual, "atacam-se" as resistências, dissolvem-se as "defesas", e assim por diante. Contudo, ao contrário, se a *awareness* é criativa, então essas próprias resistências e defesas são realmente contra-ataques e agressões contra o *self* — são consideradas como expressões ativas de vitalidade, por mais neuróticas que possam ser na conjuntura total.[1] Em lugar de serem liquidadas, são aceitas pelo que são e enfrentadas homem para homem: o terapeuta, de acordo com a *awareness* de si próprio, recusa-se a ser aborrecido, intimidado, engabelado etc.; enfrenta a raiva com uma explicação do mal-entendido, ou, às vezes, com uma desculpa ou mesmo com raiva, de acordo com a verdade da situação; enfrenta a obstrução com impaciência no âmbito de uma paciência maior. Desse modo aquilo que é *não-consciente* pode surgir em primeiro plano de forma que sua estrutura possa ser experienciada. Isto é diferente de "atacar" a agressão quando o paciente não a sente, e, em seguida, quando esta tem um pouco de realidade sentida, explicá-la descartando-a como "transferência negativa". O paciente nunca poderá ter uma chance de *exercer* sua raiva e teimosia abertamente? Entretanto, subseqüentemente, se ele ousar agora exercer suas agressões em circunstâncias reais e enfrentar uma reação normal sem que o teto desabe, compreenderá o que está fazendo, lembrará quem são seus inimigos verdadeiros; e a integração prossegue. Assim, mais uma vez, não pedimos ao paciente que não censure, mas que se concentre em como ele censura, retrai-se, emudece, e com quais músculos, imagens ou "brancos". Dessa maneira constrói-se uma ponte para que comece a sentir-se reprimindo ativamente, e então ele mesmo pode começar a relaxar a repressão.

d) Uma quantidade enorme de energia e de decisão criativa prévia está investida nas resistências e modos de repressão. Por isso desviar-se das resistências ou "atacá-las" significa que o paciente terminará sendo menos do que quando veio, embora seja mais livre em determinados aspectos. Contudo, ao perceber as resistências experimentalmente, permitir que estas ajam e enfrentar o que está sendo objeto da resistência em si próprio ou na terapia, há uma possibilidade de resolução em vez de aniquilamento.

e) Se a *awareness* de si próprio está ociosa, o sofrimento do paciente não tem sentido e poderia igualmente ser mitigado por uma aspirina enquanto o cirurgião terapêutico continua a fazer alguma coisa com essa passividade. É de fato é em parte com base nessa teoria que as resistências são dissolvidas rapidamente, para evitar a angústia do conflito concreto, a fim de que o paciente não fique arrasado. Contudo, o sofrimento e o conflito não são sem sentido ou desnecessários: eles assinalam a destruição que ocorre em toda formação figura/fundo para que nova figura possa emergir. Isto não na ausência do antigo problema mas *resolvendo-o*, enriquecido pelas suas próprias dificuldades, e com a incorporação de material novo, do mesmo modo como um grande pesquisador não se esquiva das dolorosas provas contraditórias à sua teoria, mas as explora completamente para ampliá-la e aprofundá-la. O paciente é protegido, não pela atenuação da dificuldade, mas porque esta vem

---

1. A *Gegenwille* de Rank: vontade negativa.

a ser sentida exatamente nas áreas onde a habilidade e o elã criativo também são sentidos. Se, ao contrário, tentamos dissolver a resistência, o sintoma, o conflito, a perversão, a regressão, em lugar de aumentar as áreas de *awareness*, arriscar e deixar que o *self* viva de sua própria síntese criativa, — isto significa, é preciso dizer, que o terapeuta em sua superioridade julga que tal e tal material humano não merece readquirir uma vida integral.

f) Finalmente, não importa qual seja a teoria do *self*, assim como no início o paciente chegou por conta própria, do mesmo modo no fim ele terá de ir embora por conta própria. Isto é válido para qualquer escola. Se, durante o tratamento, o passado do paciente for resgatado, ele terá finalmente de assumi-lo como seu próprio passado. Se ele se ajustar em seu comportamento interpessoal, ele próprio deverá ser o ator na situação social. Se seu corpo é induzido a reagir de maneira ativa, o paciente deve sentir que é ele e não seu corpo que o está fazendo. Contudo, de onde surge repentinamente esse novo *self* vigoroso? Surge despertando como que de um transe hipnótico? Ou será que não estava lá o tempo todo, vindo à sessão, falando ou silenciando-se, fazendo o exercício ou deitando-se rígido? Já que *de fato* exerce tanto poder assim nos procedimentos, não é razoável concentrar *de jure* alguma atenção em suas ações características de contato, *awareness*, manipulação, sofrimento, escolha etc., assim como no corpo, no caráter, história e comportamento? Estes últimos são meios indispensáveis para que o terapeuta encontre contextos de contato mais íntimo, mas é somente o *self* que pode se concentrar na estrutura do contato.

Tentamos mostrar que diferença faz nossa abordagem na perspectiva geral e na atitude terapêutica. Este livro é uma teoria e prática de Gestalt-terapia, a ciência e técnica da formação figura/fundo no campo organismo/ambiente. Acreditamos que será valioso na prática clínica. Mais ainda, confiamos em que será útil a muitas pessoas que podem ajudar a si mesmas e umas às outras por contra própria. Não obstante, acima de tudo, esperamos que possa conter alguns discernimentos úteis para todos nós, com vistas à mudança criativa em meio à nossa crise atual e premente.

Pois nossa situação atual, qualquer que seja a esfera de vida que examinemos, deve ser considerada como um campo de possibilidades criativas, caso contrário é francamente intolerável. A maioria das pessoas parece persuadir-se, ou permitir que as persuadam, dessensibilizando-se e inibindo suas lindas faculdades humanas, de que sua situação atual é tolerável, ou mesmo bastante razoável. Elas parecem, julgando pelo gênero de suas preocupações, conceber uma "realidade" que é tolerável, à qual se podem adaptar com certo grau de felicidade. Contudo, esse padrão de felicidade é demasiado baixo, desprezivelmente baixo; temos vergonha de nossa humanidade. Não obstante, felizmente, o que concebem como sendo a realidade não o é de maneira alguma, mas sim uma ilusão desconsolada (e para que diabos serve uma ilusão que nem ao menos dá consolo!).

O problema é que, de modo geral, existimos num estado deemergência crônico, e a maior parte de nossas capacidades de amor e perspicácia, raiva e indignação está reprimida ou embotada. Aqueles que enxergam de maneira mais penetrante, sentem mais intensamente e agem mais corajosamente em geral se desgastam e sofrem, porque é impossível que alguém seja extremamente feliz até que sejamos felizes de maneira mais geral. Contudo, se entrarmos em contato com essa realidade terrível, nela existirá também uma possibilidade criativa.

Parte II
REALIDADE, NATUREZA HUMANA E SOCIEDADE

III
"MENTE", "CORPO" E "MUNDO EXTERNO"

I. A situação no contato bom

Do ponto de vista da psicoterapia, quando há um contato bom — por exemplo, uma figura nítida e brilhante livremente energizada a partir de um fundo vazio — não há nenhum problema em especial com respeito às relações entre "mente" e "corpo", ou *self* e "mundo externo". Naturalmente, há um grande número de problemas e observações específicos relativos a um funcionamento particular, por exemplo, como o rubor e o retesamento dos maxilares e das mãos está relacionado funcionalmente a determinado sentimento de raiva, e este sentimento e este comportamento estão relacionados funcionalmente à destruição de um obstáculo frustrante. Contudo, em alguns casos o contexto total é facilmente aceito, e o problema é clarear as relações entre as partes; e na medida em que a clarificação prossegue nos detalhes, os laços da relação são novamente sentidos e facilmente aceitos.

A separação que implica um "problema psicossomático" ou um "problema do mundo externo" peculiar não era de praxe na Antiguidade. Aristóteles fala de funções vegetativas, sensação e motricidade como as principais categorias de atos da alma, e em seguida as relaciona, como "idênticas em ato", com a natureza da comida, dos objetos de sensação etc.[1] Na psicologia moderna, Köhler diz: "O processo todo é determinado por propriedades intrínsecas de uma situação total; um comportamento significativo pode ser considerado como um caso de organização; e isto se aplica também a determinadas percepções. Porque o processo de consciência é de importância somente secundária".[2] Ou, para citar outro psicólogo da gestalt, Wertheimer, que diz: "Imagine uma dança cheia de graça e alegria. Qual é a situação em uma dança assim? Temos uma soma de movimentos *físicos* dos membros e da consciência *psíquica*? Não. Encontramos muitos processos que em sua forma dinâmica são idênticos, independentemente de variações no caráter material de seus elementos".[3]

Para um psicoterapeuta, entretanto, o reconhecimento de que esses problemas peculiares não existem levanta imediatamente uma outra questão relativa: como é possível que durante tanto tempo, tantas pessoas inteligentes e de boa-fé tenham sentido este problema inexistente como sendo um problema importante? Pois, como dissemos, dicotomias desse tipo não são nunca simples erros que podem ser corrigidos pela apresentação de novas evidências, mas são elas próprias *dadas* na evidência da experiência.

2. Freud e esses "problemas"

A teoria psicanalítica de Freud situa-se a meio caminho entre a antiga concepção errônea desses problemas como sendo particularmente espinhosos e a dissolução deles por diferentes psicologias unitárias modernas.

Freud escreveu no bojo de uma longa tradição — a qual aceitava incomodamente ignorando-a — da divisão entre "mente" e "corpo", e "*self*" e "realidade". A tradição produziu expedientes variados para unificar a divisão, tais como o paralelismo psicofísico e a harmonia preestabelecida, ou a redução da consciência a um epifenômeno, ou da matéria a uma ilusão, ou a construção de ambas a partir de uma substância neutra, ou (entre os psicólogos de laboratório) a recusa pura e simples de considerar a instrospecção, quer como método, quer como objeto da ciência.

A essa discussão Freud fez o famoso acréscimo de que a mente, como um *iceberg*, está somente em pequena parte acima da superfície e conscien-

---

1. O antigo problema platônico da alma no corpo e o mundo não é o problema moderno, embora não esteja desvinculado deste neuroticamente. Pode-se dizer o mesmo a respeito dos dilemas teológicos de corpo e espírito etc.

2. Duvidamos que a "conscientização seja de importância somente secundária" na análise de qualquer totalidade, mas apresentamos a citação devido a seu ponto de vista.

3. As citações são de Willis D. Ellis, *Source Book of Gestalt Psychology*, Kegan Paul, Trench, Trubner & Co., Ltd., Londres.

te, mas está oito nonos submersa ou inconsciente. Este acréscimo a princípio só aumentou a dificuldade, porque agora temos de relacionar não duas coisas, mas três, o mental-consciente, o mental-inconsciente e o corpo. Se a "mente" é definida em termos de introspecção, então o "mental-inconsciente" é enigmático; mas se, como Freud certamente pressentiu, o inconsciente era logicamente independente do consciente ou anterior a este, então temos um terceiro elemento incapaz por natureza de qualquer observação direta. Porém aqui, como é sempre o caso, a introdução de uma complexidade adicional por causa das exigências práticas (neste caso as exigências da medicina), em última análise, simplificou o problema, trazendo à luz as relações funcionais essenciais.

Por que Freud insistiu em classificar o inconsciente como "mental", e não simplesmente relegou o não-consciente ao físico, como se fazia na psiquiatria anterior? (E em verdade, para satisfazer os neurologistas, ele teve de adicionar o conceito de "condescendência ou submissão somática", um estado do corpo que predispõe a mente a perder alguns de seus conteúdos para o inconsciente — de modo que, então, em lugar de três ele tinha quatro elementos!) Ocorria de os efeitos do "inconsciente", tanto na mente como no corpo, terem todas as propriedades usualmente atribuídas ao mental: eles eram organizações simbólicas intencionais, significativas e providas de finalidades; eram tudo, só não-conscientes. Mais ainda, quando os conteúdos inconscientes eram recuperados para a consciência, a experiência consciente era alterada exatamente como nas situações em que conteúdos comumente despercebidos, mas obviamente mentais, eram levados em consideração, por exemplo, a memória e os hábitos. Desse modo Freud finalmente obteve cinco classes: mental-consciente, mental pré-consciente (memórias etc.), mental-inconsciente, condescendente ou submisso-somático e somático. O consciente eram intenções acessíveis à introspecção; o pré-consciente eram intenções que não eram levadas em conta, mas que, se o fossem, poderiam ser conscientes, e mudança de atenção era um poder consciente; o inconsciente eram intenções que não podiam tornar-se conscientes por meio de qualquer ato consciente do *self* (era aqui que o psicoterapeuta intervinha, armado do poder peculiar de tornar conhecido de fato o que era incognoscível por princípio); o condescendente-somático e o somático não eram intenções.

3. Contraste entre psicanálise e psicologia da gestalt com respeito a esses "problemas"

No entanto, em toda essa série que se expande ilogicamente, a psicanálise foi e tem sido cada vez mais capaz de produzir um funcionamento unitário, um contato bom, e isto fornece um contexto percebido no qual as partes se unem (tornam-se coerentes).

De um ponto de vista formal, não era necessário que Freud denominasse o inconsciente de mental. Na teoria física e psicológica dos gestaltistas, observamos que totalidades significativas existem por toda natureza, tanto no comportamento físico como no comportamento *consciente*, no corpo e na mente. Elas são significativas no sentido de que o todo explica as partes; elas têm uma finalidade porque se pode demonstrar uma tendência nas partes de completar os todos. Inteiramente independentes da consciência, semelhantes todos intencionais encontram-se com similaridade formal na percepção e no comportamento em qualquer evento, e isto é tudo que se exige para falar de "símbolos". (Fundamentalmente, Freud chamou o inconsciente de mental para combater o preconceito da neurologia contemporânea que era associacionista e mecânica.)

Contudo, o problema psicossomático efetivo e o problema do mundo externo não são respondidos por essas considerações formais; eles têm a ver com a evidência dada do tipo "Vou estender a mão, e mantê-la estendida e aí está ela", ou "Abro os olhos e o cenário se introduz forçosamente em mim ou permanece lá fora" e assim por diante; estes não são problemas de quais tipos de todos, mas da relação de todos de consciência com outros todos. E esses problemas são evitados pelos teóricos da gestalt que de fato — apesar de recorrerem continuamente à função preeminentemente consciente do *insight* — tendem a considerar a consciência, e a mente em geral, como um epifenômeno embaraçoso, "secundário" ou insignificante. É como se eles estivessem tão embaraçados "com seu próprio ataque contra o preconceito mecanicista que continuamente têm de absolver a si mesmos da acusação de serem "idealistas" ou "vitalistas".

O que produz a peculiaridade das relações problemáticas é o sentimento *dado* de desconexão e de não ser "eu mesmo" ao experienciar o corpo e o mundo. E é exatamente esse problema que a psicoterapia atacou com grande força. Exploremos a gênese desse sentimento e mostremos como ele finalmente produz as concepções errôneas.

4. Fronteira-de-contato e consciência

Todo ato contatante é um todo de *awareness*, resposta motora e sentimento — uma cooperação dos sistemas sensorial, muscular e vegetativo — e o contato se dá na superfície-fronteira *no* campo do organismo/ambiente.

Expressamo-lo dessa maneira bizarra, em lugar de expresá-lo como "na fronteira entre o organismo e o ambiente", porque, como foi discutido anteriormente, a definição de um animal implica seu ambiente: não tem sentido definir alguém que respira sem o ar, alguém que caminha sem gravidade e chão, alguém irascível sem obstáculos, e assim por diante para cada função animal. A definição de um organismo é a definição de um campo organismo/ambiente; e a fronteira-de-contato é, por assim dizer, o órgão especifico de *awareness* da situação nova do campo, em contraste, por exemplo, com os órgãos "orgânicos" mais internos do metabolismo ou da circulação que funcionam conservativamente sem necessidade de *awareness*, deliberação, seleção ou evitação da novidade. No caso de uma planta fixa, um campo de organismo/solo, ar etc., essa contextualidade (*inness*) da fronteira-de-contato é positivamente simples de conceber: a membrana osmótica é o *órgão da interação* do organismo e ambiente, ambas as partes sendo obviamente ativas. No caso de um animal complexo e móvel dá-se o mesmo, mas determinadas ilusões de percepção fazem com que seja mais difícil concebê-lo.[4]

Os empecilhos verbais nesse ponto são profundos em nossa linguagem. Considere a confusão do discurso filosófico comum nesse contexto, quando dizemos "interno". "Interno"significa "dentro da pele", "externo" significa"fora da pele". Contudo, aqueles que falam do"mundo externo" pretendem incluir o corpo como parte do mundo externo, e então"interno" significa"dentro da mente", dentro dela mas não dentro do corpo.

Aqui novamente, como Freud, e em especial William James mostraram, a consciência é o resultado de um retardamento da interação na fronteira. (James queria dizer, naturalmente, o arco reflexo interrompido, mas vamos aqui nos mover dentro de uma teoria gestáltica). E podemos observar imediatamente que a consciência é funcional. Porque, caso a interação na fronteira-de-contato seja relativamente simples, há pouca *awareness*, reflexão, ajustamento motor ou deliberação; mas onde a interação é difícil e complicada, há uma consciência intensificada. Uma complexidade crescente dos órgãos sensoriais significa que há necessidade de maior seletividade, à medida que um animal torna-se mais móvel e se aventura no meio de mais novidades. Desse modo, com uma complexidade crescente podemos conceber uma série: o fototropismo torna-se visão consciente, e esta se se torna atenção deliberada; ou a osmose torna-se alimentação e esta se torna ingestão deliberada de comida.

---

4. As ilusões, para repeti-las, são simplesmente o fato de que aquilo que é móvel ganha atenção frente ao fundo fixo, e o que é mais hermeticamente complexo ganha atenção em contraste com o que é relativamente mais simples. Contudo, na fronteira, a interação está se dando a partir de ambas as partes.

5. Tendência à simplificação do campo

Tudo isso, em última instância, é para simplificar a organização do campo organismo/ambiente, para completar suas situações inacabadas. Examinemos em seguida, mais acuradamente, essa interessante fronteira-de-contato.

Como uma fronteira de interação, sua sensitividade, resposta motora e sentimento estão voltados tanto para a parte-ambiente como para a parte-organismo. Neurologicamente, tem receptores e proprioceptores. Contudo, em *ato*, no contato, há um único todo dado de movimento iniciador de percepção, matizado de sentimento. Não se trata de o auto-sentimento, por exemplo, de estar com sede, servir de sinal que é notado, reportado ao departamento de percepção-de-água etc.; mas de que *no mesmo ato* a água é dada como algo brilhante desejável para o qual é impelido; ou a falta de água é ausente-cansativa-problemática.

Se você se concentrar numa percepção "próxima", por exemplo, o paladar, é claro que o gosto da comida e sua boca que a degusta são a mesma coisa, e portanto essa percepção nunca é neutra no sentimento, mas é sempre agradável ou desagradável, sendo a insipidez uma forma de desagrado. Ou considere os órgãos genitais durante a cópula: *awareness*, resposta motora e sentimento são dados como sendo os mesmos. Contudo, quando consideramos a visão, onde há a distância e o cenário é desinteressante, a unidade é menos óbvia; não obstante, assim que nos concentramos no campo-de-visão oval no qual as coisas são enxergadas como "minha visão", então o ver torna-se exatamente eu próprio vendo (freqüentemente com a percepção do que estamos olhando fixamente), e o cenário começa a ter valor estético.

Tender à estrutura mais simples do campo é a interação na fronteira-de-contato das tensões do organismo e do ambiente até que se estabeleça um equilíbrio relativo. (O retardamento — consciência — é a dificuldade em terminar o processo.) Note que nesse processo os assim chamados nervos aferentes estão longe de ser meramente receptivos; eles se estendem — a água é vista como brilhante e vívida, se estivermos com sede; em lugar de meramente responder a um estímulo, eles respondem, por assim dizer, mesmo antes do estímulo.

6. As possibilidades na fronteira-de-contato

Consideremos as diversas possibilidades na fronteira-de-contato, à medida que a interação se desenrola de várias maneiras :

1) Se o equilíbrio é facilmente estabelecido, a *awareness*, o ajustamento motor e a deliberação estão relaxados: o animal vive bem e está como que adormecido.

2) Se houve dificuldade em equilibrar as tensões em ambos os lados da fronteira, e portanto houve muita deliberação e ajustamento, mas agora há um relaxamento: então há uma bela experiência da absorção estético-erótica, quando a *awareness* e muscularidade espontâneas absorvem-se e dançam no ambiente como que esquecidas de si mesmas, mas em realidade sentindo as partes mais profundas do *self* respondendo ao significado mais intensificado do objeto. A beleza do momento provém de relaxar a deliberação e expandir-se numa interação harmoniosa. O momento é recreativo e mais uma vez termina na perda de interesse e sono.

3) A situação de perigo: se a fronteira torna-se intoleravelmente sobrecarregada devido a forças ambientais que devem ser rejeitadas por meio de seletividade e evitação extraordinárias; e

4) A situação de frustração, inanição e doença: se a fronteira torna-se intoleravelmente tensa devido a exigências proprioceptivas que não podem ser equilibradas a partir do ambiente.[5]

Em ambos os casos de excesso de perigo e frustração, há funções temporárias que saudavelmente confrontam as emergências com a função de proteger a superfície sensitiva. Essas reações podem ser observadas em todo o reino animal, e são de dois tipos: subnormal ou supernormal. Por um lado, a fuga "irracional", do pânico, o choque, a anestesia, o desmaiar, o fingir-se de morto, ocultar uma parte, amnésia: estes atos protegem a fronteira dessensibilizando-a temporariamente ou paralisando-a motoricamente, aguardando que a emergência acabe. Por outro lado, há mecanismos para amortecer a tensão exaurindo parte da energia de tensão na agitação da própria fronteira, por exemplo, a alucinação e o sonho, a imaginação ativa, o pensamento obsessivo, remoer pensamentos e com estes a inquietação motora. Os mecanismos subativos parecem estar adaptados para proteger a fronteira do excesso ambiental, excluindo o perigo; os mecanismos superativos têm a ver de preferência com o excesso proprioceptivo, exaurindo a energia — exceto nos casos de inanição ou doença quando o ponto de perigo é atingido e ocorre o desmaio.

7. A função-emergência da consciência

Chegamos assim a uma outra função da consciência: exaurir a energia que não pode alcançar um equilíbrio. Entretanto, note que isto é, mais uma vez, como na função primária, um tipo de retardamento: anteriormente o

---

5. Essas duas situações contrastantes são o motivo do desacordo entre as duas escolas parafreudianas mais nitidamente opostas: aquela que deriva a neurose da insegurança e aquela que a deriva da ansiedade-instinto.

retardamento consistia na *awareness* intensificada, experimentação e deliberação para resolver o problema; aqui é retardamento no interesse do descanso e da fuga, quando o problema não pode ser resolvido de outra forma. A função exaustiva da consciência é, em essência, a teoria dos sonhos de Freud. Recapitulemos os elementos dessa teoria: no sono, a) a exploração e manipulação do ambiente está suspensa, e portanto qualquer solução "física" é frustrada; b) certos impulsos proprioceptivos continuam a criar tensão — "o sonho é a satisfação de um desejo"; este é o sonho-latente; c) mas os conteúdos aparentes são em grande parte a agitação da própria superfície sensória, os restos dos acontecimentos do dia. É muito importante perceber isso. A linda distinção de Freud entre o sonho "manifesto" e o 'latente" significa precisamente que a consciência que sonha está isolada *tanto* do ambiente *como* do organismo; o *"self"* do qual aquele que sonha *tem consciência* é, em grande parte, *apenas* a fronteira-superfície. Isto é necessariamente assim porque se algo mais que a mera fronteira fosse admitido no todo que se forma, isto implicaria ajustamentos práticos, e portanto os músculos motores e o animal acordariam. Paradoxalmente, o sonho é completamente consciente; eis porque tem sua qualidade cinemática uniforme. Quanto mais profundo é o sonho, mais lhe falta o obscuro sentimento-corpo da percepção desperta. Aquele que sonha é espetacularmente *não-consciente* dos conteúdos proprioceptivos, cujo significado está sonhando; quando estes começam a invadir seu sonho, por exemplo, a sede que se torna muito grande, ele tende a acordar; e finalmente, d) a função do sonho é manter o animal adormecido.

A mesma função de consciência como uma tentativa de exaurir energia pode ser simplesmente observada, como Wilhelm Reich enfatizou, nas nítidas imagens sexuais brilhantes que ocorrem durante uma frustração sexual temporária. De fato, nesse exemplo podemos observar a conjuntura total do funcionamento simples da superfície-consciente: na necessidade orgânica, a inervação se aviva, estende-se em direção a seu objetivo; como retardamento há uma retração deliberada e um ritmo acelerado na busca de expedientes; com a satisfação, a imagem torna-se imediatamente opaca, mas com a frustração, ela se torna ainda mais brilhante tentando exaurir a energia.

Há, portanto, na fronteira-de-contato esses dois processos de enfrentar emergências: a ocultação e a alucinação. Eles são, permitam-nos enfatizar, funções *temporárias* saudáveis num campo organismo/ambiente complicado.

72

8. A adequação científica da concepção unitária exposta

Agora, finalmente, estamos em condições de explicar a noção surpreendente de "Mente" em contraste tanto com "Corpo" como com "Mundo Externo", em lugar da concepção um tanto *prima facie* que vimos desenvolvendo da consciência com uma função-contato num campo organismo/ambiente difícil.

Essa concepção *prima facie* que, com roupagem moderna mas não muito superior, é como a alma racional e sensitiva de Aristóteles, não oferece nenhuma dificuldade científica particular. Existem relações funcionais definidas, observáveis e passíveis de experimentação entre esta entidade e outras. Existem, por exemplo, critérios do "bom contato", tais como a uniformidade, clareza e fechamento da figura/fundo; graça e força de movimento; espontaneidade e intensidade de sentimento. E também a similaridade formal das estruturas observadas de *awareness*, movimento e sentimento dentro do todo; e a ausência de contradição nos diversos significados ou propósitos. E pode-se mostrar, analítica e experimentalmente, que variações da norma de "bom contato" implicam tanto relações de efeito como de causa com relação às anormalidades ambientais e somáticas.

Não obstante, temos de mostrar agora que a noção de "mente" como uma entidade *sui generis* isolada e única não só é geneticamente explicável mas também é, em certo sentido, uma ilusão inviável, *empiricamente dada na experiência comum.*

9. A possibilidade neurótica na fronteira-de-contato

Consideremos, ainda, outra possibilidade na fronteira de contato. Imagine que,[6] em lugar, seja do reestabelecimento do equilíbrio, seja do ocultamente e alucinação num excesso de perigo e frustração em uma emergência temporária, exista um desequilíbrio crônico de baixa tensão, um incômodo contínuo de perigo e frustração, entremeado de crises agudas ocasionais, e nunca completamente relaxado.

Esta é uma hipótese funesta, mas infelizmente é fato da história concreta para a maioria de nós. Note que falamos do excesso duplo de baixo grau, de perigo e frustração, que cria uma sobrecarga crônica tanto do re-

---

6. Um estado de emergência prolongado destruiria a estrutura, isto é, a simplificaria transformando-a numa estrutura de ordem inferior. Um exemplo médico de simplificação num nível inferior é a lobotomia ou qualquer outra extração. O problema é se os diferentes "tratamentos de choque" não funcionam de maneira semelhante gerando uma emergência delimitada *fatal.*

ceptor quanto do proprioceptor. Pois é extremamente improvável, embora concebível, que o perigo ou a frustração crônicos continuassem por muito tempo separados um do outro. Considere simplesmente que o perigo diminui a oportunidade de satisfação num campo que, para começar, é um tanto quanto precisamente ajustado; nesse caso a frustração se intensifica. Contudo, a frustração aumenta a premência da exploração e diminui a oportunidade de uma seleção escrupulosa; cria ilusões e suprime a deliberação, e desse modo aumenta o perigo. (Isto é, quer enfatizemos primordialmente a insegurança, quer o instinto de ansiedade, todos os terapeutas concordariam que essas desordens se agravam mutuamente até chegar a um resultado neurótico.)

Na emergência crônica de baixo grau que estamos descrevendo, que arranjos da fronteira-de-contato tendem a uma possível simplicidade do campo? Ambas as funções de emergência, o ocultamento deliberado e a hiperatividade não deliberada entram em ação, da seguinte maneira: numa reação que é diferente daquela na emergência crítica, a atenção se afasta das exigências proprioceptivas e a percepção do corpo como parte do *self* diminui. A razão disso está em que as excitações proprioceptivas são a ameaça mais controlável em meio aos distúrbios que se agravam mutuamente. Com respeito à ameaça ambiental mais direta, por outro lado, a atenção é intensificada para enfrentar o perigo, mesmo quando este não existe. Contudo, o que semelhante estado de atenção fornece é "alienígena", irrelevante para qualquer *awareness* sentida de si próprio, pois o proprioceptivo foi reduzido. E, no estado de atenção, os sentidos (receptores) não se estendem expansivamente, mas, mais comumente, retraem-se diante do golpe esperado; desse modo, se o processo prossegue por muito tempo, o estado de vigilância deliberada com relação ao perigo torna-se um estado de prontidão muscular em lugar de um estado de aceitação sensorial: um homem olha fixamente, mas não enxerga nem um pouco melhor por isso; de fato, dentro em pouco enxergará pior. E tudo isso vem acompanhado, mais uma vez, de uma prontidão habitual para fugir, mas sem realmente o fazer e liberar a tensão muscular.

Resumindo, temos aqui a conjuntura típica da neurose: *propriocepção subconsciente e finalmente percepção*, e *hipertonia da deliberação e da muscularidade*. (Contudo, insistamos novamente que essa condição não é disfuncional, na emergência crônica de baixo grau específica, porque o que é visto e sentido *é* desinteressante por ser alienígena, e provocador de perigo por ser uma tentação ao desejo; e o perigo *é* iminente).

Nesse ínterim, entretanto, a função segura da consciência, para tentar exaurir as tensões internas por meio de atividade da fronteira em isolamento, intensifica-se ao máximo possível — há sonhos, desejos frívolos, ilusões (projeções, preconceitos, pensamentos obsessivos etc.). Contudo, note que a segurança dessa função depende precisamente de mantê-la isolada do resto do sistema. Sonhar é algo espontâneo e não deliberado, mas garantir que sonhar acordado não se transforme em movimento implica deliberação.

10. "Mente"

Na situação de emergência crônica de baixo grau que estivemos descrevendo, o sentido, a iniciação de movimento e o sentimento são inevitavelmente apresentados como "Mente", um sistema único e isolado.

Recapitulemos a situação a partir desse ponto de vista:

1) A propriocepção é diminuída ou anulada seletivamente (por exemplo, cerrando os dentes, enrijecendo o peito ou a barriga etc.). Assim a relação funcional entre os órgãos e a consciência não é sentida de imediato, mas as excitações que chegam têm de ser "levadas em consideração" (e então teorias abstratas, como esta nossa, são inventadas).

2) A unidade "desejado-percebido" é dividida; a sensação não se manifesta nem antecipada nem reativamente, e a figura perde vivacidade. Desse modo a unidade funcional de organismo e ambiente não é imediatamente *consciente* e motora. Então o "Mundo Externo" é percebido como alienígena, "neutro", e portanto matizado de hostilidade, pois "todo estranho é um inimigo". (Esta é a razão de certo comportamento obsessivo, paranóico e "esterilizante" da ciência positivista.)

3) A deliberação costumeira e a autoconstrição não relaxada colorem todo o primeiro plano da *awareness* e produzem um sentimento exagerado do exercício da "Vontade", e isto é considerado a propriedade mais difundida do *self*. Quando "quero mover minha mão pela força de vontade", sinto a força de vontade, mas não sinto minha mão; mas a mão se move, e portanto a força de vontade é algo que está em alguma parte, está na mente.

4) A operação sem risco do sonho e da especulação é maximizada e desempenha um papel desproporcional na *awareness* de si próprio do organismo. Então as funções da fronteira de retardamento, cálculo e restaurativas são consideradas como as atividades principais e finais da mente.

O que estamos debatendo, então, não é o fato de que essas concepções, Corpo, Mente, Mundo, Vontade, Idéias são erros costumeiros que podem ser corrigidos por meio de hipóteses e de verificação rivais; nem, mais uma vez, que elas sejam designações semânticas errôneas. Mais exatamente, elas são dadas em uma experiência imediata de certo tipo, e podem perder sua premência e seu valor comprobatório somente se as condições dessa experiência forem mudadas.

Permitam-nos enfatizar a importância lógica da psicologia. Se determinada deliberação não relaxada está criando uma descontinuidade, e desse modo alterando o tipo de figura que se apresenta habitualmente na percepção, é a partir *destas* percepções como observações básicas que procedemos logicamente. O recurso a novos "protocolos" não alterará fácil ou rapidamente a conjuntura, pois esses "protocolos", por sua vez, são percebidos com o mesmo feitio mental. Assim, o caráter sociopsicológico do observador tem, em assuntos desse tipo, de ser considerado como parte do contexto no qual se faz a observação. Dizer isso é adotar uma variedade da "falácia genética" e, o que é pior, uma variedade particularmente ofensiva da argumentação *ad hominem*: e no entanto isto é assim mesmo.

(Ficará evidente por tudo isso que a psicoterapia não é a aprendizagem de uma *teoria* verdadeira a respeito de si mesmo — pois como aprender tal teoria contra a evidência de nossos próprios sentidos? Mas ela é um processo de situações de vida experimentais que são arriscadas como as explorações do obscuro e do desconhecido, e ainda assim, ao mesmo tempo, são seguras a ponto de possibilitar que a atitude deliberada possa ser relaxada.)

11. Abstração e verbalização como atos da "mente"

Até aqui estivemos falando de uma consciência rudimentar, que compartilhamos com os animais selvagens do campo e da floresta. Vamos iluminar um pouco o cenário e buscar uma ilustração mais elevada, o processo de abstrair e verbalizar (e até de escrever para as revistas eruditas).

Psicologicamente, abstrair é tornar determinadas atividades relativamente estáveis no interesse da mobilização mais eficiente de outras atividades. Pode haver abstrações sensoriais, de postura, de atitude, imaginativas, verbais, de idéias, institucionais e de outros tipos. As abstrações são partes relativamente fixas numa atividade total; não se dá atenção à estrutura interna de tais partes, que se tornam habituais — o que está estável é fundo para aquilo que está em movimento —, ao passo que o todo é mais interessante e mais amplo do que seria de outro modo administrável; e é naturalmente o todo que seleciona, imobiliza e organiza as partes. Considere, por exemplo, as literalmente milhares de formas fixas que entram no processo de um leitor que extrair (esperamos) um significado (esperamos) destas sentenças: as abstrações de verbalização infantil e de atitudes de comunicação, de freqüentar a escola, ortografia e dever de casa; de tipografia e produção de livros; de gênero de estilo e expectativa da platéia; da arquitetura e posição das salas de leitura; do conhecimento que é aceito academicamente como verdadeiro e das pressuposições aceitas como verdadeiras no que se refere a esta argumentação específica. Não prestamos atenção a tudo isso à medida que prestamos atenção à argumentação. Poderíamos prestar atenção a essas coisas mas não o fazemos, a não ser que haja algum empecilho, um erro tipográfico sério, uma passagem pedante ou uma piada fora de contexto, má iluminação, ou uma cãimbra no pescoço. Tudo isso é lugar-comum. (A abstração é,. por definição eficiente e "normal"; contudo, não se pode negar que de fato as "literalmente milhares de abstrações" — a quantidade faz diferença — indicam invariavelmente uma rigidez de treinamento e funcionamento, um caráter-verbalizante que realmente *não pode* prestar atenção à série inteira, exceto em teoria.)

Supondo agora que bem lá no fundo dos níveis de abstração verbal, nas partes antigas onde a fala simbólica se aproxima da figuração, dos sentimentos e dos clamores não verbais, suponhamos que nesse nível elementar houve e persiste uma anulação da *awareness* e uma paralisia do movimento. Haverá, então, conexões às quais *não podemos* prestar atenção. Por exemplo (para escolher um exemplo do trabalho da Escola de Psiquiatria de Washington), a criança que está aprendendo a falar tem uma mãe irada, e descobre que certas palavras ou certos assuntos, ou mesmo o balbuciar, são perigosos; ela distorce, oculta ou inibe sua expressão; eventualmente ela gagueja e, em seguida, porque isso também é demasiado embaraçoso, reprime a gagueira e aprende a falar de novo com outras partes emergenciais da boca. Existe um consenso geral de que uma história semelhante de hábitos de fala constitui de maneira importante a personalidade dividida de uma pessoa; entretanto, queremos chamar a atenção aqui não para o destino da personalidade, mas para o da fala. À medida que sua experiência se amplia na sociedade, nas letras e ciências, o nosso orador faz abstrações verbais cada vez mais amplas e mais complexas. Não poderá acontecer de, já que ele está anulando a *awareness* e paralisando a expressão das conexões préverbais menos complexas, ele ter um contato defeituoso com o funcionamento concreto das abstrações mais complexas, tanto com relação ao significado destas para *ele mesmo* como também com relação ao que elas realmente são? Elas têm realmente um significado, mas, ainda assim, em realidade existem, em última instância, num vácuo. Elas são "mentais".

Apresenta-se uma proposição geral; sua importância para ele, por exemplo, o valor que faz com que determinada evidência se destaque num campo e seja observada ou passe despercebida por ele, nunca é redutível a nenhum comportamento ou observação que lhe é perceptível. Outros observadores podem perceber coisas que ele não percebe, mas infelizmente eles, como é o caso, estão implicados numa conspiração geral contra ele para ridicularizar suas enunciações "íntimas" como não fazendo parte do sistema da natureza. Ele está treinado academicamente para concordar com o consenso geral, e, não obstante, ele não pode admitir que o *resíduo* de significado não é nada em absoluto; ele *sabe* que o resíduo é alguma coisa. *Prima facie*, sente que essas abstrações literalmente infundadas, mas não sem sentido, existem; existem, então, na "mente", talvez na mente "particular". Juntamente com a Vontade, as abstrações infundadas, mas não sem sentido, são uma prova da Mente por excelência.

Dependendo do seu caráter, ele faz vários ajustamentos das abstrações às suas outras experiências e ao consenso geral. (Note que esta Mente está necessariamente muito ocupada exaurindo a energia de suas tensões na especulação.) Ao perceber a incomensurabilidade entre suas abstrações e o Mundo Externo, ele poderá recorrer a expedientes diferentes: se ele sofre da síndrome bastante árida e sem afeto da enfermidade-positivista, ele considerará suas abstrações absurdas e desprezará mais ainda a si próprio. Se ele sofre da mania eufórica poética, considerará a discrepância como uma marca negra contra o Mundo Externo e fornecerá um mundo para suas Idéias rimando-as. O homem com paquidermatite gestáltica patinha num pântano de terminologia lamacenta. E assim por diante.

12. Enfermidades psicossomáticas

A "concepção errônea inevitável", numa emergência crônica de baixo grau, de que existe uma coisa tal como a "Mente" torna-se mais assustadora quando começamos a sofrer de enfermidades psicossomáticas.

Firmemente plantado em sua mente amada ou desprezada, nosso homem não percebe que está controlando deliberadamente seu corpo. Trata-se de seu *corpo*, com o qual tem certos contatos externos, mas não se trata *dele*; ele não sente a si mesmo. Suponha agora que ele tenha muitos motivos para chorar. Todas as vezes em que se emociona até ficar à beira das lágrimas, ele, não obstante, não "se sente com vontade de chorar", e não chora; isto é porque se habituou, há muito tempo, a não perceber como está inibindo muscularmente essa função e cortando o sentimento — pois há muito tempo esse sentimento levou-o a ser humilhado e, até mesmo, surrado. Em vez disso, ele agora sofre de dores de cabeça, falta de fôlego, e até de sinusite.

(Estas constituem agora mais coisas para chorar.) Os músculos dos olhos, a garganta e o diafragma são imobilizados para impedir a expressão e a *awareness* do choro que está vindo. Contudo, esse autocontorcer-se e auto-sufocar-se provocam excitações (de dor, irritação ou fuga) que devem, por sua vez, ser bloqueadas, pois um homem tem coisas mais importantes, como as letras e as ciências, para ocupar sua mente do que a arte da vida e o autoconhecimento Délfico.

Finalmente, quando ele começa a ficar muito doente, com fortes dores de cabeça, asma e acessos de vertigem, esses reveses lhe chegam de um mundo absolutamente estranho: seu corpo. Ele sofre *de* dor de cabeça, *de* asma, e assim por diante. Ele não diz: "Estou fazendo minha cabeça doer e segurando a respiração, embora eu não esteja consciente de que maneira o estou fazendo ou por quê".

Ótimo. Seu corpo o está ferindo e desse modo ele vai ao médico. E supondo que a afecção é por ora "meramente funcional", isto é, não há ainda quaisquer danos anatômicos ou fisiológicos flagrantes, o médico decide que não há nada de errado com ele e lhe dá uma aspirina. Porque também o médico acredita que o corpo é um sistema fisiológico sem afeto. Grandes instituições acadêmicas baseiam-se na proposição de que há um corpo e uma mente. Calcula-se que mais de 60% daqueles que vão a consultórios médicos não têm nada a fazer ali; mas obviamente há *algo* de errado com eles.

Porém, felizmente, contudo, a doença é altamente valorizada entre as coisas às quais se tem de prestar atenção, e o nosso homem agora tem um novo interesse intenso. O resto de sua personalidade torna-se mais e mais o fundo para um voraz interesse por seu corpo. A mente e o corpo finalmente, pelo menos, tornam-se conhecidos um do outro, e ele fala de "*minhas* dores de cabeça, *minha* asma, etc." A doença é uma situação inacabada por excelência, podendo ser acabada apenas pela morte ou pela cura.

13. A teoria de realidade de Freud

Para concluir este capítulo, vamos fazer alguns comentários adicionais a respeito da gênese do conceito de Mundo Externo.

Se voltarmos à teoria psicanalítica de Freud, descobriremos que juntamente com o corpo e diversos tipos do "mental", ele falava de Realidade, e, em seguida, do "princípio-de-realidade", o qual ele constrastava com o "princípio-do-prazer", como sendo o princípio de auto-ajustamento penoso ao funcionamento seguro.

Isto mostra, acreditamos, que ele concebeu a realidade de duas maneiras diferentes (e não compreendeu a relação entre elas). De um lado, a mente *e* o corpo são partes do sistema-de-prazer, e a realidade é primariamente o "Mundo Externo" social das outras mentes e corpos que dolorosamente constrangem nossos prazeres pela privação ou punição. De outro lado, ele se referia ao "Mundo Externo" dado pela percepção, incluindo seu próprio corpo, e oposto aos elementos imaginários da alucinação e do sonho.

Ele considerava Mundo Externo social especialmente em conexão com a assim chamada onipotência desamparada e ilusória do bebê humano. O bebê está aí deitado, isolado, tem idéias sobre sua própria onipotência, mas é dependente em tudo, menos na satisfação de seu próprio corpo.

Mas consideremos esse quadro no seu contexto social total e ele será visto como a projeção de uma situação adulta: os sentimentos reprimidos do adulto são atribuídos à criança. De que maneira o bebê está essencialmente desamparado ou isolado? Ele é parte de um campo no qual a mãe é a outra parte. O choro angustiado da criança é uma comunicação adequada; a mãe precisa responder ao choro; o bebê necessita ser acariciado, e a mãe necessita acariciar; e ocorre o mesmo com outras funções. Os delírios de onipotência (na medida em que existam e não sejam projeções adultas), e os acessos de raiva e cólera pelo infinito abandono são escoamentos proveitosos da tensão-superficial em períodos de demora, para que o interfuncionamento possa continuar sem situações inacabadas passadas. Idealmente considerada, a separação gradual do bebê e da mãe, a ruptura desse campo e sua transformação em pessoas separadas é *o mesmo que* o crescimento da criança em tamanho e força, o nascimento dos dentes e o aprendizado do mastigar (e o desmame e a mãe voltando-se para outros interesses), e o seu aprendizado de conversar etc. Isto é, a criança não aprende uma realidade estranha, mas descobre-e-inventa a sua própria e crescente realidade.

O problema naturalmente é que essa condição ideal não é costumeira. Contudo, devemos dizer não que a criança é essencialmente isolada e desamparada, mas que logo a tornam assim, atirada num estado de emergência crônica, e que eventualmente ela concebe um mundo social externo. E qual é a situação do adulto? Em nossas sociedades que não têm nenhuma comunidade fraterna, existimos nesse mesmo isolamento, e nos afundamos nele. Os adultos tratam uns aos outros como inimigos e tratam seus filhos alternadamente como escravos ou tiranos. Então, por projeção, o bebê é inevitavelmente considerado como isolado, desamparado e onipotente. A condição mais segura é, então, considerada, verdadeiramente, como sendo um rompimento, um desligamento da continuidade com o campo unitário original.

(Os atributos passionais do Mundo Externo da ciência revelam as mesmas projeções. O mundo dos "fatos" é pelo menos neutro: e isto não reflete o suspiro de alívio por sair da casa da família e entrar em contato com seres sensatos, mesmo que sejam apenas coisas? Contudo, é claro, esse mundo também é indiferente; e por mais que tentemos, não podemos extrair do "naturalismo" uma ética, exceto a apatia estóica. Os recursos naturais são "explorados": isto é, não participamos com eles no âmbito de uma ecologia; preferencialmente nós os usamos, uma atitude segura que leva a muitos comportamentos ineficientes. "Conquistamos" a natureza, somos seus senhores. E persistentemente, ao contrário, existe tensão pelo fato de que se trata da "Mãe Natureza".)

14. O "mundo externo" da percepção de Freud

Contudo, quando examinamos minuciosamente a outra maneira de Freud considerar o Mundo Externo como aquilo que é dado na percepção em oposição aos sonhos — e esta é a maneira que se ajusta facilmente às preconcepções gerais e científicas — percebemos repentinamente que ele está muito pouco à vontade. Este não é o lugar de discutir suas dificuldades detalhamente (ver capítulo 12). Entretanto, vamos delinear o problema citando algumas passagens.

Explorando o mundo dos sonhos, Freud descobriu que ele fazia sentido mesmo em situação de isolamento da manipulação motora e do ambiente que se supunha fornecer as categorias de significados. Ainda assim, o mundo dos sonhos fazia sentido. Não era um mundo de entidades fixas, mas de manipulação plástica de acordo com processos criativos de chegar à imagem e ao ato da fala, para além da verbalização, da destruição e distorção daquilo que é dado, condensando-o etc. Freud chamou essa manipulação plástica de "processo primário" e observou que era o funcionamento mental característico dos primeiros anos de vida.

> O processo primário esforça-se em descarregar a excitação para estabelecer, com a quantidade de excitação acumulada dessa maneira, uma *identidade de percepção*. O processo secundário abandonou essa intenção e adotou em seu lugar o propósito de uma *identidade de pensamento*.
>
> Os processos primários estão presentes no aparato desde o princípio, enquanto os processos secundários somente tomam forma gradativamente no decorrer da vida, inibindo e recobrindo os processos primários, e, provavelmente, adquirindo controle total sobre eles somente no auge da vida.[7]

Agora, o problema para Freud era se o processo primário, considerado desse modo, era meramente subjetivo ou fornecia alguma enunciação da realidade. E em algumas ocasiões ele corajosamente afirmava que os processos primários transmitiam a realidade, por exemplo:

> Os processo descritos como "incorretos" não são realmente falsificações de nossa maneira de proceder normal, ou um pensamento defeituoso, mas são *os modos de operação do aparelho psíquico quando liberto de inibição*". (Grifo nosso.)[8]

E o oposto seria o que estivemos dizendo aqui, que o tipo de mundo que parece real para as concepções comuns é um produto de um estado de emergência crônico de baixo grau, de inibição neurótica; somente o mundo infantil ou o mundo dos sonhos é real.

---

7. Sigmund Freud, *A interpretação dos sonhos*. Trans. de A.A. Brill, Macmillan Co., Nova York, 1933, pp 553 e 555.

8. Idem, ibidem, p. 556.

Tampouco isto é muito satisfatório, e compreensivelmente Freud tendeu a afastar-se disso. Do ponto de vista formal, contudo, a fonte de seus apuros é simples. O que o coíbe não é a sua psicologia dos sonhos (que ele próprio sabia ser uma descoberta imortal), mas a psicologia trivial da consciência desperta "normal" que compartilhava com seus contemporâneos. Pois para uma psicologia normal, correta, é óbvio que em toda parte a experiência é dada em estruturas plásticas, e que os sonhos são um caso especial. (É comovente considerar o desconcerto e a abnegação de Freud quando se confrontou com a psicologia da arte e da invenção).

Contudo, uma pista mais importante de sua dificuldade é dada pela justaposição de suas teorias de "realidade": porque ele acreditava que o "mundo externo" social, no qual o bebê cresce, era inflexível, era-lhe necessário crer que o mundo do "processo primário", com sua espontaneidade, plasticidade, sexualidade polimórfica etc., era reprimido pelo amadurecimento e cessava de funcionar.

IV
REALIDADE, EMERGÊNCIA E AVALIAÇÃO

A realidade, estivemos dizendo, é dada em momentos de "bom contato": uma unidade de *awareness*, resposta motora e sentimento. Comecemos agora a analisar essa unidade mais acuradamente e a relacioná-la ao nosso método de psicoterapia. Neste capítulo argumentaremos que realidade e valor emergem como conseqüência da auto-regulação, seja ela saudável, seja neurótica; e discutiremos o problema de como, segundo a referência de auto-regulação do neurótico, aumentar a área de contato. Resolveremos isso definindo a psicoterapia como auto-regulação em emergências experimentais seguras.

1. Dominância e auto-regulação

Chamemos a tendência de uma tensão forte a sobressair-se proeminentemente, e a organizar a *awareness* e o comportamento, de *dominância*. Quando há dificuldade e demora em alcançar um equilíbrio no campo, a dominância e sua tentativa de completar a organização são conscientes (de fato elas são o que a consciência é).

Cada situação inacabada mais premente assume a dominância e mobiliza todo o esforço disponível até que a tarefa seja completada; então torna-se indiferente e perde a consciência, e a necessidade premente seguinte passa a exigir atenção. A necessidade torna-se premente não deliberada, mas espontaneamente. Deliberação, seleção e planejamento estão implicados no completamento da situação inacabada, mas a consciência não tem de encontrar o problema; mais exatamente, ela é igual ao problema. A consciência espontânea da necessidade dominante e sua organização das funções de contato é a forma psicológica da *auto-regulação organísmica*.

Por toda parte no organismo estão sempre ocorrendo muitos processos de ordenação, retração, seleção e assim por diante, sem consciência; por exemplo, a emissão ordenada de certas enzimas para digerir determinados alimentos. Essa organização interna não-consciente pode ser de uma sutileza qualitativa e de uma precisão quantitativa extremas, mas está sempre relacionada a problemas razoavelmente conservativos. Contudo, quando esses processos exigem para seu completamento material novo do ambiente — e isso se dá, por sua vez, com todo processo orgânico — então determinadas figuras de consciência se tornam vívidas e vêm para o primeiro plano; estamos lidando com o contato. Numa situação de perigo, quando a tensão se inicia a partir de fora, a cautela e a deliberação são similarmente espontâneas.

2. Dominância e avaliação

Dominâncias espontâneas são estimativas do que é importante na ocasião. Não são avaliações adequadas, mas a evidência básica de um tipo de hierarquia de necessidades numa situação atual. Não são "impulsivas" e necessariamente vagas, mas sistemáticas e com freqüência bastante específicas, pois expressam a sabedoria do organismo acerca de suas próprias necessidades e uma seleção a partir do ambiente do que satisfaz essas necessidades. Elas fornecem uma ética imediata, que não é infalível mas ainda assim está numa posição privilegiada.

O privilégio deriva simplesmente disto: o que parece espontaneamente importante *de fato* organiza realmente a maior parte da energia do comportamento; a ação auto-reguladora é mais vívida, mais intensa e mais sagaz. Qualquer outra linha de ação que se suponha ser "melhor" tem de avançar com força diminuída, menos motivação, e *awareness* mais confusa; e deve também implicar o devotamento de certa quantidade de energia, e o desvio de certa quantidade de atenção, para a repressão do *self* espontâneo, que está buscando expressão na auto-regulação. Isto ocorre mesmo quando a auto-regulação é inibida nos interesses óbvios do *self*: por exemplo, quando se impede que uma criança corra à frente de automóveis, uma situação na qual sua auto-regulação pode falhar — e a maneira pela qual gerimos nossas sociedades parece consistir em grande parte em situações semelhantes. A inibição é, então, necessária, mas lembremo-nos de que à medida que concordamos com situações nas quais a auto-regulação raramente opera, temos de nos contentar em viver com energia e radiância reduzidas.

A pergunta que mais obviamente impressiona a pessoa comum é até que ponto a auto-regulação organísmica é possível, permissível, em nossa sociedade e tecnologia, e talvez na natureza das coisas. Acreditamos que esse ponto está imensamente além daquele que hoje nos permitimos deliberadamente; as pessoas *podem* ser muito mais alegres e ter mais energia do que têm, e então seriam também mais sagazes. Nós nos infligimos grande parte dos nossos problemas. Muitas condições, tanto "objetivas" como "subjetivas", podem e devem ser mudadas. E mesmo quando a situação "objetiva" não pode ser mudada, por exemplo quando uma pessoa amada morre, há reações regulatórias do próprio organismo, tais como chorar e ficar de luto, que ajudam a restaurar o equilíbrio, se ao menos permitirmos que o façam. Contudo, adiemos essa discussão para mais tarde (capítulo VIII).

3. Auto-regulação neurótica

A experiência neurótica é também auto-reguladora. Dissemos que a estrutura do contato neurótico caracteriza-se por um excesso de deliberação, fixação da atenção e músculos preparados para uma resposta específica. Em seguida, impede-se que determinados impulsos e seus objetos venham para o primeiro plano (repressão); o *self* não pode passar de maneira flexível de uma situação a outra (rigidez e compulsão); a energia está presa a uma tarefa (arcaicamente concebida) que não pode ser completada.

Quando a deliberação extrema é sensata, diante de perigos atuais crônicos, não podemos falar de "excesso"; no entanto, podemos muito bem falar de uma "sociedade neurótica" cujos arranjos estão fora da escala humana. Mas o neurótico tem uma sensibilidade ao perigo extremamente aguçada; ele é espontaneamente cauteloso quando poderia relaxar com segurança. Expressemos isso de maneira mais acurada. O neurótico não pode relaxar com segurança em relação à sua situação concreta, incluindo sua avaliação arcaica dessa situação, porque se ajusta a ela espontaneamente, por meio de *sua* auto-regulação; considera-a perigosa e torna-se cauteloso. Entretanto, com ajuda, *aquela* situação concreta pode ser mudada a seu favor. É mais proveitoso expressar isso dessa maneira complicada do que dizer simplesmente: "o neurótico está cometendo um erro", porque o neurótico se auto-regula, e procura o terapeuta para completar uma situação inacabada genuína.

Se o terapeuta considerar a situação terapêutica por esse prisma, como parte da contínua situação inacabada do paciente, que a está enfrentando por meio de sua própria auto-regulação, existe uma possibilidade maior de o terapeuta ser útil do que se ele considerar o paciente como alguém equivocado, doente, "morto". Porque certamente não é por meio da energia do terapeuta, mas por meio de sua própria energia, que o paciente, em última instância, completará a situação.

Chegamos então à questão espinhosa que queremos discutir neste capítulo: qual é a relação entre a auto-regulação contínua do paciente neurótico e a concepção científica de auto-regulação organísmica saudável do terapeuta? A esse respeito, é melhor prestarmos bastante atenção às palavras de Kurt Lewin:

> É particularmente necessário que aquele que se propõe a estudar todos os fenômenos se precavenha contra a tendência de tornar os todos tão abrangentes quanto for possível. A verdadeira tarefa é investigar as propriedades estruturais de um determinado todo, averiguar as relações entre todos subsidiários e determinar os limites do sistema com o qual se está lidando. "Tudo depende de todas as outras coisas" é tão verdadeiro em psicologia quanto na física.[1]

4. A auto-regulação saudável num estado de emergência

Primeiramente vamos considerar um incidente razoavelmente saudável de dominância e auto-regulação organísmica.[2]

O cabo Jones sai em patrulha pelo deserto. Ele se perde, mas finalmente, exausto, volta ao acampamento. Seu amigo Jimmy está contente em vê-lo e imediatamente, com entusiasmo, lhe dá a importante notícia de que durante sua ausência havia chegado sua promoção. Jones olha-o com os olhos embaçados, murmurando "Água", e ao perceber uma poça suja que ordinariamente não seria notada, cai de joelhos ao lado desta e tenta beber sofregamente, mas engasga, levanta-se e vai cambaleando até o poço no meio do acampamento. Mais tarde, Jimmy lhe traz suas divisas de sargento e Jones pergunta "O que eu faço com isso? Não sou sargento" . "Mas eu lhe contei

---

1. *In* Willis D. Ellis, *Source Book of Gestalt Psychology*, Kegan Paul, Trench, Trubner & Co., Ltd., Londres.

2. Dizemos "razoavelmente saudável" porque o próprio contexto militar do incidente é dúbio; e qualquer contexto concreto que escolhermos será dúbio de algum modo.

a respeito da sua promoção quando você chegou ao acampamento". "Não, você não contou". "Não seja idiota, eu contei sim". "Eu não ouvi você". De fato ele não o ouviu, porque naquele momento estava desatento a tudo, menos à água. No entanto, enquanto estava no deserto, apenas uma hora antes de chegar ao acampamento, tinha sido atacado por um avião inimigo. Ele se abrigou rapidamente. Desse modo ele ouviu mesmo o avião; a água não poderia ter requerido toda a sua atenção.

Observamos que houve uma hierarquia de dominâncias: a ameaça intensa dominou a sede, a sede dominou a ambição. Todos os esforços imediatos foram mobilizados para a situação inacabada dominante até que esta terminasse e a próxima tarefa pudesse assumir a dominância.

Escolhemos propositadamente um exemplo de *estado de emergência*, porque num caso assim a hierarquia subjacente manifesta-se muito facilmente. As coisas mais importantes vêm em primeiro lugar e nos comprometemos com elas sem nos refrearmos. A opinião geral é que em situações de emergência descobrimos "o que um homem é".

Esta é a sabedoria da escola contemporânea de existencialistas, que insiste em explorar "situações extremas" em busca da verdade da realidade: em situações extremas *pretendemos mesmo* fazer o que fazemos. Contudo, é claro que um homem sempre tem essas intenções se analisarmos sua situação corretamente. De modo paradoxal, é apenas porque nossos tempos constituem um estado de emergência crônico de baixo grau que nossos filósofos declaram que só num estado de emergência pungente é que a verdade é revelada. Ao contrário, é nossa desgraça comum o fato de obviamente não agirmos com um maior grau de urgência e vividez do que às vezes demonstramos em estados de emergência.

5. A hierarquia de valores dada pelas dominâncias da auto-regulação

Já vimos que a avaliação dada pela auto-regulação ocupa uma posição ética privilegiada, porque só ela guia a *awareness* mais vívida e a força mais vigorosa; qualquer outro tipo de avaliação tem de atuar com energia reduzida. Agora podemos acrescentar que, de fato, quando a realidade é premente, determinados valores expulsam outros valores, fornecendo uma hierarquia do que realmente guia a vivacidade e o vigor em sua execução.

A doença, as deficiências e excessos somáticos têm um alto valor na hierarquia de dominância. O mesmo se dá com perigos ambientais. Contudo, isto também se dá com a necessidade de amor, de alguém para gostar, a evitação do isolamento e da solidão, e a necessidade de auto-estima; e também no que diz respeito a sustentar a si próprio e a evoluir: independência.

Cuida-se da confusão intelectual intensa. E do que quer que se relacione intimamente à maneira como foi organizada e transformada em hábito a vida-carreira de um homem: de modo que às vezes o heroísmo e o fato de ser testemunha dominam o medo da morte. Num sentido importante, esses valores não são escolhidos; simplesmente aparecem. A alternativa, mesmo a de salvar a própria vida, é *praticamente* sem sentido, pois não organiza o comportamento e lhe falta alento. Certamente não temos a impressão de que o heroísmo, o sacrifício criativo ou a realização criativa sejam em grande medida um ato de vontade ou de autocoerção deliberada; se o fossem, não liberariam tamanha força e glória.

Qualquer conjunto ordenado de semelhantes dominâncias em situações concretas é essencial para a ética e a política. Na realidade, é nada menos do que uma teoria indutiva da natureza humana; a teoria da natureza humana é a ordem de auto-regulação "saudável". Especulemos um pouco, neste parágrafo. Levando em consideração o exemplo simples do cabo com sede, poderíamos conceber uma regra, expressa de forma negativa: "O que quer que impeça qualquer comportamento de um tipo domina um comportamento específico desse mesmo tipo, e o gênero vem antes da espécie" — por exemplo, evitar a morte repentina antes de saciar a sede, ou preservar o bem-estar da criatura antes do bem-estar do ego; ou, para dar um exemplo político, é estupidez uma sociedade inibir todo e qualquer sentimento e em seguida cultivar as artes. Ou essa regra poderia ser expressa como um princípio afirmativo: "A lei básica da vida é a auto-preservação e o crescimento". Ou ainda poderíamos conceber a regra de que "o que é mais vulnerável e valioso é defendido primeiro", como um cisco no olho sensível é a dor mais intensa e exige atenção; esta é a "sabedoria do corpo".

6. Teorias de psicoterapia como hierarquias de valor

Seja lá como for, toda teoria de medicina, psicoterapia ou educação baseia-se em alguma concepção de auto-regulação organísmica e em sua hierarquia de valores correspondente. A concepção é a operação do que o cientista considera de fato ser o principal fator dinâmico na vida e na sociedade.

Nas teorias psicanalíticas, desenvolvidas em conformidade com a obra de Darwin, o fator dinâmico é em geral arranjado geneticamente sob a forma de uma história. Por exemplo, para Freud, que levava bastante em consideração a libido e seu desenvolvimento somático, a natureza humana é uma disposição dos estágios oral, anal, fálico e genital (não temos a impressão de que, em Freud, as mulheres tenham uma natureza humana integral — mas, é verdade, elas são, portanto, algo divinas). Outros comportamentos importantes estão relacionados a esses estágios, tais como o comportamento sádico-anal, oro-ano-canibalístico, fálico-narcisista etc. E o objetivo da terapia é restabelecer a ordenação natural dentro de um todo social viável de pré-prazer, sublimação e prazer final. Harry Stack Sullivan, para dar um exemplo oposto, considera o todo social como aquilo que é essencialmente humano; é a interpersonalidade e a comunicação que liberam energia. Desse modo, ele propõe seus estágios infantis como prototáxico, paratáxico e sintáxico, e define os caracteres eróticos freudianos nesses termos. O objetivo da terapia é superar a solidão, restaurar a auto-estima e realizar a comunicação sintáxica. Horney e Fromm, similarmente (em conformidade com Adler), impressionam-se pelo crescimento que leva à independência da criança; vêem a neurose nas relações de poder regressivas no indivíduo e na sociedade, e visam à autonomia do indivíduo. E poderíamos prosseguir desse modo.

Toda escola de psicoterapia tem alguma concepção da natureza humana que é reprimida e regredida na neurose, e visa "recuperar" essa natureza ou fazer com que "amadureça". De acordo com a concepção, há certos impulsos e comportamentos que *deveriam* ser dominantes na auto-regulação saudável, e o objetivo é criar uma realidade na qual eles sejam dominantes.

A finalidade de detalharmos as diferenças entre as escolas não é escolher entre elas, nem, inversamente, rejeitá-las todas; e nem obviamente desacreditar a psicoterapia como sendo sectária. Na realidade, de modo geral, as diversas teorias não são logicamente incompatíveis, e, com freqüência, complementam-se primorosamente, e de forma indireta, comprovam-se mutuamente. Além disso, como já assinalamos, não é de surpreender que cientistas responsáveis possam chegar a tantas teorias discrepantes se tivermos em mente que, por razões diversas de personalidade e reputação, diferentes escolas de terapeutas recebem pacientes de tipos diferentes, e estes demonstram ser comprovações empíricas de suas teorias e a base para hipóteses adicionais na mesma linha. Ilustremos rapidamente esse fato. Como era natural no início, Freud lidava com uma série de pacientes crônicas com sintomas espetaculares: histerias, obsessões, fobias, perversões. Tanto em conseqüência como, em seguida, por causa disso, empregou a interpretação dos símbolos como método; portanto, ele estava fadado a chegar a determinada teoria da infância e da natureza humana. Contudo, os junguianos passaram a tratar, por um lado, de psicóticos institucionalizados, e, por outro, de pessoas de meia-idade que tinham tido "esgotamento nervoso", e por esta razão desenvolveram terapias artísticas e conceberam uma teoria cheia das idéias de uma cultura superior e primitiva, com ênfase reduzida na sexualidade. Mas Reich lidou principalmente com pessoas mais jovens que, freqüentemente, ainda não haviam casado; e tanto seus pacientes quanto suas descobertas ditaram um método mais fisiológico. Por sua vez, Sullivan lidou com esquizofrênicos ambulatoriais, e tinha pouca coisa a que recorrer além de usar métodos conversacionais e tentar estabelecer a autoconfiança de seus pacientes. Moreno, ao lidar com delinqüentes num internato, desenvolveu um método de terapia de grupo, uma situação que, em princípio, deveria desenfatizar os fenômenos de transferência e contribuir para uma sociabilidade mais receptiva.

Em toda escola o viés, o tipo de pacientes, o método e a teoria são coerentes. Isto não é cientificamente escandaloso. Desejaríamos que os teóricos fossem menos propensos a passar de sua própria prática para a "natureza humana" e que todos os médicos fossem menos propensos a generalizar para a "natureza humana", como se a humanidade fosse por natureza um paciente; mas, por outro lado, desejaríamos que os críticos leigos e os lógicos se informassem melhor a respeito dos fundamentos empíricos das teorias que menosprezam.

7. A auto-regulação neurótica e a concepção do terapeuta

Entretanto, qualquer um que examine com simpatia as diferentes escolas e métodos de psicoterapia, como estamos fazendo, embora superficialmente, descobre uma nova noção: a natureza humana básica é em parte dada, como eles pressupõem, mas em parte, ajustando-se às diferentes terapias, *cria a si própria*; e esse ajustamento criativo em circunstâncias favoráveis é em si mesmo uma característica fundamental da natureza humana básica. Trata-se da mesma força essencial que está à primeira vista evidente em *qualquer* experiência humana de valor. O problema da psicoterapia é arregimentar o poder de ajustamento criativo do paciente sem forçá-lo a encaixar-se no estereótipo da concepção científica do terapeuta.

Desse modo chegamos ao problema da relação entre a auto-regulação contínua do neurótico e a concepção do terapeuta de qual natureza humana deve ser "recuperada". Porque o paciente, de modo geral, realmente se autocriará de acordo com a concepção do terapeuta; no entanto, sem dúvida, outros rumos também lhe são possíveis. Portanto podemos entender a importância da já citada advertência de Lewin, no sentido de não analisar a estrutura da situação concreta em termos de um todo demasiado extenso.

Considere, por um momento, a questão da seguinte maneira: a "natureza humana" universal (qualquer que seja a concepção) é um compartilhar não somente de fatores animais mas também de fatores culturais; e os fatores culturais, especialmente na nossa sociedade, são muito divergentes — a coexistência de divergências talvez seja a propriedade definidora de nossa cultura. Além disso, há arranjos excêntricos, sem dúvida originais, de indivíduos e famílias. E, o que é mais importante ainda, a autocriação, o ajustamento criativo em circunstâncias diversas, tem ocorrido desde o começo, não completamente como um "condicionamento" extrínseco que pode ser "descondicionado", mas principalmente como crescimento verdadeiro. Dados todos esses fatores de variação e excentricidade no paciente, é obviamente desejável ter uma terapia que estabeleça o menos possível uma norma, e tente retirar o máximo possível da estrutura da situação concreta, aqui e agora.

Deve-se dizer que freqüentemente o terapeuta tenta impor seu padrão de saúde ao paciente, e quando não consegue fazê-lo vocifera: "Auto-regule-se, seu desgraçado. Eu estou dizendo a você o que é a auto-regulação!" O paciente se esforça e não consegue fazê-lo e então não escapa da reprimenda "Você está morto" ou "Você não quer", dita em parte como uma técnica terapêutica e em parte como irritação ostensiva (provavelmente a irritação é melhor do que a técnica).

A situação usual é a seguinte: o terapeuta está empregando sua concepção científica como plano geral do tratamento e adaptando-a a cada paciente. Por meio dessa concepção ele escolhe a tarefa, observa que resistências existem e quando investigá-las ou ignorá-las; e, de acordo com sua concepção, o andamento lhe dá esperança ou o desespera. Bem, todo plano assim é naturalmente uma abstração da situação concreta, e o terapeuta necessariamente põe fé nessa abstração. Por exemplo, se seu fator dinâmico é a energia-vegetativa e seu método é o fisiológico, ele tem esperança quando vê os desprendimentos musculares e o fluxo de movimentos, e desespera se o paciente não puder ou não quiser fazer o exercício. Os movimentos devem — ele acredita — indicar um progresso. Contudo, para um observador de outra escola, a situação poderia ser vista da seguinte maneira: o paciente de fato mudou no contexto em que se deita e submete seu corpo à manipulação de um terapeuta, ou em que manipula a si mesmo sob ordens; mas no contexto de "ser ele mesmo" fora do consultório, aprendeu apenas uma nova defesa contra as "ameaças que vêm de baixo", ou, pior ainda, somente aprendeu a colocar entre parênteses a "ele próprio" e a agir como se estivesse sempre no consultório. O próprio paciente, é claro, passa a acreditar logo na mesma abstração que seu terapeuta, qualquer que seja ela. Em sua capacidade de observador dos acontecimentos, percebe que eventos excitantes realmente ocorrem. Isto dá uma dimensão inteiramente nova à sua vida, e vale o dinheiro que ele paga. E a longo prazo alguma coisa funciona um pouco.

Estamos dizendo isso de modo irônico; entretanto, todos estão na mesma canoa, talvez inevitavelmente. Ainda assim, é bom chamar as coisas pelo seu nome.

8. "Investigando as resistências" e "interpretando o que surge"

Expressemos a questão novamente, no âmbito da controvérsia clássica entre o arcaico "interpretar o que quer que seja" e o posterior "investigar as resistências" (em última instância, "análise de caráter"), que estão, contudo, relacionados de maneira inextricável.

Geralmente se começa a partir "do que surge" — o que o paciente traz espontaneamente quando entra, seja um pesadelo, uma atitude desonesta, um discurso sem vida ou um maxilar rígido, ou seja lá o que for que nos impressione. Mesmo aqui, no entanto, trata-se de uma situação (à qual, em geral, se faz vista grossa) em que o simples fato de ele entrar no consultório é em parte uma "defesa" contra seu próprio ajustamento criativo, uma resistência contra seu próprio crescimento, assim como um apelo vigoroso por ajuda.[3] De qualquer modo, o terapeuta principia a partir do que o paciente traz. Mas a opinião geral é que se ele continuar a investigar o que o paciente traz por muito tempo, este usará de subterfúgios e andará em círculos. Portanto, assim que se perceber uma resistência crucial (de acordo com nossa concepção) , "malhamos" nisso. Contudo, enquanto a malhação prossegue, o paciente está diligentemente isolando o ponto perigoso e levantando uma outra defesa. Em seguida, surge o problema de atacar ambas as defesas de uma vez, para que uma não possa substituir a outra. Contudo, isto não equivale a investigar o que surge, o que o paciente traz? Mas é claro que a nova situação tem grandes vantagens: o terapeuta agora entende melhor, pois está envolvido numa situação que ele próprio, em parte, criou: as reações que ocorrem confirmam suas conjecturas ou as alteram em determinado sentido; o próprio terapeuta está crescendo numa situação real, cedendo ao que é trazido e defendendo-se contra os elementos neuróticos da situação. E a esperança é que, um dia, a estrutura dos elementos neuróticos, enfraquecida gradativamente, entre em colapso.

Qual é nosso objetivo ao apresentar esse retrato curiosamente intricado do que acontece? Queremos dizer que "interpretar o que surge" e "investigar as resistências" estão combinados de maneira inextricável na situação concreta; e que se há algum crescimento, tanto os pronunciamentos espontâneos do paciente e suas resistências neuróticas, como a concepção do terapeuta e suas defesas não-neuróticas contra ser enganado, manipulado etc. são progressivamente destruídos na situação que se desenvolve. Desse modo, é concentrando-se na estrutura *concreta* da situação real que podemos ter as melhores esperanças de dissolver os elementos neuróticos. E isto

---

3. E vice-versa: em nossa sociedade, com seu isolamento neurótico e a necessidade de "fazer as coisas por conta própria", não pedir ajuda é uma resistência.

significa, certamente, um apego menos rígido do que à própria concepção científica pode geralmente ser observado nesta profissão.

9. A natureza dupla de um sintoma

A estrutura da situação é a coerência interna de sua forma e conteúdo; e estamos tentando mostrar que se concentrar nisso fornece a relação apropriada entre a auto-regulação contínua do paciente e a concepção do terapeuta.

Uma das mais importantes observações de Freud foi a dupla natureza do sintoma neurótico: o sintoma é tanto uma expressão de vitalidade quanto uma "defesa" contra a vitalidade (preferimos dizer a "autoconquista ataca a própria vitalidade"). A opinião geral dos terapeutas é no sentido de "usar os elementos saudáveis para combater a neurose". Isto soa muito bonito: significa o desejo de cooperar, a honestidade inata, o orgasmo, o desejo de estar bem e feliz. Mas e se os elementos mais criativos e vitais forem precisamente os elementos "neuróticos", a auto-regulação neurótica característica do paciente?

Essa questão é muito importante. A noção comum de se usar os elementos saudáveis sugere que a neurose é meramente uma negação da vitalidade. Mas não acontece de o comportamento neurótico auto-regulador ter traços positivos, freqüentemente inventivos, e às vezes pertencentes a uma ordem superior de progresso? O impulso neurótico obviamente não é meramente negativo, pois exerceu de fato um grande efeito modelador sobre o paciente, e não se pode explicar um efeito positivo por uma causa negativa.

Se a concepção básica da natureza humana saudável (qualquer que seja ela) for correta, então todos os pacientes seriam curados para serem semelhantes. Este é o caso? De forma mais precisa, é justamente na saúde e na espontaneidade que os homens parecem mais diferentes, mais imprevisíveis, mais "excêntricos". Como categorias de neuróticos os homens são mais parecidos: este é o efeito embotador da doença. Desse modo podemos observar aqui de novo que o sintoma tem um aspecto duplo: como a rigidez torna o homem apenas um exemplo de um tipo de "caráter", e há meia dúzia de tipos. Mas na qualidade de obra de seu próprio *self* criativo, o sintoma expressa a singularidade de um homem. E existe alguma concepção científica, porventura, que se atreva, *a priori,* a abranger toda a gama das singularidades humanas?

10. Curando o sintoma e reprimindo o paciente

Por fim, consideremos nosso problema no contexto da ansiedade do paciente. Para "recuperar" a natureza humana, o terapeuta "malha" o caráter, aumenta a ansiedade, e na mesma medida diminui a auto-estima. Confrontado com um padrão de saúde à altura do qual ele não pode chegar, o paciente é culpado. Ele costumava ser culpado porque se masturbava, agora ele é culpado porque não tem prazer suficiente quando se masturba (ele costumava ter mais prazer quando se sentia culpado). Cada vez mais o médico tem razão e o paciente está errado.

Contudo, sabemos que subjacente à característica"defensiva", e de fato *dentro* desta, há sempre um lindo sentimento infantil de afirmação: indignação em meio à provocação, admiração fiel no apego, isolamento em meio à solidão, agressividade em meio à hostilidade, criatividade em meio à confusão. E esse componente não é, em absoluto, irrelevante na situação atual, pois mesmo agora e aqui há muito pelo que se indignar, e algo a que ser leal e admirar, um professor a ser destruído e assimilado, e uma escuridão onde somente o espírito criador tem um lampejo de luz. Naturalmente nenhuma terapia pode extirpar essas manifestações nativas. Entretanto, estamos dizendo que as manifestações nativas e seu emprego neurótico formam agora uma figura-todo, pois são obra da auto-revelação contínua do paciente.

Qual deve ser a conseqüência de se "malhar" as resistências? Ansioso e culpado, assolado por um ataque frontal, o paciente reprime o todo inteiro. Supondo que tenha havido um ganho no total, a energia presa é liberada. Ainda assim, o paciente perdeu de maneira importante suas próprias armas e sua orientação no mundo; a nova energia disponível não pode funcionar e ser posta à prova na experiência. Para um amigo inteligente e compreensivo do paciente, o resultado aparece da seguinte maneira: o processo de análise foi ou um processo de nivelação e ajustamento ou então um processo estreito e sectário, dependendo da concepção científica básica: a ênfase maior em mais liberações pessoais ou interpessoais. O paciente realmente se aproximou da norma da teoria — e desse modo a teoria foi de novo comprovada.

11. As exigências de um bom método

Vamos juntar e resumir o que estivemos dizendo sobre a relação entre a auto-regulação do neurótico e a concepção do terapeuta de auto-regulação organísmica.

Encontramos razões para acreditar que o poder de ajustamento criativo à terapia está presente em todo método. Vimos que era aconselhável postular o menos possível a normalidade, como abstração da situação aqui e agora. Há o perigo de que o paciente se aproxime da norma abstrata só no contexto do tratamento. E tentamos mostrar que "o que surge" e "as resistências ao tratamento" estão ambos presentes na concretude, e que o envolvimento do terapeuta não é simplesmente como objeto da transferência do paciente, mas está em seu próprio crescimento dentro da situação, colocando sua pré-concepção em jogo. Além do mais, relembramos que o sintoma neurótico é uma estrutura intrínseca de elementos vitais e embotadores, e que o melhor *self* do paciente está investido nela. E por último, que há o perigo de, ao dissolver as resistências, o paciente tornar-se menos do que era.

Em todas essas considerações, vimos motivo para concentrarmo-nos na estrutura da situação concreta como sendo a tarefa do ajustamento criativo; para tentar uma síntese inteiramente nova e fazer disso a questão principal da sessão.

Contudo, por outro lado, é um absurdo pensar, mesmo por um momento, em não combater as resistências, em não criar ansiedade, em não mostrar que uma resposta neurótica não funciona, em não reviver o passado, em recusar toda interpretação e descartar nossa ciência. Porque os resultados serão superficiais, nenhuma energia presa será liberada etc. e, humanamente falando, qual é a realidade de um encontro no qual um dos parceiros, o terapeuta, inibe seu melhor poder, o que sabe e por meio do que avalia?

O problema reduz-se então ao que foi detalhado, de qual a estrutura do encontro: *como* empregar e dispor o conflito, a ansiedade, o passado, a concepção e a interpretação, para atingir o clímax do ajustamento criativo?

12. A *awareness* de si próprio em emergências seguras experimentais

Voltando ao cabo Jones e sua hierarquia de respostas saudáveis numa emergência, propomos como estrutura de encontro: provocar uma emergência segura concentrando-se na situação concreta. Isto parece uma proposição estranha, mas é exatamente o que é feito por terapeutas de qualquer escola em momentos de êxito. Considere uma situação semelhante à seguinte:

1. O paciente, como parceiro ativo no experimento, concentra-se no que está realmente sentindo, pensando, fazendo, dizendo; ele tenta entrar em contato com isso mais intimamente em termos de imagem, sentimento do corpo, resposta motora, descrição verbal etc.

2. Como é algo que o interessa intensamente, não precisa de modo deliberado prestar atenção a isto, mas isto lhe atrai a atenção. O contexto pode ser escolhido pelo terapeuta a partir do que ele conhece do paciente e de acordo com sua concepção científica de onde está a resistência.

3. É algo de que o paciente está vagamente consciente e de que se torna mais consciente devido ao exercício.

4. Ao fazer o exercício, o paciente é encorajado a seguir sua inclinação, a imaginar e exagerar livremente, pois trata-se de um jogo seguro. Ele emprega a atitude e a atitude exagerada na sua situação concreta: sua atitu-

de em relação a si próprio, em relação ao terapeuta, seu comportamento costumeiro (na família, no sexo, no trabalho).

5. Alternadamente, ele inibe de modo exagerado a atitude e emprega a inibição nos mesmos contextos.

6. À medida que o contato torna-se mais íntimo e o conteúdo mais completo, ele fica ansioso. Isto constitui um estado de emergência sentida, mas a emergência é segura e controlável, e os dois parceiros sabem que ela o é.

7. O objetivo é que na emergência segura, a intenção (reprimida) subjacente — uma ação, atitude, objeto atual, memória — se torne dominante e reforme a figura.

8. O paciente aceita a nova figura como sendo sua própria, sentindo que "sou eu que estou sentindo, pensando e fazendo isso".

Esta certamente não é uma situação terapêutica estranha; e não prejulga o emprego de nenhum método, seja ele analgésico, interpessoal ou fisiológico; nem de nenhuma concepção básica. O que é novo é a expectativa da ansiedade não como um subproduto inevitável mas como uma vantagem funcional; e isto é possível porque a atividade interessada do paciente é mantida no centro do começo ao fim. Ao reconhecer a emergência, ele não foge ou se paralisa, mas mantém sua coragem, torna-se cauteloso e realiza ativamente o comportamento que se torna dominante. É ele que está criando a emergência; esta não é algo que o assola de fora. E a tolerância da ansiedade é o mesmo que a formação de uma nova figura.

Se o estado neurótico é a resposta a uma emergência crônica inexistente de baixo grau, com tono muscular médio e estado de prontidão apático e fixo, em lugar de relaxamento ou um tono galvânico e um estado de prontidão perspicaz e flexível, então o objetivo é concentrar-se em uma emergência de alto grau existente, a qual o paciente pode realmente enfrentar e desse modo crescer. É comum que se diga ao paciente: "Você adotou esse comportamento quando estava realmente em perigo — por exemplo, quando era criança; mas agora você está seguro, adulto". Isto é verdade até certo ponto. Entretanto, o paciente sente-se seguro de fato só enquanto o comportamento neurótico *não* está implicado, quando está deitado conversando com uma pessoa amiga etc. Ou, ao contrário, o terapeuta ataca a resistência e o paciente é assolado pela ansiedade. *Contudo, o problema é o paciente sentir o comportamento em seu próprio emprego num estado de emergência, e ao mesmo tempo sentir que está seguro porque pode enfrentar a situação.* Isto é intensificar a emergência crônica de baixo grau até se tornar uma emergência de alto grau segura, acompanhada de ansiedade, mas ainda assim controlável pelo paciente ativo. Os problemas técnicos são: a) aumentar a tensão por meio de orientações corretas e b) manter a situação controlável e ainda assim incontrolada: a situação é sentida como segura porque o paciente está num estágio adequado para *inventar* o ajustamento exigido, e não afastá-lo deliberadamente.

O método consiste em empregar cada parte que funciona como sendo funcional, e não pôr entre parênteses ou abstrair qualquer parte que funcione na situação concreta. É encontrar o contexto e o experimento que ativará todas as partes como um todo do tipo exigido. As partes que funcionam são: a auto-regulação do paciente, o conhecimento do terapeuta, a ansiedade liberada e (não menos importante) a coragem e o poder criativo e formativo em cada pessoa.

13. Avaliação

No fim, o problema do emprego correto da concepção do terapeuta reduz-se à natureza da avaliação.

Há dois tipos de avaliação, a intrínseca e a comparativa. A avaliação intrínseca está presente em toda ação que se desenvolve; é o fato de o processo estar dirigido a um fim, de a situação inacabada estar deslocando-se em direção à situação acabada, a tensão em direção ao orgasmo etc. O padrão de avaliação emerge na própria ação e é, finalmente, a própria ação como um todo.

Na avaliação comparativa, o padrão é extrínseco à ação, a ação é julgada em comparação com uma outra coisa. O neurótico (e a neurose normal da sociedade) é especialmente propenso a esse tipo de avaliação: toda ação é medida com relação a um ideal de ego, necessidade de elogios, dinheiro, prestígio. É uma ilusão — como sabe todo artista ou educador criativo — que semelhante avaliação comparativa conduza a alguma realização adequada; a ilusão nos casos em que parece um incentivo salutar é que a comparação representa o amor de que se precisa, a ausência de culpa etc., e estes impulsos seriam mais úteis (menos prejudiciais) se não fossem ocultos.

Não adianta nada o terapeuta fazer em qualquer caso avaliações comparativas de acordo com sua própria concepção de natureza saudável. Ele deve, de preferência, usar sua concepção e outros conhecimentos descritivamente, para orientações e sugestões, em subordinação à avaliação intrínseca que emerge a partir da auto-regulação contínua.

V
O AMADURECIMENTO E A
REMEMORAÇÃO DA INFÂNCIA

1. Passado e futuro na realidade presente

Quando enfatizamos a *awareness* de si próprio, o experimento, a emergência sentida e o ajustamento criativo, estamos dando menos ênfase à recuperação da memória passada ("rememoração da infância") ou às antecipações para o futuro ("plano de vida"). No entanto, a memória e a antecipação são atos no presente, e é importante que analisemos seu lugar na estrutura da realidade. Você pode captar experimentalmente o contexto deste capítulo se disser, "*Agora, aqui* estou relembrando isto e aquilo", perceber a diferença entre isso e meramente divagar na memória; e também, "*Agora, aqui* estou planejando ou prevendo isto e aquilo".

As memórias e as perspectivas são imaginações atuais. Brincar prazerosamente com a imaginação em geral não é dissociativo, mas integrativo. Por que pessoas propensas a reminiscências ou projetos estão obviamente em fuga, e não se sentem revigoradas depois, e sim vazias e exaustas? Por que elas não sentem os eventos como sendo delas mesmas, os eventos não as penetram em seu íntimo, não são re-criados e assimilados; o ato de relatar parece sempre interminável, e torna-se cada vez mais árido e verbal (compare isso, por exemplo, com um trabalho de arte, no qual a memória torna-se viva no manuseio presente do meio). Enquanto isso a realidade é insatisfatória, o passado se perdeu e o futuro ainda não é. Qual é o modo de sentir atual dessa pessoa tagarela? Não é a imaginação ativa e prazerosa, mas o pesar, as reprimendas, a auto-reprimenda, ou a frustração, a culpa por ser inadequada, a tentativa de exercer a vontade; e essas coisas diminuem mais ainda a auto-estima. Pois o sentimento do nosso próprio valor não pode ser dado por explicações escusatórias, e nem por comparação com um padrão extrínseco: "Não foi minha culpa; sou tão bom como qualquer outra pessoa. Não estou bem, mas logo atingirei o alvo". O sentimento de valor só é dado pela nossa adequação a uma atividade que está sucedendo, ou no relaxamento após uma situação acabada (de modo que não há remorso quando a atividade sexual "culpável" foi satisfatória, mas só quando esta foi medíocre). Explicar e comparar são sempre sentidos como uma mentira, seja uma mentira consoladora, seja autopunitiva. Contudo, fazer algo e sermos nós mesmos é uma prova; se autojustifica porque completa a situação. Desse modo, damos ênfase à *awareness* de si mesmo do paciente num experimento que ele próprio está conduzindo e esperamos que crie um tipo de totalidade mais vantajoso.

2. A importância do passado e do futuro na terapia

Geralmente, o problema é que o *self* que está disponível, que está *lá*, tem bem pouco conteúdo e também está dividido de várias maneiras. É alguma coisa, mas não é o suficiente para proporcionar ao paciente a "sensação de si próprio" (Alexander); também temos de chegar à "base subjacente" da qual o *self* não está *consciente*, para aumentar a força do *self*. O problema é de como essa base subjacente se encontra no presente.

Tentando responder a essa pergunta, Freud repetiu categoricamente nos últimos anos de sua vida que nenhum método que não recuperasse a memória infantil poderia ser chamado de psicanálise. Do nosso ponto de vista, com isso ele quis dizer que uma grande parte do *self* ainda está encenando situações inacabadas antigas. E isto deve ser verdade, porque vivemos pela assimilação da novidade ao que já nos tornamos, e da maneira como nos tornamos.

Algumas escolas parafreudianas, ao contrário, insistem em que a memória infantil não é, em absoluto, necessária; o que é necessário é alcançar uma atitude madura. Isto poderia significar (o que certamente é verdade) que muitas forças de crescimento numa pessoa estão frustradas; ela não conseguiu tornar-se ela própria.

Tentamos mostrar que a distinção "infantil/maduro" é uma divisão falsa e um emprego enganoso da língua. E que, sem essa divisão, a recuperação da infância e a necessidade de amadurecer surgem sob um aspecto diferente. Neste capítulo tratamos principalmente da memória. (Problemas de projeto são um tipo de agressão — capítulo VIII.)

3. Efeitos passados como formas fixas no presente

Freud parece ter acreditado que as épocas pretéritas *realmente* existem psicologicamente de outra maneira que não em seus efeitos no presente. Na famosa imagem das cidades enterradas sobrepostas, ele sugere que os diversos passados e o presente se interpenetram mutuamente, ocupando o mesmo espaço e tendo relações suplementares àquelas da sucessão no tempo. Esta é uma suposição convincente.[1]

Para fins de terapia, contudo, somente a estrutura presente de sensação, introspecção e comportamento está disponível; e nossa pergunta deve ser que papel o ato de lembrar desempenha nessa estrutura. Consideradas formalmente, as memórias são um dos tipos de formas mais fixadas (imutáveis) no processo presente em andamento.

(Já falamos das "abstrações" como sendo tais formas fixadas, tornadas relativamente estacionárias para que alguma outra coisa possa se movimentar mais eficientemente. As abstrações se afastam da especificidade mais material e sensória da experiência; as memórias, de preferência, são imaginações fixadas, especialmente de pormenores sensórios e materiais, mas abstraem a partir da resposta motora — desse modo o passado é imutável; é o que é experienciado como imutável.[2] Os hábitos, por exemplo, as técnicas ou o conhecimento são outras formas fixadas: são assimilações à estrutura orgânica mais conservativa.)

Muitas dessas formas fixadas são saudáveis e podem ser mobilizadas em prol do processo em andamento; por exemplo, um hábito útil, uma arte, uma reminiscência específica que agora serve para a comparação com outro pormenor para que se produza uma abstração. Algumas formas fixadas são neuróticas, tais como o "caráter", a repetição compulsiva. Contudo, quer sejam saudáveis ou neuróticas, *o passado e toda outra fixidez persistem por meio de seu funcionamento presente: uma abstração persiste quando é comprovada na fala presente*, uma técnica quando é usada, uma característica neurótica quando reage contra um anseio "perigoso" e recorrente.

---

1. De fato, a teoria freudiana dos sonhos, as geometrais não-euclidianas e a física da relatividade são tentativas semelhantes de refutar a concepção kantiana do espaço e do tempo. Seu efeito é limitar a estética transcendental de Kant à experiência presente sensória e introspectiva: mas isso era, sem dúvida, o que ele pretendia.

2. Naturalmente não estamos discutindo aqui a pergunta metafísica: O que é passado? Isto é, se o que é dado na experiência de memória tem ou não existência, e que tipo de existência.

Assim que não tenham mais um emprego presente, o organismo descarta os efeitos fixados do passado por meio de sua auto-regulação; o conhecimento inútil é esquecido, o caráter se dissolve. A regra funciona em ambos os sentidos: *não é pela inércia, mas pela função que uma forma persiste, e não é pela passagem do tempo, mas pela falta de função que uma forma é esquecida.*

4. A compulsão à repetição

A compulsão neurótica à repetição é sinal de que uma situação inacabada no passado ainda está inacabada no presente. Todas as vezes que uma tensão suficiente se acumula no organismo para tornar a tarefa dominante, tenta-se novamente encontrar uma solução. Desse ponto de vista, a repetição neurótica não é nem um pouco diferente de qualquer outra tensão acumulada repetida, tal como a fome ou a pulsação sexual; e não é preciso dizer que é por meio dessas outras acumulações repetidas que a repetição neurótica recebe energia. A diferença disto com o que ocorre no estado de saúde é que cada vez que a repetição saudável ocorre, a tarefa é completada, o equilíbrio é restaurado e o organismo se conservou ou cresceu pela assimilação de algo novo. As circunstâncias estão sempre mudando, e o organismo as enfrenta sem o estorvo das sensações fixadas de outras circunstâncias específicas (mas somente com os instrumentos flexíveis das abstrações úteis e dos hábitos conservativos); e é a novidade da nova circunstância que é interessante — não que este filé seja como aquele que comi na semana passada (o que causaria desprazer), mas que seja um filé (algo de que gosto em geral, e que está exalando *seu próprio* cheiro ímpar).

Contudo, a tensão neurótica não se completa; ainda assim ela é dominante, *tem* de ser completada antes de se dar atenção a qualquer outra coisa; desse modo o organismo que não cresceu pelo êxito e pela assimilação assume a mesma atitude para fazer o mesmo esforço de novo. Infelizmente, a atitude fixada, que fracassou antes, tornou-se necessariamente mais inepta nas circunstâncias alteradas; assim o completamento é cada vez mais improvável. Há aqui uma circularidade lamentável: é somente por meio da assimilação, do acabamento, que aprendemos algo e estamos preparados para uma nova situação; mas o que não conseguiu se completar é ignorante e não está a par das coisas, e, portanto, torna-se cada vez mais incompleto.

É assim que uma necessidade *presente* de uma satisfação*presente* vem a parecer "infantil". Não é o instinto ou o desejo que são infantis, que não são mais relevantes para o adulto, mas a atitude fixada, suas concepções abstratas e imagens que estão desatualizadas, são inverossímeis, ineficazes. Para citar o exemplo clássico: o desejo de ser acariciado*conhece* somente a imagem da mãe como sua linguagem e guia — essa imagem se aviva à medida que o desejo é frustrado mais ainda —, mas a mãe não está presente em parte alguma — e qualquer outro possível fornecedor de carinho é, *a priori*, decepcionante, ou pelo menos não o procuramos. *Nem* o desejo, *nem* a imagem são passado porque a situação está inacabada, mas a imagem é inepta e desatualizada. Finalmente, quando o projeto é sem esperança, e a dor demasiado intensa, faz-se uma tentativa de inibir e dessensibilizar o complexo inteiro.

5. A estrutura de uma cena esquecida e sua recordação

Considere agora uma lembrança que está aparentemente esquecida — não apenas esquecida (como o conhecimento inútil), nem sujeita a ser relembrada por ser uma parte móvel do fundo do presente (como o conhecimento útil) — mas reprimida.

Na estrutura, a melhor maneira de encarar isso é como um mau hábito, um esforço ineficaz de aniquilar, tendo o complexo esquecido e não aniquilável como seu centro. O mau hábito é a atual coerção deliberada — uma coerção que é sempre unilateralmente muscular, sensória e emocional (por exemplo, os músculos oculares nos mantêm olhando para a frente e impedem a liberdade de movimento da visão; a retração do desejo impede que determinadas visões se avivem e o que é realmente visto distrai o sentimento e o comportamento para a direção contrária). E o que é coagido, o complexo no centro, contém uma cena específica que, sendo específica, não pode reaparecer ou ser útil sob essa forma — para ser útil no presente teria de ser não-aniquilada, mas destruída (desmontada) e atualizada. Obviamente esta é uma fixidez muito durável: um processo de esquecimento continuamente renovado com uma força atual, e garantido contra a relembrança pela irrelevância de seu conteúdo.

Como isso se deu? Suponha que havia outrora uma situação presente na qual se estava ciente de um desejo intenso, numa cena com objetos. (Para simplificar, pensemos em um único momento dramático, um "trauma".) O desejo foi frustrado: havia perigo na satisfação — e a tensão da frustração foi insuportável. Então de modo deliberado inibimos o desejo e a consciência deste, para não sofrer e para nos manter fora de perigo. O complexo inteiro de sentimento, expressão, gesto e a impressão sensória, que é particularmente profunda porque está inacabada de maneira significativa, está agora em desuso; e se gasta continuamente uma energia considerável para *mantê-lo* fora de uso em toda situação presente (uma energia considerável porque a cena traumática está inacabada de maneira importante, e deve ser energicamente combatida).

Bem, como se dá a relembrança? Suponha que a inibição deliberada *presente* seja relaxada, por exemplo, exercitando-se os músculos oculares e permitindo que a visão aja livremente, imaginando objetos desejáveis, tornando-se insatisfeito com as distrações etc. Imediatamente o sentimento e gestos subjacentes *sempre presentes* se expressam, e com eles vem a imagem da cena *antiga*. Não foi a imagem antiga que liberou o sentimento, mas o relaxamento da inibição presente. *A cena antiga é revivida porque aconteceu de esta ser o último exercício livre do sentimento e do gesto no ambiente sensorial, na tentativa de completar a situação.* A cena antiga é, por assim dizer, o último símbolo no qual aprendemos a expressar o sentimento.

Porque se, de maneira oposta, a imagem surgir primeiro, por acaso, a exemplo de quando um rosto que passa causa uma impressão em alguém, ou mesmo ao final de uma série de associações livres, então podemos sentir de repente uma emoção "alienígena", uma atração estranha, uma dor anônima. Entretanto, esta não tem sentido, é evanescente, imediatamente refreada pela contínua inibição *presente*.

Desse modo, na psicanálise clássica, a cena esquecida deve ser "interpretada" para que se efetue a liberação, isto é, deve ser vinculada à atitude e à experiência presentes. Porém a interpretação só funcionará com êxito se chegar ao ponto de alterar a estrutura da atitude presente, do mau hábito.

6. O "trauma" como situação inacabada

Provavelmente nunca há semelhante momento traumático único como o que descrevemos, mas, mais exatamente, uma série traumática de momentos frustrados e perigosos mais ou menos parecidos, durante os quais a tensão do sentimento e o caráter perigosamente explosivo da resposta se intensificam gradativamente, e a inibição destes se acentua comumente até que, no interesse da economia, o sentimento e a resposta são suprimidos. Qualquer momento dessa série pode representar o que é inibido, sob a forma da cena que é relembrada posteriormente ("Lembro-me de papai me batendo numa determinada ocasião.") Note que essa cena traumática não expressa a inibição habitual, o caráter ou a autoconquista, que se renova de modo contínuo no presente, mas precisamente o sentimento livre que ainda não foi inibido, mais orgânico e sempre presente; por exemplo, meu desejo de estar perto de papai ou meu ódio por ele, ou ambos.

O trauma não *atrai* a repetição, como pensava Freud. É o esforço repetido do organismo para satisfazer sua necessidade que causa a repetição; mas esse esforço é repetidamente inibido por um ato deliberado presente. À medida que a necessidade obtém expressão, ela utiliza técnicas desatualizadas ("o retorno daquilo que foi reprimido"). Se o sentimento for liberado, poderá ou não reviver momentaneamente uma cena antiga; mas de qualquer modo buscará de imediato uma satisfação presente. Assim, a cena antiga é um subproduto esperado da mudança do mau hábito e da liberação do sentimento, mas não é nem uma causa suficiente nem necessária destes.

Obviamente, o trauma reprimido tenderá a retornar, pois é de certo modo a parte mais vital do organismo, recorrendo a mais energia orgânica. Fazendo uma analogia exata, um sonho é obviamente um "desejo", por mais que se assemelhe a um pesadelo, porque com a suspensão da deliberação do estado de vigília, a situação mais orgânica subjacente se faz valer — e a avaliação nada mais é do que o movimento do inacabado em direção ao acabamento.

7. O uso terapêutico da cena recuperada

A cena recuperada não produz a liberação, e, no entanto, quando acompanha a torrente renovada do sentimento, é muito importante na *awareness* de si próprio. Assim como representa a última vez em que o excitamento inibido esteve ativo, do mesmo modo é agora o primeiro exercício do excitamento renovado. Proporciona imediatamente um tipo de "explicação" com relação ao que o sentimento desabituado, há muito em desuso, "significa", o tipo de objeto a que se refere; contudo, naturalmente, o sentimento não *significa* de maneira alguma, no presente, os objetos arcaicos. É nessa altura que a interpretação é valiosa para o paciente explicar a si próprio seu novo sentimento de si mesmo. Ele tem de aprender a distinguir entre necessidade presente expressa no sentimento e esse objeto que é *meramente* uma reminiscência específica, e porque específica, está perdida e é imutável. Uma interpretação como essa não é misteriosa; é simplesmente assinalar o óbvio, embora este possa ser difícil de engolir.

8. A concepção errônea de "infantil" *versus* "maduro"

A opinião corrente, contudo, é que a necessidade, o sentimento, é "infantil", uma coisa do passado. Freud, como vimos (e como discutiremos em detalhe no capítulo XIII), chega ao ponto de dizer que não somente determinadas necessidades, mas todo um modo de pensamento, o "processo primário", é infantil e necessariamente reprimido. A maioria dos teóricos considera determinadas necessidades sexuais e determinadas atitudes interpessoais como pueris e imaturas.

Nossa opinião é que *nenhum* desejo persistente pode ser considerado infantil ou ilusório. Suponha, por exemplo, que se trate da necessidade "infantil" de ser cuidado por uma ama-seca que se "auto-sacrifica". Não tem sentido dizer que esse desejo é um apego à mãe. De preferência, temos de dizer que esse desejo se afirma; é a imagem e o nome de "mãe" que são impossíveis, e de fato não é isto que se quer dizer.[3] Ao contrário, o desejo é agora totalmente seguro, e provavelmente pode ser satisfeito de alguma maneira. (Talvez: "Cuide de você mesmo para variar; pare de tentar ajudar todo mundo".) O objetivo da terapia não é convencer um homem a abandonar determinados desejos. Na realidade, temos a acrescentar que se, no presente, a necessidade não pode ser satisfeita, e de fato não o é, todo o processo de tensão e frustração recomeçará, e o homem ou suprimirá de novo a *awareness* e sucumbirá à neurose ou, como é mais provável agora, saberá o que deseja e sofrerá até que possa realizar uma mudança ambiental.

Podemos agora retornar à nossa pergunta, a importância da recuperação da infância, e delinear uma resposta melhor. Dissemos que o rememorar da cena antiga é desnecessário; que é, no máximo, uma pista importante para o significado do sentimento, mas mesmo nesse caso é dispensável. Deduz-se que, como Horney, por exemplo, sustenta, a recuperação da vida infantil não ocupa uma posição privilegiada em psicoterapia? Não. Porque nossa opinião é que o conteúdo da cena recuperada é bastante sem importância, mas que o sentimento e a atitude infantis que viveram a cena são da máxima importância. *Os sentimentos infantis não são importantes como um passado que deve ser desfeito, mas como alguns dos poderes mais belos da vida adulta que precisam ser recuperados*: espontaneidade, imaginação exatidão da *awareness e manipulação*. O que se faz necessário, como disse Schachtel, é recuperar a maneira como a criança experiencia o mundo; é libertar não a biografia factual, mas o "processo de pensamento primário".

Nada mais lamentável do que o atual emprego indiscriminado das palavras "infantil" e "maduro". Mesmo quando a "atitude infantil" não é considerada como algo ruim nas próprias crianças, seus traços são desaprovados por inteiro na "maturidade", sem discriminar o que é naturalmente superado, o que não tem importância de qualquer modo, e o que deveria ser persistente mas é suprimido em quase todos os adultos. A "maturidade", precisamente entre aqueles que alegam estar preocupados com a "personalidade livre", é concebida no interesse de um ajustamento desnecessariamente rígido a uma

---

3. A linguagem das necessidades emocionais é extremamente tosca, a não ser na poesia e nas outras artes. A psicanálise enriqueceu enormemente a linguagem, mostrando na vida adulta as analogias da infância. Infelizmente, o desprezo pela infância é tal que, se um termo também se emprega com relação a uma criança pequena, ele é uma difamação. Assim, "maternal" é considerado um bom atributo, mas "sugador" é considerado um atributo ridículo.

sociedade rotineira de valor duvidoso, sistematizada para pagar suas dívidas e impostos.

9. A discriminação entre as atitudes da criança e seus objetos

Vimos que se considerássemos a criança pequena como parte integral de um campo do qual os adultos fossem uma outra parte, a criança não poderia ser chamada de isolada ou indefesa. Agora, à medida que cresce em força, comunicação, conhecimento e técnica, determinadas funções pertencentes ao todo anterior são alteradas num outro tipo de todo: por exemplo, como consegue ficar em pé com mais autonomia, há um *self* mais locomotivo que poderia ser denominado seu próprio *self*, de modo que a função de cuidar no todo anterior pode tornar-se, de muitas maneiras, um autocuidar-se. Contudo, examinemos o sentimento e a motivação correlatos. Seria trágico se mesmo no todo alterado, o sentido anterior de "dependência como parte de um todo social" fosse simplesmente suprimido e tivesse de ser reintroduzido como parte de uma atitude madura, quando é realmente a continuação ativa de uma atitude infantil. Além do mais, semelhantes comportamentos tipicamente infantis, como a exploração do corpo e a fascinação com os prazeres pré-genitais naturalmente tornam-se menos interessantes quando *já foram* explorados e a dominância do desejo genital se estabelece; mas seria trágico se a satisfação do corpo e o impulso de explorar o corpo fossem suprimidos — isto certamente produziria um amante inepto. Quando os assim chamados traços infantis de apego ou de sucção ressurgem após a repressão, eles estão respondendo a uma necessidade madura, mas sua linguagem e proporção são, muitas vezes, comicamente arcaicas. No entanto, isto se deve, em grande medida, a situações inacabadas causadas pelas projeções de adultos que impuseram um crescimento prematuro. Ou ainda, as crianças pequenas experimentam com sílabas sem sentido e brincam com os sons e os órgãos vocais; e assim fazem os grandes poetas, não porque isto seja "infantil" mas porque faz parte da plenitude da fala humana. Não é exatamente um sinal de maturidade quando um paciente está tão embaraçado que só consegue produzir sentenças "corretas" num tom monótono.

10. Como Freud discriminava entre "infantil" e "maduro". A sexualidade infantil. A dependência

Podemos distinguir quatro contextos principais nos quais Freud falou do amadurecimento: 1) as zonas libidinosas, 2) a relação com os pais, 3) a adaptação à "realidade" e 4) a adoção da responsabilidade parental. Em todos esses contextos Freud criou uma divisão demasiado absoluta, com cada contexto reforçando a divisão geral; ainda, de modo geral, Freud não era inclinado a empregar a distinção entre "infantil" e "maduro", ou mesmo entre processos "primário" e "secundário", em detrimento da criança.

1) A "primazia" dos órgãos genitais com relação às etapas eróticas prégenitais. Esse trabalho de auto-regulação organísmica é realizado nos primeiros anos. Já a continuação das práticas infantis é considerada com demasiada frieza pela maioria dos terapeutas. As preliminares sexuais não são desencorajadas, mas também são mencionadas com prazer. Desaprova-se a arte que visa estimular o excitamento sexual, o que vai contra a evidência das culturas primitivas e das mais vitais culturas superiores; contudo, se não devemos nos deleitar com isso, com o que então se espera que o façamos? A curiosidade erótica é abominada, mas está no cerne de todo trabalho literário, leitura e todo tipo de teatro. E nos costumes, de modo geral, beija-se e acaricia-se muito menos entre os amigos, e há menos explorações amistosas de pessoas desconhecidas, o que vai contra a evidência de outros animais gregários. Desse modo, também um tipo de homossexualidade primária, baseada na exploração narcisística, é desencorajada em lugar de ser encorajada, o que resulta, como Ferenczi sugeriu, numa heterossexualidade obsessiva que torna impossível a verdadeira vida comunitária, porque cada homem tem um ciúme hostil em relação a todos os outros homens.

2) A transcendência da dependência pessoal com relação aos pais. Podemos considerar essa atividade de auto-regulação organísmica como sendo a alteração e complicação do campo organismo/ambiente pelo aumento do número de membros envolvidos e da mobilidade, das escolhas e da habilidade de cada um de abstrair para níveis mais elevados. Desse modo, uma criança que aprende a andar, falar, mastigar e exercer mais força, pára espontaneamente de pendurar-se como uma criança de peito e de fazer exigências exclusivistas. Já em relação a outros objetos, persistem as atitudes filiais expansivas de confiança, docilidade, o sentido de nossa dependência dentro de uma comunidade, o clamar para obter alimento e carícias como um direito inegado e como um herdeiro da natureza que não nasceu escravo, o direito de sentir-se em casa no mundo. Se o mundo e as comunidades que criamos nele não são do tipo que não podem ser abraçadas abertamente com confianca e certeza de apoio, o homem irá descobri-lo por conta própria, sem que um médico lhe diga que sua atitude é infantil. O mesmo ocorre na educação: é muito bonito "não aceitar nada que você não descubra por conta própria", mas parte desse processo é uma fé em mestres benevolentes e autoridades clássicas, cujo ponto de vista abraçamos de antemão, numa tentativa que testamos, mastigamos, incorporamos ou rejeitamos. Quando não há mais mestres individuais nesse sentido, transferimos a mesma atitu-

de para o mundo natural como um todo. A admiração exclusiva que os terapeutas nutrem pela independência é um reflexo (tanto por imitação quanto por reação) de nossas sociedades atuais que são tão solitárias e coercitivas. E o que é extraordinário é ver como seu procedimento terapêutico — em lugar de ser o de um mestre que, aceitando a autoridade que lhe é conferida livremente, treina o aluno a se ajudar a si próprio — é em primeiro lugar aquele de um mau pai ou mãe, e em seguida o de um pai ou mãe bons demais, aos quais se transfere uma ligação neurótica: e em seguida ele rompe essa ligação e manda a criança embora para que se vire por conta própria.

11. Emoções infantis e irrealidades: impaciência, alucinação, agressividade

3) Freud também falou do amadurecimento como sendo a adaptação à "realidade" e a inibição do "princípio do prazer". Ele achava que isso se realizava esperando-se o momento propício, renunciando a várias coisas e encontrando "sublimações",[4] liberações de tensão socialmente aceitáveis. É absolutamente evidente que Freud, que muitas vezes revelava um coração infantil por trás de sua espessa couraça de paternalismo, desaprovava esse tipo de maturação e achava que esta contribuía para o avanço da sociedade e da civilização à custa do crescimento e da felicidade de cada pessoa; e muitas vezes advertiu que já se havia abusado perigosamente desse tipo de maturação. E vista friamente, nos termos nos quais ele a formulou, a adaptação à "realidade" é precisamente a neurose: é a interferência deliberada na auto-regulação organísmica e a transformação de manifestações espontâneas em sintomas. A civilização concebida desse modo é uma doença. Na medida em que tudo isso é necessário, certamente a atitude sensata não é a de louvar a maturidade, mas é a de tanto o terapeuta como o paciente denunciarem a verdade, como disse Bradley: "Este é o melhor dos mundos possíveis, e o dever de todo homem honesto é denunciar a podridão". Isto também teria a virtude de liberar a agressão por meio de uma queixa justificada.

Contudo, acreditamos que o problema esteja mal colocado. Em primeiro lugar, Freud era notoriamente tímido no que diz respeito a cogitar a possibilidade de mudanças radicais na realidade social, que fizessem com que esta se amoldasse mais estritamente a um desejo (persistente) de coração de criança, por exemplo, com a possibilidade de um pouco

---

4. Consideramos a "sublimação" como algo inexistente; discutimos mais adiante (capítulo XII) o que talvez se queira dizer com esse termo.

mais de desordem, sujeira, afeição, ausência de governo e assim por diante.[5] Parece que ele vacilou entre a imprudência de sua teoria e a confusão excruciante de seus sentimentos. Além disso, interpretava erroneamente o comportamento das próprias crianças ao considerá-lo fora de contexto do ponto de vista de um adulto muito deliberado.

Considere, por exemplo, "esperar pelo momento propício". Os advogados da maturidade concordam em que as crianças não conseguem esperar; são impacientes. Qual é a evidência disto? Quando temporariamente a impedem de ter o que "sabe" que ganharia, uma criança pequena berra e bate com os punhos. Mas em seguida observamos que quando ela ganha a coisa ou logo depois — ela fica desconcertantemente radiante. Não há nenhuma indicação de que a cena dramática de antes tivesse alguma significação ulterior, além de significar a si própria. O que significa? Em parte, a cena era uma persuasão calculada, e, em parte, um medo secreto de uma privação verdadeira, devido a não se conhecer realmente as circunstâncias que comprovassem que a coisa tinha de ser dada apesar de tudo. Tudo isso é simples ignorância e desaparece com o conhecimento; não deriva de uma "atitude infantil". Contudo, o interessante é o resíduo: a cena levada adiante por causa dela mesma, como uma liberação de uma tensão banal. Isto é mau? Longe de provar que uma criança não pode esperar, prova precisamente que ela *consegue* esperar, exatamente pulando de impaciência: ela tem uma técnica de equilibração orgânica da tensão; e posteriormente, *portanto*, sua satisfação é pura, plena, desanuviada. É o adulto que não pode esperar: ele esqueceu a técnica; não fazemos um escândalo, e assim nosso ressentimento e nosso medo se avolumam, então temos prazer em nos sentir amargos e inseguros. Que mal há no drama infantil? Ele ofende a platéia adulta devido à repressão que esta impõe a acessos similares, não por causa do som e da fúria, e sim da perturbação inconsciente. O que se denomina aqui de maturidade é provavelmente neurose. Contudo, se refletirmos sobre os adultos da epopéia e da tragédia gregas ou do Gênesis e do Livro dos Reis da Bíblia, perceberemos que eles — que se distinguiam por seu intelecto ou senso de responsabilidade — comportam-se realmente da maneira mais infantil.

Considere, mais uma vez, a habilidade surpreendente de uma criança de alucinar em sua brincadeiras, de tratar os gravetos como se fossem barcos, a areia como se fosse comida, as pedras como se fossem companheiros de brincadeira. O adulto "maduro" enfrenta com determinação as realidades — quando sucumbe foge para as reminiscências e os planos, mas nunca para a alucinação ostensiva, a não ser que esteja muito esgotado. Isto é bom?

---

5. Temos a impressão de que assim que Freud convenceu a si mesmo da necessidade da proibição do incesto, a "ferida mais mutiladora já infligida à humanidade", ele achou que nada mais tinha muita importância.

109

A pergunta é: qual *é* a realidade importante? Contanto que a *atividade sentida* seja levada avante de maneira suficientemente adequada, a criança aceitará qualquer suporte; o cerne do real é, em qualquer caso, a ação. A pessoa "madura" está comparativamente escravizada, não à realidade, mas a uma abstração fixada neuroticamente, isto é, o "conhecimento", que perdeu sua relação de subordinação ao uso, à ação e à felicidade (não queremos considerar como conhecimento o conhecimento puro, que é uma forma difícil de atividade). Quando a fixidez com relação à abstração torna-se intensa, a imaginação é sufocada, e com ela toda iniciativa, experimento, perspectiva e abertura para tudo que é novo; e também toda invenção, experimentar a realidade como se fosse de outra maneira — , e, portanto, a longo prazo, todo aumento de eficiência. E, no entanto, todos os adultos, exceto grandes artistas e cientistas, são algo neuróticos. Sua maturidade é uma deliberação medrosa com relação à realidade, e não uma aceitação franca desta pelo que ela vale. E naturalmente, ao mesmo tempo em que se atém estritamente à realidade, o adulto está projetando nela a pior loucura e fazendo as racionalizações mais imbecis.

Uma criança diferencia perfeitamente bem entre o sonho e a realidade. De fato, distingue quatro coisas, a realidade, o como-se, o faz-de-conta e o vamos-fingir (ela é mais fraca neste último, porque tem um senso de humor medíocre). Pode ser um índio de verdade usando uma vara como se fosse uma arma, e ainda assim se desviar do automóvel real. Não observamos que a curiosidade ou a habilidade de aprender das crianças seja prejudicada pela livre fantasia delas. Ao contrário, a fantasia funciona como um meio essencial entre o princípio-do-prazer e o princípio-de-realidade: por um lado, é um drama para se experimentar e se tornar perito nele; por outro, é uma terapia que visa tornar-se amigo de uma realidade estranha e amarga (por exemplo, brincando de escola). Em resumo, quando um terapeuta diz a seu paciente que cresça e enfrente a realidade, muitas vezes não quer dizer com isso a realidade concreta na qual é possível um ajustamento criativo, mas alguma situação diária com a qual muitas vezes se lida melhor não a enfrentando diretamente.

Um outro traço infantil que se espera que ceda à maturidade é a agressividade desembaraçada da criança. Devotaremos um capítulo (o 8) à inibição da agressão em nossos costumes adultos. Aqui só precisamos salientar que os golpes indiscriminados de uma criança pequena são desferidos precisamente quando sua força está no ponto mais fraco — a inferência de que ela tem intenção de aniquilar é provavelmente uma projeção adulta. Os socos fortes de um menino só são desferidos contra inimigos. Da mesma maneira, um cachorro morde de brincadeira, e contudo não morde.

Finalmente, com relação ao ajustamento da pessoa madura à realidade, não devemos perguntar — temos vergonha de ter de mencionar isso —

se a "realidade" não é retratada um tanto estritamente de acordo com a sociedade industrial urbana ocidental, capitalista ou socialista-estatal e nos interesses desta? Dá-se o caso de que outras culturas, mais vistosas na indumentária, mais ávida nos prazeres físicos, de modos mais sujos, de governo mais desordenado, de comportamento mais brigão e ousado, fossem ou sejam por isso menos maduras?

12. Irresponsabilidade infantil

4) Por último, Freud considerou o amadurecimento como tornar-se um genitor (pai) responsável em lugar de uma criança irresponsável. No esquema de Freud isto ocorreria após a evolução normal das escolhas-objetais, do auto-erótico ao heterossexual, passando pelo narcisista-homossexual (ego-ideal e turmas). Ele imagina uma introjeção saudável precoce do pai (e a identificação com este); e então a maturidade é aceitar esse introjeto como sendo nós mesmos e assumir o papel de pai (posteriormente objetaremos à sua linguagem aqui, mas ele estava evidentemente descrevendo o seu próprio caráter).

Parafreudianos posteriores aprenderam a suspeitar da autoridade paterna e de outras autoridades, e de preferência enfatizam o contraste entre a "criança irresponsável" e o "adulto responsável", responsável por seus atos e por suas conseqüências. Parece que a responsabilidade nesse sentido significa um tipo de relação contratual com outros adultos.

Podemos interpretar ainda esse crescimento para a responsabilidade como sendo a auto-regulação-organísmica num campo em mudança. A irresponsabilidade de uma criança deriva de sua dependência: na medida em que é parte íntima do campo dos pais, não é responsável por seu comportamento para si própria. Quando se dá a ela mais mobilidade, fala significativa, relacionamentos pessoais e escolhas, ela começa a exigir de si própria, a querer *seriamente* uma correspondência mais acurada entre a promessa e o desempenho, a intenção e o compromisso, a escolha e as conseqüências. E o relacionamento contratual não é assumido tanto como um dever como quanto um desenvolvimento do sentimento de simetria que é muito intenso nos mais jovens. Na etapa em que nos tornamos uma autoridade, um professor, um pai ou uma mãe, o campo se alterou de novo: porque a pessoa independente está agora menos por conta própria, já que outras pessoas se ligam espontaneamente a ela ou dependem dela simplesmente porque ela tem habilidade, e ela lhes proporciona, por sua vez, oportunidades para novos atos expansivos. É raro uma pessoa que cresça tão madura a ponto de aconselhar, guiar e cuidar sem constrangimento, dominação etc., mas simplesmente com *noblese oblige*, desistindo de seus interesses "independentes" como sendo realmente menos interessantes.

Sob esses aspectos uma criança não é responsável. Contudo, há uma base subjacente de responsabilidade na qual toda criança é superior à maioria dos adultos. Esta é a *seriedade*, mergulhar na tarefa seriamente, mesmo que esta tarefa seja uma brincadeira. Uma criança desiste por capricho, mas enquanto está empenhada ela se entrega. O adulto, em parte porque está tão preocupado em ser responsável por si próprio, se entrega menos seriamente. Mais uma vez, é só a pessoa talentosa que retém essa habilidade da infância; o adulto típico se encontra preso na responsabilidade com relação a coisas nas quais não está profundamente interessado. Em nossos dias não ocorre de o homem comum ser irresponsável, não se manter firme; mais exatamente, ele é responsável demais, fica cumprindo o horário do relógio, não cede à doença ou à fadiga, paga suas contas antes de ter certeza de ter comida, cuida da própria vida de maneira demasiado limitada, não se arrisca. Não seria mais sábio, portanto, trazer para o primeiro plano, em lugar da responsabilidade e sua mera negação, a oposição da infância de *seriedade* e capricho, ambos positivamente valiosos?

Séria é a atividade na qual nos empenhamos e da qual não podemos desistir, porque o *self* como um todo mais compacto está envolvido no completamento de uma situação que envolve a realidade; a brincadeira é mais caprichosa, porque a realidade é alucinada e podemos desistir. Se dissermos a uma pessoa: "Isto é um comportamento irresponsável", ela se sente culpada e, tentando se corrigir, se refreia. Contudo, se dissermos: "Você não está levando isso a sério", ela poderá ou não decidir que tem intenção de levar aquilo a sério; poderá admitir que está brincando, ou mesmo que se trata de um simples capricho. Se tiver intenção de levar a coisa a sério, nesse caso prestará atenção à realidade do objeto e à sua relação com ele, e este é um gesto de crescimento. Uma pessoa irresponsável é aquela que não leva a sério o que é necessário. Um diletante brinca caprichosamente com uma arte, ele está agradando a si mesmo, mas não tem nenhuma responsabilidade quanto aos resultados; um amador brinca caprichosamente com a arte, ele é responsável por ela (por exemplo, com seu meio e sua estrutura), mas não necessita se empenhar nela; um artista leva a sério a arte, e está empenhado nela.

13. Conclusão

Concluímos que falar de uma "atitude infantil" como algo a ser transcendido, e de uma "atitude madura" como um objetivo *contrastante* a ser alcançado é um emprego inadequado das palavras.

Com o crescimento, o campo organismo/ambiente se modifica: isto contribui para mudanças nos tipos de sentimento e também para mudanças no *significado*, os objetos relevantes, de sentimentos persistentes. Muitos traços e atitudes das crianças deixam de ser importantes; e há traços adultos que são novos, porque o aumento da força, do conhecimento, da fertilidade e da habilidade técnica constitui de fato, progressivamente, um novo todo. Ao mesmo tempo, muitas vezes são só os objetos relevantes que são alterados; não devemos deixar de notar a continuidade de sentimento, como é costumeiro numa sociedade neurótica que tanto projeta uma avaliação falsa da infância como considera muitas das faculdades mais belas e úteis da condição adulta, manifestas nas pessoas mais criativas, como sendo meramente infantis.

Especialmente em terapia, a deliberação costumeira, a factualidade, a falta de comprometimento e a responsabilidade excessiva, traços da maioria dos adultos, são neuróticos; enquanto a espontaneidade, a imaginação, a seriedade, a jovialidade e a expressão direta do sentimento, traços das crianças, são saudáveis.

14. Desbloqueando o futuro

Este é o "passado"que está perdido e tem de ser recuperado.

No começo deste capítulo, contudo, falamos do passado *e* do futuro, daqueles que se entregam a reminiscências e daqueles que fazem planos, da cena antiga e do plano de vida. Por que devotamos todo nosso espaço ao passado? Porque as dificuldades neuróticas daqueles que se entregam às reminiscências e tentam reviver as situações inacabadas do passado com meras palavras tornam necessária a recuperação de sentimentos e atitudes perdidas. Com aqueles que fazem planos e tentam com meras palavras reviver suas faculdades frustradas, o problema não se situa mais no que está perdido, mas, sim, no que está falsamente presente, as introjeções, os falsos ideais, as identificações impostas que bloqueiam o caminho e devem ser destruídas se a pessoa quiser se encontrar. Portanto, preferimos discutir isso no capítulo sobre as agressões.

Entregar-se a reminiscências verbais tende a ser algo árido e sem vida, porque o passado consiste em detalhes imutáveis. Torna-se vivo somente quando está relacionado a necessidades presentes que têm alguma possibilidade de mudança.

A antecipação verbal, por outro lado, tende a ser fátua e vazia, porque o futuro consiste em detalhes que podem mudar de todo modo concebível, a não ser que seja limitado por alguma necessidade presente sentida e por um poder existente de fazê-lo acontecer. Nas antecipações neuróticas, há uma forma fixada nos futuros indefinidos, que foi dada por algum ideal ou conceito de ego introjetados, um plano de vida. Aquele que faz antecipações verbais é pateticamente chato, porque não é ele que está falando; ele é como um boneco de ventríloquo, e nada que possamos dizer terá alguma importância.

Nesses termos, mais uma vez, podemos elaborar uma definição provisória de realidade presente. O presente é a experiência da especificidade em que nos tornamos ao nos dissolver em várias possibilidades significativas, e a reforma dessas possibilidades para produzir uma nova especificidade única e concreta.

VI
A NATUREZA HUMANA
E A ANTROPOLOGIA DA NEUROSE

1. O tema da antropologia

No capítulo anterior discutimos a importância da recuperação de poderes "perdidos", isto é, inibidos, da infância no indivíduo maduro. Ampliemos agora nossa perspectiva e falemos um pouco sobre o que foi "perdido" em nossa cultura adulta e no emprego presente das faculdades do homem, porque aqui também, nos campos que se alteram, dados pelas novas faculdades e pelos novos objetos, sentimentos e atitudes são inibidos, sentimentos e atitudes estes que deveriam, numa condição saudável, ser ou menosprezados ou utilizados.

Este é um capítulo sobre antropologia anormal. O tema da antropologia é o relacionamento entre a anatomia do homem, sua fisiologia e faculdades, e sua atividade e cultura. Nos séculos XVII e XVIII, a antropologia era sempre estudada dessa maneira (culminando, provavelmente, na *Antropologia* de Kant): por exemplo, o que é o riso? Como se manifesta culturalmente para o bem-estar do homem? Mais recentemente, os antropólogos perderam de vista esse relacionamento, de modo que seu ramo de estudo particular e seus livros exigem uma divisão bastante surpreendente em duas partes desvinculadas: a antropologia física, a evolução e as raças humanas;

115

e a antropologia cultural, um tipo de sociologia histórica. Por exemplo, uma proposição importante da antropologia cultural é que as inovações técnicas (como um novo arado) se difundem rapidamente para as áreas vizinhas, mas que as inovações morais se difundem lentamente e com dificuldade. Contudo, essa proposição não se fundamenta como se ela fosse parte da natureza desses objetos culturais, em lugar de ser mostrada como parte da natureza ou do condicionamento dos animais envolvidos, os homens portadores da cultura, e que esses homens por sua vez são moldados pela cultura que portam. No entanto, mais recentemente ainda, devido principalmente ao impacto da psicanálise, o inter-relacionamento clássico animal/cultural está sendo novamente estudado, em termos do treinamento precoce da criança, dos hábitos sexuais e assim por diante. E, do ponto de vista da psicologia anormal, apresentamos aqui algumas reflexões biológicas/culturais.

2. A importância desse tema para a psicoterapia

Podemos perceber a importância da indagação antropológica "o que é o Homem?" se considerarmos que a psicologia médica é devedora de uma aliança dupla e difícil. Como ramo da medicina, visa a saúde "meramente" biológica. Isto inclui não somente o funcionamento saudável e a ausência de dor, como também o sentimento e o prazer; não somente a sensação, mas uma consciência afiada; não somente a ausência de paralisia, como também a graça e o vigor. Lidando com uma unidade psicossomática, se a psicoterapia pudesse alcançar esse tipo de saúde, sua existência estaria justificada. E em medicina os critérios de saúde estão totalmente definidos e cientificamente estabelecidos: sabemos quando um órgão está funcionando bem. Esse aspecto da "natureza humana" não apresenta ambiguidade.

Contudo, não existe nada semelhante a um funcionamento "meramente" biológico (por exemplo, não há nenhum instinto* de "mero" sexo sem o amor ou a evitação do amor). Desse modo, os recursos médicos são insuficientes.

Porém, uma vez fora do âmbito da medicina, o próprio objetivo da terapia, a norma de saúde e "natureza", torna-se uma questão de opinião. O paciente é um homem doente e não se conhece o homem de maneira cabal, porque ele está sempre modificando a si e às suas condições. Sua natureza é surpreendentemente maleável. E ao mesmo tempo não é tão completamente maleável de modo a que a natureza possa ser desconsiderada, da maneira como parecem supor alguns sociólogos democráticos e políticos fascistas; ela também é surpreendentemente resistente, de tal sorte que de repente há

---

*Utilizamos instinto para nos referir à expressão *drive*. (N. do E.)

reações neuróticas de indivíduos e estupidez, torpor e rigidez por parte do comum dos homens.

Em psicoterapia, além disso, essas mudanças de condição são importantíssimas, pois são elas que cativam o interesse do paciente; elas envolvem seus medos e culpas e sua esperança do que fará de si próprio. Elas despertam seu excitamento — são as únicas coisas que despertam excitamento —, organizam a awareness e o comportamento. Sem esses interesses peculiarmente "humanos" não há saúde biológica e nenhuma maneira de obtê-la por meio de psicoterapia.

3. A "natureza humana" e a média

E desse modo o médico sai à procura de modelos e teorias do que é humanamente estimulante. (No capítulo IV, discutimos algumas dessas teorias.) Eis porque Freud insistia em que não os médicos, mas, com colaboração médica, os literatos, professores, advogados e assistentes sociais davam os melhores terapeutas: por que entenderam a natureza humana, se misturaram com idéias e com pessoas e não se contentaram em jogar fora sua juventude na aquisição de uma especialidade.

A tarefa seria, é claro, imensamente mais fácil se gozássemos de boas instituições sociais, de convenções que proporcionassem satisfação e favorecessem o crescimento, porque então estas poderiam ser tomadas como uma norma aproximada do que significa ser um homem pleno na cultura específica; o problema não seria então de princípios, mas da aplicação casuística a cada caso. Contudo, se tivéssemos instituições sensatas, não haveria também nenhum neurótico. Do jeito que as coisas são, nossas instituições não são nem mesmo saudáveis de maneira "meramente" biológica, e as formas dos sintomas individuais são reações a erros sociais rígidos. Desse modo, longe de ser capaz de tomar a adequação às instituições sociais como norma grosseira, um médico tem mais probabilidade de promover a integração auto-aperfeiçoadora de um paciente se este aprender a ajustar seu ambiente a si próprio, do que se tentar aprender a se mal-ajustar à sociedade.

Em lugar de uma unidade dinâmica de necessidade e convenção social, na qual os homens descobrem a si próprios e um ao outro, e inventam a si próprios e um ao outro, somos forçados a pensar em três abstrações antagônicas: o mero animal, o *self* individual atormentado e as pressões sociais. A pessoa normal ou se mantém inconsciente dessa guerra que grassa dentro de sua personalidade, não percebe suas manifestações em seu comportamento e a mantém relativamente adormecida, ou tem consciência desta e concluiu um armistício incômodo, procurando agarrar oportunidades seguras. Em ambos os casos muita energia foi gasta na pacificação, e faculdades humanas valiosas foram sacrificadas. Na pessoa neurótica, os conflitos grassam até o ponto da exaustão, contradições e esgotamento, e não se pode concluir que ela era, por conseguinte, de algum modo mais fraca do que o normal, porque muitas vezes são precisamente os talentos mais vigorosos que são socialmente desastrosos. Há uma diferença importante entre o normal e o neurótico, mas não é tal que quando um neurótico chega como paciente e apresenta um problema prático sério para o médico, este possa estabelecer como seu objetivo um ajustamento normal, do mesmo modo que não poderia dar a uma tuberculose controlada um certificado de saúde perfeita, embora possa dar alta ao paciente. De preferência, ele deve esperar que, à medida que o paciente começa a se reintegrar, ele se tornará mais "humano" do que o esperado, ou do que o próprio médico é.

(Além disso, temos de lembrar de que no tipo atual de pacientes de psicoterapia, a distinção entre normal e neurótico tornou-se menos do que irrelevante; tornou-se positivamente enganadora. Porque um número cada vez maior de pacientes não está, em absoluto, "doente": eles produzem ajustamentos "adequados"; vieram ao consultório porque querem algo mais da vida e de si próprios, e acreditam que a psicoterapia pode ajudá-los. Talvez isto denuncie uma disposição demasiado otimista da parte deles, mas também é indício de que eles estão melhores do que a média, em lugar de o contrário.)[1]

4. Mecanismos neuróticos como funções saudáveis

A neurose também é parte da natureza humana e tem sua antropologia.

A divisão de personalidade — o esgotamento como forma de equilíbrio — é provavelmente uma faculdade da natureza humana recentemente adquirida, com apenas alguns milhares de anos de idade. Contudo, é um aperfeiçoamento numa longa linha de aperfeiçoamentos evolucionários que vale a pena recapitular de maneira sucinta para reconhecermos onde estamos.

Se considerarmos a auto-regulação organísmica o processo pelo qual as necessidades dominantes passam para o primeiro plano da *awareness* à

---

1. Mencionamos acima que o tipo selecionado de paciente é um fator intrínseco nas diferentes teorias psicanalíticas, porque estes são tanto o material observado como a evidência que confirma as respostas ao método. Obviamente, a tendência dos pacientes para o "bastante bem" ou até mesmo para o "melhor do que bastante bem" é um fator importante na tendência de teorias recentes para essas metas, como a deste livro. Desse modo, a psicoterapia está assumindo as funções da educação: e isto se dá porque a educação costumeira, no lar, na escola, na universidade e na igreja é cada vez mais inepta. Naturalmente, o que esperaríamos é que a educação assumisse as funções da psicoterapia.

118

medida que surgem, ficaremos impressionados não somente pelo maravilhoso sistema de ajustamento específico, sinais, coordenação e raciocínio sutil que contribuem para manter o equilíbrio geral, mas também pelos mecanismos que servem de amortecedores e válvulas de segurança para proteger a fronteira de contato. Mencionamos a supressão, a alucinação e o sonho, e o considerar "como-se" e aceitar "em lugar de"; e há também a imobilização (fingir-se de morto), o isolamento, o ensaio e erro mecânico (re-fazer obsessivo), a fuga em pânico, e assim por diante. O homem é um organismo de grande força e eficiência, mas é também um organismo que pode agüentar um tratamento grosseiro e épocas ruins. Os dois lados vêm juntos: a habilidade conduz à aventura e esta ao infortúnio. O homem *tem* de ser maleável. Todas essas funções de segurança naturalmente desempenham um papel essencial nas desordens mentais, mas são em si próprias saudáveis.

De fato, poderíamos dizer, sem paradoxo, que nas neuroses somente essas funções de segurança — de supressão, distorção, isolamento, repetição —, que parecem "malucas" de maneira tão espetacular, estão funcionando de maneira razoavelmente saudável. São as funções mais respeitáveis de orientação e manipulação dentro do mundo, especialmente no mundo social, que estão em más condições e não podem funcionar. Num todo precisamente ajustado, os mecanismos de segurança visam aos distúrbios e continuam a funcionar, enquanto as funções mais comuns descansam para reparo. Ou, para expressar isso de outro modo, quando a orientação se perde e a manipulação está falhando, o excitamento, a vitalidade do organismo, se expressa especialmente no autismo e na imobilização. E desse modo, mais uma vez, se falarmos, como temos de falar, de uma neurose social ou epidêmica, não são as excentricidades sociais sintomáticas (ditadores, guerras e a arte incompreensível, entre outros) que são patologicamente importantes, mas o conhecimento e a técnica normais, o modo comum de vida.

O problema da antropologia anormal é mostrar como o modo comum de vida de uma cultura, ou mesmo do estado humano, é neurótico e assim se tornou. É mostrar o que se "perdeu" da natureza humana, e, praticamente, planejar experimentos para recuperar isso (a parte terapêutica da antropologia e da sociologia é a política; mas observamos que a política — talvez felizmente — não se devota, em absoluto, a isso).

Ao recapitular os passos da evolução que levam ao homem moderno e à nossa civilização, portanto, damos ênfase ao contrário do que geralmente é enfatizado: não ao poder intensificado e às conquistas obtidas pelo passo a passo do desenvolvimento humano, mas aos perigos a que nos sujeitamos e aos pontos vulneráveis que foram expostos, que em seguida se tornaram patológicos na derrota. Os novos poderes exigem integrações mais complicadas, e estas falharam muitas vezes.

5. A postura ereta, a autonomia das mãos e da cabeça

1) A postura ereta desenvolveu-se juntamente com a diferenciação dos membros e, em última instância, dos dedos. Isto teve grandes vantagens tanto para a orientação quanto para a manipulação. Um animal grande e ereto obtém uma visão de longo alcance. Instalado sobre pés amplos, pode usar as mãos para apanhar comida e despedaçá-la, enquanto a cabeça está livre para manusear objetos e seu próprio corpo.

Entretanto, a cabeça foi afastada da percepção próxima, e os sentidos "próximos", o olfato e o paladar, se atrofiam um pouco. A boca e os dentes tornam-se menos úteis para a manipulação; como tal, num animal intensamente manipulativo, tendem a se afastar da *percepção* e da resposta consciente (por exemplo, pode haver uma lacuna entre o nojo e a rejeição espontânea). Os maxilares e o focinho degeneram — e posteriormente se tornarão um dos locais principais de rigidez.

Em resumo, o campo total do organismo e seu ambiente se amplia imensamente, tanto em tamanho quanto em complexidade pormenorizada; mas a proximidade do contato é mais problemática. E com a postura ereta surge a necessidade de equilibrar-se e o perigo, tão importante na psicologia ulterior, de cair. As costas são menos flexíveis, e a cabeça está mais isolada do resto do corpo e do chão.

2) Quando a cabeça é mais autônoma e menos comprometida, uma visão estereoscópica mais nítida se desenvolve, capaz de avaliar a perspectiva. Os olhos e os dedos cooperam no delineamento de perfis, de modo que o animal aprende a enxergar mais perfis e a diferenciar os objetos em seu campo. Delineando, diferenciamos a experiência sob a forma de objetos. A perspectiva, a discriminação de objetos, a habilidade de manusear aumentam muito o número de conexões entre as impressões e a seletividade deliberada entre elas. A habilidade de isolar objetos de suas situações aperfeiçoa a memória e é o início do processo de abstração.

Porém, inversamente, existe a probabilidade, agora, de uma perda ocasional de proximidade, da sensação de fluxo vivo com o ambiente. As imagens dos objetos e abstrações sobre eles interferem: o homem faz uma pausa, com a consciência intensificada, para uma discriminação mais deliberada, mas pode então esquecer o objetivo ou ser distraído dele, e a situação fica inacabada. Tal preteridade, que pode ou não ser relevante, colore o presente.

Finalmente, nosso próprio corpo também se torna um objeto —, embora mais tarde, porque este é percebido muito "proximamente".

6. Instrumentos, linguagem, diferenciação sexual e sociedade

3) Uma vez que as coisas e outras pessoas tenham se tornado objetos delineados e abstraídos, podem ter relações habituais úteis, deliberadas e fixadas com o *self*. Desenvolvem-se ferramentas permanentes, junto com objetos *ad hoc* que eram extensões espontâneas dos membros; e a linguagem denotativa se desenvolve junto com clamores instintivos e situacionais. Os objetos são controlados, aplicam-se instrumentos a eles, e os instrumentos também são objetos e podem ser melhorados, e seu uso pode ser aprendido e ensinado. A linguagem também é aprendida. A imitação espontânea é intensificada deliberadamente, e o laço social se estreita.

Mas, naturalmente, o laço social preexistiu; havia comunicação e a manipulação do ambiente físico e social. Não é o uso de instrumentos e da linguagem que põe em contato as pessoas ou os trabalhadores e os objetos; eles já estavam em contato organizado e percebido — os instrumentos e a linguagem são diferenciações convenientes do contato que existe. O perigo que se corre é este: se a unidade percebida original se debilitar, essas abstrações de ordem mais elevada — objeto, pessoa, instrumentos, palavra — começarão a ser consideradas como a base original de contato, como se fosse preciso uma atividade mental deliberada de ordem mais elevada para entrar em contato. Desse modo, as relações interpessoais tornam-se primordialmente verbais; ou, sem um instrumento adequado, um trabalhador sente-se impotente. A diferenciação que existia "junto com" a organização subjacente agora existe *em lugar* desta. Então o contato diminui, a fala perde o sentimento e o comportamento perde a graça.

4) A linguagem e os instrumentos combinam-se com os laços pré-verbais mais antigos do sexo, alimento e imitação, para ampliar o campo de ação da sociedade. No entanto, semelhantes complexidades novas podem perturbar as atividades delicadamente equilibradas que são cruciais para o bem-estar do animal. Considere, por exemplo, como desde a Antigüidade filogenética remota herdamos um aparelho sexual requintadamente complicado, envolvendo os sentidos como excitantes, e as respostas motoras de tumescência, abraço e penetração, todas minuciosamente ajustadas para um clímax crescente. (A assim chamada "esterilidade adolescente" (Ashley Montagu), a época entre a primeira menstruação e a fertilidade, parece indicar um período de brincadeira e de exercício.) Além de suas vantagens de seleção sexual e hibridação, toda essa complexidade exige pelo menos parcerias temporárias: nenhum animal é completo dentro de sua própria pele. E os laços emocionais intensos da lactação, amamentação e cuidado de crias estreitam a socialidade. Ademais, em filos superiores, o animal jovem adquire muito do seu comportamento por meio da aprendizagem imitativa.

Considere, pois, o quanto depende de ajustamentos tão delicados! Considere que a função do orgasmo (Reich), a liberação periódica essencial das tensões, está vinculada às operações do aparelho genital precisamente ajustado. Fica clara tanto a importância do modo social de reprodução como o quanto é vulnerável o bem-estar do animal.

7. Diferenciações do sensorial, motor e vegetativo

5) Um outro aperfeiçoamento crítico de antigüidade bastante remota foi a separação dos centros nervosos motórico-muscular e do pensamento-sensorial. Em animais como o cão a sensação e o movimento não podem estar muito separados; isto foi salientado há muito tempo por Aristóteles, quando ele afirmou que um cão pode raciocinar, mas que só produz silogismos práticos. As vantagens das conexões mais frouxas no homem são naturalmente enormes: a habilidade de inspecionar, conter-se, cogitar, em resumo, de ser deliberado e de conter o corpo muscularmente, ao mesmo tempo em que se permite o livre jogo dos sentidos e dos pensamentos, junto com a movimentação imediatamente espontânea sob a forma de movimentos secundários dos olhos, mãos, cordas vocais etc.

Contudo, na neurose, essa mesma divisão é fatal, pois é incorporada para impedir-se a espontaneidade; e a unidade prática básica do sentido e do movimento se perde. A deliberação se dá "em lugar de" em vez de "junto com": o neurótico perde a consciência de que os pequenos movimentos estão ocorrendo e preparando os movimentos maiores.

6) Primitivamente, os laços de sexo, alimento e imitação são sociais mas pré-pessoais: isto é, provavelmente não exigem uma percepção dos parceiros como objetos ou pessoas, mas meramente como aquilo que é contatado. Entretanto, na etapa de fabricação de instrumentos, da linguagem e outros atos de abstração, as funções sociais constituem a sociedade no nosso sentido humano específico: um laço entre pessoas. As pessoas são formadas pelos contatos sociais que têm, e identificam-se com a unidade social como um todo no que se refere à sua atividade ulterior. Há uma noção, imagem, comportamento e sentimento do *self*, abstraídos do eu-percebido indiferenciado, que reflete as outras pessoas. Esta é a sociedade da divisão do trabalho, na qual as pessoas usam deliberadamente umas às outras como instrumentos. É nessa sociedade que tabus e leis se desenvolvem, refreando o organismo no interesse do supra-organismo, ou melhor, mantendo as pessoas como no relacionamento interpessoal assim como animais em contato. E essa sociedade é naturalmente portadora do que a maioria dos antropólogos consideraria a propriedade definidora da humanidade, a cultura, a herança social que sobrevive às gerações.

As vantagens de tudo isso, assim como as desvantagens, são óbvias. (Neste ponto podemos começar a falar não de "perigos potenciais", mas de distúrbios concretos que sobrevivem.) Controladas por tabus, as imitações tornam-se introjeções inassimiláveis, a sociedade estando contida dentro do *self* e, em última instância, invadindo o organismo; as pessoas tornam-se meramente pessoas em lugar de serem também animais em contato. A autoridade internalizada deixa o caminho aberto para a exploração institucional do homem pelo homem e de muitos pelo todo. A divisão do trabalho pode ser realizada de tal modo que o trabalho não tem sentido para os trabalhadores e torna-se enfadonho. A cultura herdada pode tornar-se um peso morto que aprendemos penosamente, que os anciães zelosos nos forçam a aprender, e que ainda assim, provavelmente, nunca usaremos individualmente.

8. As dificuldades verbais nesta exposição

É instrutivo perceber como, ao discutir esse tema, começam a surgir dificuldades verbais: "homem", "pessoa", "*self*", "indivíduo", "animal humano", "organismo" são às vezes intercambiáveis e às vezes é necessário distingui-los. Por exemplo, é enganoso pensar os "indivíduos" como sendo primitivos e estando combinados nas relações sociais, porque não há dúvida de que a existência de "indivíduos" surge como conseqüência de uma sociedade muito complexa. Por sua vez, já que é significativo dizer que é por meio da auto-regulação organísmica que imitamos, simpatizamos e nos tornamos "independentes", e podemos aprender as artes e as ciências, a expressão contato "animal" não pode significar "meramente" contato animal. Além disso, as "pessoas" são reflexos de um todo interpessoal, e a melhor maneira de considerar a "personalidade" é como uma formação do *self* por uma atitude social compartilhada. No entanto, num sentido importante, o *self*, como o sistema de excitamento, orientação, manipulação e várias identificações e alienações, é sempre original e criativo.

Essas dificuldades podem ser naturalmente evitadas de modo parcial por uma definição cuidadosa e um emprego consistentes — e tentamos ser tão consistentes quanto podemos. Contudo, elas são parcialmente inerentes ao tema "Homem", que cria a si próprio de diferentes maneiras. Por exemplo, os primeiros antropólogos filosóficos dos tempos modernos, nos séculos XVII e XVIII, falavam geralmente de indivíduos condensando a sociedade; seguindo Rousseau, os sociólogos do século XIX voltaram à sociedade como sendo primordial; e tem sido um grande mérito da psicanálise recuperar esses conceitos distintos para uma interação dinâmica. Se a teoria é freqüentemente confusa e ambígua, é provável que a natureza também o seja.

9. Símbolos

Continuamos agora nossa história nos últimos milhares de anos, desde a invenção da escrita e da leitura. Adaptando-se à vasta acumulação de cultura, tanto de conhecimentos como de técnicas, o homem é educado em meio a abstrações muito elevadas. Abstrações de orientação, distantes da percepção sentida e plena de interesse: as ciências e os sistemas de ciência. Abstrações de manipulação distantes da participação muscular: sistemas de produção, troca e governo. Ele vive num mundo de símbolos. Orienta-se simbolicamente como um símbolo em relação a outros símbolos, e manipula simbolicamente outros símbolos. Onde havia métodos, agora também há metodologia: tudo se torna objeto de hipóteses e experimentos, com uma determinada distância do comprometimento. Isto inclui a sociedade, os tabus, o supra-sensório, as alucinações religiosas, a ciência e a própria metodologia, bem como o próprio Homem. Tudo isso proporcionou um enorme aumento na amplitude de ação e poder, porque a habilidade de fixar de modo simbólico aquilo em que estávamos totalmente envolvidos permite uma certa indiferença criativa.

Os perigos disso não são, infelizmente, potenciais, mas manifestos. As estruturas simbólicas — por exemplo, dinheiro ou prestígio, ou a paz pública, ou o progresso do saber — tornam-se o objetivo exclusivo de toda atividade, na qual não há nenhuma satisfação animal e pode até não haver nenhuma satisfação pessoal; e contudo, fora do interesse animal ou pelo menos pessoal, não pode haver nenhuma medida intrínseca estável, mas somente o desnorteamento e padrões que nunca podemos alcançar. Desse modo, economicamente, está em operação um mecanismo amplo que não produz necessariamente produtos de subsistência suficientes e poderia, de fato, como Percival e Paul Goodamn salientaram em *Communitas*, continuar funcionando numa velocidade quase tão alta sem produzir absolutamente nenhum meio de subsistência; só que os produtores e consumidores estariam todos mortos. Um trabalhador se enquadra, de maneira hábil ou grosseira, neste símbolo mecânico de fartura, mas seu trabalho dentro dele não deriva de nenhum prazer da habilidade ou da vocação. Pode ser que não entenda o que está produzindo, nem de que maneira e nem para quem. Uma energia enorme se exaure na manipulação de marcas sobre o papel; recompensas são dadas em tipos de papel, e o prestígio acompanha a posses de papéis. Politicamente, em estruturas constitucionais simbólicas, representantes simbólicos indicam a vontade do povo da maneira como foi expressa em votos simbólicos; quase ninguém entende mais o que significa exercer afinidade política ou chegar a um acordo comum. Emocionalmente, alguns artistas apreendem, a partir da experiência concreta, símbolos de paixão e excitamento sensório; esses símbolos são abstraídos e estereotipados por imitadores comerciais; e as pessoas fazem amor ou se aventuram de acordo com essas normas de glamour. Os médicos cientistas e os assistentes sociais fornecem outros símbolos de emoção e segurança, e as pessoas fazem amor, desfrutam o lazer e assim por diante, de acordo com uma receita. Na engenharia, o controle do tempo, do espaço e da força se obtém simbolicamente tornando mais fácil ir a lugares menos interessantes e mais fácil obter mercadorias menos desejáveis. Na ciência pura, a *awareness* focaliza-se em cada detalhe, menos no medo psicossomático e na autoconquista da própria atividade, de modo que, por exemplo, quando se trata de produzir certas armas letais, a questão debatida é se a necessidade de um país obter superioridade com relação ao inimigo é mais importante do que o dever de um cientista de tornar públicas suas descobertas; mas as reações mais simples de compaixão, fuga, desafio não são em absoluto operativas.

Nessas condições, não é de surpreender que as pessoas brinquem com o sadomasoquismo das ditaduras e das guerras, onde há, pelo menos, o controle do homem pelo homem em lugar de pelos símbolos, e onde há sofrimento da carne.

10. A divisão neurótica

Desse modo chegamos finalmente a uma aquisição muito recente da humanidade: a personalidade neuroticamente dividida como meio de alcançar o equilíbrio. Confrontado com uma ameaça crônica contra absolutamente qualquer funcionamento, o organismo recorre aos mecanismos de segurança da supressão, alucinação, deslocamento, isolamento, fuga, regressão; e o homem experimenta transformar o fato de "viver à custa dos próprios nervos" numa nova conquista evolucionária.

Nas etapas anteriores havia aperfeiçoamentos, de maneira que o organismo saudável podia cada vez se fundir num novo todo integrado. Contudo, agora é como se os neuróticos retornassem e selecionassem os pontos vulneráveis do desenvolvimento passado da raça: a tarefa não é integrar a postura ereta à vida animal, mas agir por um lado como se a cabeça flutuasse no ar por conta própria, e, por outro, como se não houvesse absolutamente nenhuma postura ereta ou nenhuma cabeça; e o mesmo ocorre com os outros aperfeiçoamentos. Os "perigos" potenciais tornaram-se sintomas factuais: falta de contato, isolamento, medo de cair, impotência, inferioridade, verbalização e falta de afeto.

Resta ver se essa reviravolta neurótica é ou não um destino viável para a nossa espécie.

11. A idade de ouro, a civilização e as introjeções

Estivemos definindo aqui os ajustamentos neuróticos de maneira geral como aqueles que empregam a nova faculdade "em lugar" da natureza anterior, que é reprimida, em vez de "junto com" esta, dentro de uma nova integração. As naturezas reprimidas e não usadas tendem então a retornar como Imagens de uma Idade de Ouro ou Paraíso; ou como teorias do Primitivo Feliz. Podemos entender como grandes poetas, como Homero e Shakespeare, devotaram-se a glorificar precisamente as virtudes da era anterior, como se sua função principal fosse evitar que as pessoas esquecessem o que ser um homem costumava ser.

E, na melhor das hipóteses, de fato parece que as condições da vida civilizada em progresso põem importantes faculdades da natureza humana não só neuroticamente fora de uso, mas também as tornam inusáveis racionalmente. A tranqüilidade pública e a abundância técnica, por exemplo, não são muito apropriadas a um animal que caça e talvez precise do excitamento da caça para estimular suas faculdades plenas. Não é de surpreender se semelhante animal complicar muitas vezes necessidades inteiramente irrelevantes — por exemplo, a sexualidade — com o perigo e a caça, para estimular o excitamento.

Ademais, é provável que atualmente exista um conflito irreconciliável entre uma harmonia social bastante desejável e uma expressão individual bastante desejável. Se estivermos em semelhante etapa de transição para uma sociabilidade mais estreita, então haverá nos indivíduos muitos traços sociais que terão de aparecer como introjeções inassimiláveis, neuróticas e inferiores às reivindicações individuais rivais. Nossos padrões éticos heróicos (que se originam nos sonhos inspiradores de artistas criativos) tendem certamente a relembrar o que era mais animal, sexual, pessoal, valoroso, honrado etc.; mas nosso comportamento é completamente diferente e lhe falta o excitamento.

Por outro lado, é também provável (mesmo se as probabilidades diferentes forem contraditórias) que esses conflitos "irreconciliáveis" sempre foram, e não só na atualidade, a condição humana; e que o sofrimento concomitante e o movimento em direção a uma solução desconhecida sejam as bases do excitamento humano.

12. Conclusão

Como quer que ela seja, a "natureza humana" é uma potencialidade. Só pode ser conhecida da maneira como foi realizada nos feitos e na história, e da maneira como cria a si própria hoje.

Pode-se formular seriamente a pergunta: qual é o critério que faz com que se prefira encarar a "natureza humana" como aquilo que é verdadeiro na espontaneidade das crianças, na dos heróis, na cultura das épocas clássicas, na comunidade de pessoas simples, no sentimento dos amantes, na consciência perspicaz e na habilidade miraculosa de algumas pessoas em situações de emergência? A neurose também é uma resposta da natureza humana e é hoje normal e epidêmica, e talvez tenha um futuro social viável.

Não podemos responder a essa pergunta. Contudo, um psicólogo clínico age de acordo com três critérios: 1) a saúde do corpo, conhecida por meio de um padrão definido, 2) o progresso do paciente em ajudar a si próprio, e 3) a elasticidade da formação figura/fundo.

VII
VERBALIZAÇÃO E POESIA

Entre os aperfeiçoamentos evolutivos do gênero humano, a fala é de importância especial e merece um capítulo separado. Da mesma maneira que com outros aperfeiçoamentos, o abuso neurótico consiste em usar uma forma de fala que é "em lugar de" em vez de "junto com" as faculdades subjacentes. Isto é o isolamento da personalidade verbal.

1. Social, interpessoal e pessoal

As pessoas comumente percebem seus conflitos emocionais com relação a exigências éticas e responsabilidades: vêem confrontados dentro de si próprias seus desejos "pessoais" e seus papéis sociais. Considera-se que o conflito, com sua inibição subseqüente ou culpa, seja entre o "indivíduo" e a "sociedade". Os capítulos que se seguem serão dedicados à estrutura de tais padrões alheios incorporados: a conformidade e o anti-social, a agressão e a autoconquista.

Contudo, como já salientamos, a diferenciação do indivíduo no campo organismo/ambiente já é um aperfeiçoamento tardio. As relações sociais, como a dependência, a comunicação, a imitação, o amor-objetal, são originais em qualquer campo humano, muito anteriores ao fato de reconhecermo-nos como pessoas idiossincráticas ou de identificarmos os outros como constituindo a sociedade. A personalidade é uma estrutura criada a partir de semelhantes relacionamentos interpessoais primitivos; e em sua formação geralmente já houve a incorporação de uma quantidade enorme de material alheio, inassimilado ou mesmo inassimilável (e isto, naturalmente, torna os conflitos posteriores entre o indivíduo e a sociedade muito mais insolúveis).

Sob um aspecto, é útil definir "personalidade" como uma estrutura de hábitos de fala e considerá-la como um ato criativo dos segundo e terceiro anos; a maior parte do pensamento é uma fala subvocal; convicções básicas são de maneira importante hábitos de sintaxe e estilo; e é provável que quase toda avaliação que não se derive diretamente de apetites orgânicos seja um conjunto de atitudes retóricas. Defini-la desse modo não é minimizar a personalidade ou dar cabo dela com uma explicação sumária, porque a própria fala é uma atividade espontânea profunda. Uma criança que está formando sua personalidade pela aprendizagem da fala está fazendo uma conquista espetacular, e desde a Antiguidade os filósofos julgaram ser a educação primordialmente o aprendizado da fala humana e das letras, por exemplo, a "gramática, retórica e dialética" ou os "clássicos e o método científico".

Isto é, podemos conceber a seqüência: a) relações sociais pré-verbais do organismo, b) a formação de uma personalidade verbal no campo do organismo/ambiente e c) as relações subseqüentes desta personalidade com as outras. De maneira clara, o cultivo apropriado da fala é aquele que mantém essa seqüência flexivelmente aberta e criativa durante todo o processo: os hábitos que permitem o que é pré-verbal fluir livremente e que podem aprender com os outros e ser alterados.

Contudo, assim como em nossa cultura como um todo houve o desenvolvimento de uma cultura simbólica privada de contato ou afeto, isolada da satisfação animal e da invenção social espontânea, do mesmo modo em cada *self*, quando o crescimento das relações interpessoais originais foi perturbado e os conflitos não foram sustentados até o fim, mas pacificados num armistício prematuro que incorporou padrões alheios, forma-se uma personalidade "verbalizadora", uma fala que é insensível, prosaica, sem afeto, monótona, estereotipada no conteúdo, inflexível na atitude retórica, mecânica na sintaxe, sem significado. Isto é a reação a uma fala alheia aceita e inassimilada, ou a uma identificação com esta. E se concentrarmos a *awareness* nesses "meros" hábitos de linguagem, descobriremos evasões extraordinárias, a fabricação de álibis e finalmente a ansiedade aguda — muito mais do que os protestos e desculpas que acompanham a revelação de lapsos "morais" importantes. Porque chamar a atenção para a fala (ou para as roupas) é realmente uma afronta *pessoal*.

Contudo, a dificuldade é que, enojados com a simbolização e verbalização vazia habituais, filósofos modernos da linguagem estabeleceram normas severas de linguagem que são ainda mais estereotipadas e sem afeto; e alguns psicoterapeutas caem em desespero e tentam contornar completamente o ato de falar, como se somente o silêncio interior e o comportamento não-verbal fossem potencialmente saudáveis. Não obstante, o contrário da verbalização neurótica é uma fala criativa e variada; não é nem a semântica científica nem o silêncio; é a poesia.

2. A fala plena de contato e a poesia

A fala constitui um contato satisfatório quando retira energia de uma estrutura das três pessoas gramaticais e cria essa estrutura: Eu, Tu e Isso; quem fala, a pessoa com quem se fala e o assunto a respeito do qual se fala; quando há uma necessidade de comunicar algo. Como propriedades do fluxo da fala essas três pessoas são: 1) o estilo e em especial o ritmo, a animação e o clímax que expressam a necessidade orgânica de quem fala; 2) a atitude retórica efetiva na situação interpessoal (por exemplo, a súplica, a denúncia, o ensinamento, a intimidação); 3) o conteúdo ou veracidade para com os objetos impessoais dos quais se fala.

Além do mais, particularmente à medida que o contato entre organismo e ambiente torna-se mais íntimo, as seguintes faculdades interagem:

1. A fala sonora — o exercício físico de pronunciar e ouvir;
2. O pensamento — encher de conteúdo as várias organizações esqueletais;
3. A fala subvocal — situações verbais inacabadas repetidas;
4. Comunicação social pré-pessoal (por exemplo, clamores) e *awareness* silenciosa (imagens, sentimento-do-corpo etc.).

Na fala de contato satisfatório, esses níveis combinam-se na realidade atual. O pensamento é dirigido para a orientação eficiente e para a manipulação; a situação atual é considerada como um campo possível adequado para resolver uma situação inacabada; o animal social está se expressando; o exercício físico inicia o fluxo na forma de um prazer antecipado e faz do todo uma realidade ambiental.

Tendo em mente esses níveis psicológicos do ato de falar, pensamento, a fala subvocal, clamores e *awareness* silenciosa, consideremos agora a poesia como uma arte refinada da maneira como se diferencia da fala comum plena de contato e em seguida contrastemos ambas com a verbalização neurótica.

Um poema é um caso especial de boa fala. Num poema, como em outros tipos de boa fala, as três pessoas, o conteúdo, a atitude e o caráter, e o tom e o ritmo, expressam mutuamente um ao outro, e isto produz a unidade estrutural do poema. Por exemplo, o caráter é em grande medida a escolha de vocabulário e sintaxe, mas estes últimos surgem e desaparecem com o tema e são ritmicamente deturpados a partir do que é esperado pelo sentimento; ou também, o ritmo acumula uma urgência de clímax, a atitude torna-se mais direta e a proposição é comprovada, e assim por diante. Contudo, a atividade de falar do poeta é, como dizem os filósofos, "um fim em si mesmo"; isto é, somente pelo comportamento da fala patente, somente pelo manuseio do meio, ele resolve seu problema. Diferentemente da boa fala comum, a atividade não é instrumental numa situação social ulterior, por exemplo, para persuadir aquele que ouve, entretê-lo, informá-lo sobre algo, ou para manipulá-lo para a solução do problema.

Essencialmente, o caso do poeta é o caso específico no qual o problema é resolver um "conflito interior" (como Freud disse, o trabalho de arte substitui o sintoma): o poeta concentra-se em alguma fala subvocal inacabada e seus pensamentos subseqüentes; por meio do jogo livre com suas palavras atuais, ele finalmente termina uma cena verbal inacabada, ele de fato profere a queixa, a denúncia, a declaração de amor, a autocensura que deveria ter proferido; agora finalmente ele se alimenta livremente da necessidade orgânica subjacente e encontra as palavras. Devemos, portanto, perceber exatamente quais são o Eu, Tu e Isso do poeta em sua realidade atual. Seu Tu, sua audiência, não é alguma pessoa visível nem o público em geral, mas uma "audiência ideal": isto é, não é nada mais que assumir a atitude e o caráter apropriados (escolher um gênero e uma dicção) que deixem a fala inacabada fluir com precisão e força. Seu conteúdo não é uma verdade atual de experiência a ser transmitida, mas ele encontra na experiência ou na memória ou na fantasia um símbolo que de fato o excita sem que precise (ou que precisemos) conhecer seu conteúdo latente. Seu Eu é seu estilo no seu emprego presente, não é sua biografia.

Ao mesmo tempo, à medida que as palavras concretas estão se formando, o poeta pode manter a *awareness* silenciosa da imagem, do sentimento, da memória etc., e também as atitudes puras de comunicação social, clareza e responsabilidade verbal. Desse modo, em lugar de serem estereótipos verbais, as palavras são plasticamente destruídas e combinadas de modo a produzir uma figura mais vital. A poesia é portanto, o contrário exato da verbalização neurótica, pois é a fala como uma atividade orgânica que soluciona problemas, é uma forma de concentração, enquanto a verbalização é uma fala que tenta dissipar a energia no ato de falar, suprimindo a necessidade orgânica e repetindo uma cena subvocal inacabada, em vez de concentrar-se nela.

Por outro lado, a poesia se distingue da fala plena de contato comum —
por exemplo, a boa prosa coloquial simplesmente como uma espécie de uma
classe: um poema resolve um problema que pode ser resolvido somente pela
invenção verbal, ao passo que a maior parte da fala se dá em situações em que
a solução exige também outros tipos de comportamento, a resposta do ouvin-
te, e assim por diante. Logo, na poesia — onde o ato de falar tem de ser o por-
tador de toda a realidade — a vitalidade da fala é acentuada: ela é mais rítmi-
ca, mais precisa, mais plena de sentimento, mais plena de imagens etc.; e, o
que é mais importante, um poema tem um começo, um meio e um fim; ele
acata a situação. Outros tipos de fala plena de contato podem ser mais gros-
seiros e mais aproximados; podem depender de meios não-verbais, tais como
o gesto; mal precisam mencionar o que está insistindo em se expressar; e se
interrompem transformando-se em comportamentos não-verbais.

3. A verbalização e a poesia

Quando é divorciada de seu emprego como instrumento numa situação social ulterior, ou ainda de suas próprias regras como uma atividade
poética vital, a fala reflete facilmente toda e qualquer experiência. É fácil
para uma pessoa se iludir de que está sentindo ou mesmo fazendo algo se
ela fala ou "pensa" em senti-lo e fazê-lo. Desse modo, a verbalização serve
facilmente como um substituto para a vida; é um meio disponível a uma
personalidade alheia introjetada, com suas convicções e atitudes, poder viver no lugar de nós mesmos. (O único inconveniente é que a refeição, o encontro etc. verbalizados não proporcionam alimento, prazer sexual etc.)
Assim, voltando a uma discussão anterior, a maior parte da reminiscência
ou do planejamento aparentes não é realmente memória ou antecipação em
absoluto, as quais são formas da imaginação, mas são algo que o nosso conceito de nós mesmos está nos dizendo; e a indignação e o raciocínio, em sua
maior parte, têm pouco a ver com a raiva sentida ou com a medida racional,
mas são um exercício das vozes de mamãe e papai.

Não se trata *do fato* de que o verbalizador fale, mas de *como* ele fala.
Com relação às três pessoas gramaticais, Eu, Tu e Isso, ele manifesta uma
rigidez, uma fixação ou estereótipo que abstrai da situação concreta apenas
uma porção escassa das possibilidades desta, o suficiente para manter a
reputação social e evitar a ansiedade e o constrangimento do silêncio, da
revelação ou da auto-afirmação; e também o suficiente para exaurir a energia da fala de modo que não ouçamos as cenas subvocais inacabadas que de
outro modo poderiam se tornar clamorosas. Isto é, em lugar de ser um meio
de comunicação ou expressão, a verbalização protege nosso isolamento tanto
do ambiente como do organismo.

A falta de contato com o Eu pode ser muitas vezes observada de maneira espetacular na divisão do corpo em uma boca sonora com lábios ligeiros e rígidos, uma língua e um vocalismo sem ressonância, sem o envolvimento de todo o resto do corpo que é mantido a distância; ou, às vezes, os olhos e alguns gestos dos pulsos ou dos cotovelos se juntam à boca verbalizante; ou, às vezes, um único olho, enquanto o outro está sem expressão, vagando ou desaprovando o falatório; ou então o rosto está dividido em duas metades. As palavras brotam aos borbotões, sem ligação com a respiração, e o tom é monótono. Na fala poética, por outro lado, o ritmo é dado pelas pulsações da respiração (os versos), pelas maneiras de locomoção e dança (a métrica), pelo silogismo, antítese ou outras cadências do pensamento (as estrofes e os parágrafos), e pela intensificação orgástica do sentimento (o clímax), que, em seguida, se silencia gradativamente. A variedade de som e a riqueza de seus matizes são a potencialidade de soar nos clamores primitivos no momento em que surge uma oportunidade. O verbalizador raramente ouve sua própria voz; quando a escuta se surpreende; contudo, o poeta presta atenção aos murmúrios e sussurros subvocais, torna-os audíveis, critica o som e repassa-o. (Existe um caráter intermediário, uma espécie de ator interpretativo sem poeta, que não percebe nada a não ser o som de sua voz, que modula o tom e saboreia as palavras; presumivelmente, ele está obtendo disso uma satisfação oral genuína, sendo o centro das atenções enquanto a platéia sai de fininho.)

A atitude retórica, o Tu do verbalizador, é irrelevante para a cena social concreta, mas o tom que soa mostra que está encenando fixadamente alguma situação subvocal inacabada. Não importa qual seja a ocasião, a voz está reclamando, ou censurando, ou condenando, ou inversamente, está discutindo ou produzindo um álibi ou justificando-se. Na repetição desta cena — talvez desempenhando alternadamente ambos os papéis — o resto do organismo está rigidamente imobilizado. O poeta, como dissemos, capitaliza a situação subvocal: concentrando-se nela, ele encontra a platéia correta, a platéia ideal da literatura; ele molda plasticamente a linguagem para expressar a necessidade orgânica relevante e chegar a uma descoberta, uma solução. O alheio subvocal é assim assimilado de novo à sua própria personalidade. Muitas vezes se afirma que o trabalho de arte não é nenhum problema ou resolve-o só temporariamente, porque o artista não conhece o conteúdo latente de seu símbolo; se assim fosse, a poesia seria por sua vez um exaurimento obsessivo de energia numa situação que se repete, como a verbalização. Isto é tanto verdadeiro como falso: o problema que o artista não resolve é o que faz dele somente um artista, livre somente na atividade vital do falar, mas incapaz de usar também as palavras instrumentalmente em outros atos livres; e muitos poetas sentem a obsessividade de sua arte nesse sentido — ao terminar uma obra, estão exaustos, e ainda assim não reconquistaram o paraíso perdido. (Por falar nisso, não se observa que muitas outras atividades — mesmo a psicoterapia — nos propiciem esse paraíso perdido.) Entretanto, com relação aos problemas subvocais específicos, eles são realmente resolvidos, um a um; a prova disso é que os trabalhos de arte sucessivos são fundamentalmente diferentes, há um aprofundamento do problema de arte; e, de fato, essa atividade por vezes avança a tal ponto que o poeta finalmente é forçado a confrontar os problemas de vida que não pode resolver somente por meios artísticos.

No conteúdo, o Isso de sua fala, o verbalizador, está num dilema: deve ater-se aos fatos da realidade para não parecer demente ou ser ridículo; e contudo esses fatos não são sua preocupação real, e nem ele se pode permitir percebê-los de maneira demasiado precisa, com a sensação e o sentimento. De outra forma já que toda realidade é dinâmica, eles romperiam seu armistício, destruiriam suas projeções e racionalizações e despertariam ansiedade; a vida real invadiria a vida substituta. O verbalizador é chato porque tem intenção de ser chato, para que o deixem sozinho. A solução conciliatória é falar usando estereótipos, abstrações vagas ou particularidades superficiais, ou outras maneiras de dizer a verdade e não dizer nada em absoluto. (Enquanto isso, é claro, o conteúdo recebe energia de projeções de suas necessidades não percebidas.) O poeta, por sua vez, faz a escolha de conteúdo oposta: a verdade concreta é livremente distorcida e transformada em símbolo do interesse subjacente; ele não hesita em mentir ou ser irracional; e desenvolve os símbolos de maneira rica com o emprego ativo de seus sentidos, percebendo, de forma penetrante, imagens, odores e sons, e entrando em empatia com situações emocionais, projetando *a si próprio* nelas, em lugar de alienar seus próprios sentimentos e projetá-*los*.

Por fim, o verbalizador está embaraçado pela própria atividade do falar. Emprega expressões sem sentido para adquirir confiança, como "Você não acha?", "Você sabe", "Na minha opinião", ou então preenche o silêncio com grunhidos; a sintaxe o inibe; e cerca sua fala com uma moldura literária antes de aventurar seus próprios comentários, tais como são, como "Poderá ser um exagero, mas parece-me que..." Contudo, para o poeta, o manuseio das palavras é a própria atividade; a forma, por exemplo, o soneto, não é uma moldura, mas é parte integral do enredo; ele é responsável pela função da sintaxe, mas tem liberdade com as formas; e à medida que progride na arte, seu vocabulário torna-se cada vez mais o seu próprio vocabulário mais idiossincrático, caso seus problemas subvocais sejam obscuros e difíceis para ele apreender, mais clássico, caso sejam os problemas que ele reconhece nos outros.

4. Crítica da livre associação como técnica de terapia

Consideremos agora um caso particular de verbalização: o experimento de livre associação tal como praticado pela psicanálise ortodoxa. Queremos chamar a atenção para a diferença entre o comportamento do paciente nessa técnica e o do terapeuta; e a partir dessa crítica chegaremos, como resultado, a conclusões sobre a natureza da boa fala semelhantes às que estivemos apresentando.

Na livre associação dá-se ao paciente algum conteúdo A para começar, geralmente o detalhe de um sonho que ele teve; ele associa a isso outra palavra B — o que quer que lhe venha à ponta da língua — e a esta uma outra palavra C, e assim por diante. Ele associa "livremente", isto é, não tenta organizar uma série para que tenha sentido ou significados-todos, ou para resolver um problema. Ademais, ele não deve censurar (recusar-se a fazer a associação devido à sua crítica das palavras na medida em que fluem). Semelhante comportamento pode ser denominado o caso limitante ou ideal de verbalização.

De acordo com a teoria mais antiga da associação, a seqüência de palavras seguiria a lei: se A ocorreu freqüentemente com B, ou é semelhante a este, ou, num caso extremo, é semelhante ao que ocorreu freqüentemente, então há uma tendência de A evocar B, e da mesma maneira igualmente B evoca C, e, assim por diante. Toda a série seria analisada e "explicada", parcialmente dessa maneira. A genialidade da psicanálise foi mostrar que essas associações livres não se sucediam de fato meramente por essa lei de associação por partes; mais exatamente, elas tinham uma tendência a se organizar em todos ou conjuntos significativos, e a prosseguir numa determinada direção, e que esses conjuntos e direções tinham uma relação importante e significativa com o estímulo original, o detalhe do sonho, e com o problema subjacente do paciente. O paciente não estava de fato produzindo "mecanicamente" o fluxo, mas estava, embora não tivesse consciência disso, expressando determinadas tendências, retornando a certas necessidades emocionais e tentando preencher uma figura inacabada. Isto foi, naturalmente, uma prova fundamental da existência do inconsciente; o problema é se isto é útil para a psicoterapia.

Note que o *terapeuta* está se concentrando no fluxo e criando figuras totais nele (achando-as e produzindo-as): presta atenção aos conjuntos, cronometra as associações que se prolongam e que indicam resistência, percebe o tom e a expressão facial. Desse modo torna-se consciente de algo sobre o paciente, a saber, o comportamento do paciente na inconsciência.

Contudo, o objetivo da psicoterapia não é de o terapeuta ter consciência de algo a respeito do paciente, mas de o paciente ter consciência de si próprio. Portanto, é necessário que se inicie desse modo o processo pelo qual o terapeuta explica ao paciente o que ele (o T) agora sabe sobre ele (o P). Dessa maneira, o paciente adquire, sem dúvida alguma, muitos conhecimentos interessantes a respeito de si próprio, mas é de se perguntar se ele intensifica por meio desses a *awareness* de si mesmo. Porque o conhecimento-sobre tem um certo caráter abstrato, não é pleno de interesse; além de, mais uma vez, estar ocorrendo no seu contexto costumeiro de introjeção da sabedoria de uma autoridade. Se pudesse vir a reconhecer o objeto do conhecimento como sendo *ele mesmo*, então esse tipo de conhecimento — do qual estávamos a par e não sabíamos que estávamos a par — seria íntimo e tremendamente pleno de interesse. O objetivo da terapia é fazer com que ele reconheça isso, mas este é exatamente o ponto de onde partimos em primeiro lugar.

O problema é que na atividade na qual ele estava empenhado, ele estava verbalizando um fluxo de palavras sem sentido. Essa atividade não constituiu, em absoluto, nenhum acréscimo particular à sua experiência; ao contrário, era um fac-símile satisfatório de uma experiência comum: ele se conhece nesse papel. A regra *"Não Censure"* aliviou-o da responsabilidade pelas palavras — o que ademais não é uma atitude incomum para muitas pessoas. Contudo, o conhecimento que lhe é agora explicado é totalmente estranho àquela atividade; pertence a uma atividade comum completamente diferente: isto é, receber a verdade desagradável e engoli-la inteira; e mais uma vez o homem velho está dizendo coisas horríveis a seu respeito. (Mas talvez seja um homem mais simpático, assim ele pode pensar, como Stekel costumava dizer: "Vou ficar bom só para agradar o velho tolo". Isto é um método de cura, mas não é, como tal, livre associação.)

O perigo da técnica seria que, pondo de lado o *self* que é responsável, que sente interesse e toma decisões, o paciente vinculasse seu novo conhecimento estritamente à sua verbalização, matizada agradavelmente por uma atmosfera afetuosa e uma platéia paternal amiga. Então, em lugar de curar a divisão, a técnica a embaralharia mais ainda.

5. A livre associação como um experimento de linguagem

Mas, consideremos os aspectos úteis e belos da livre associação, tomando-a pelo que é em si própria, como um modo de linguagem.

Para começar, as associações circulam em torno de um detalhe de um sonho. Suponhamos que o paciente aceite o sonho como seu próprio sonho, lembre-se dele e possa dizer que o sonhou em lugar de dizer que um sonho veio a ele. Se ele puder agora ligar novas palavras e pensamentos a esse ato, haverá um grande enriquecimento da linguagem. O sonho fala na linguagem de imagens da infância; a vantagem não é rememorar o conteúdo infantil, mas reaprender algo do sentimento e da atitude da fala infantil, recapturar o tom de visão eidética, e vincular o verbal e o pré-verbal. Contudo, desse ponto de vista, o melhor exercício seria talvez não a livre associação *a partir da* imagem e o emprego de frio conhecimento à imagem, mas exatamente o contrário: uma representação literária e pictórica cuidadosa desta (surrealismo).

Pode-se dizer ainda algo em prol da própria livre associação. É salutar, para um paciente que é demasiado escrupuloso e enfadonho na sua fala, tagarelar e descobrir que a casa não cai por isso. Esta é a matriz jocosa da poesia: permitir que a fala se desenvolva aparentemente por conta própria, de imagem para pensamento, para rima, para exclamação, para imagem, para rima, da maneira como surgir, mas ao mesmo tempo sentir que somos nós mesmos que estamos falando, que não se trata de uma fala automática. Contudo, aqui, mais uma vez, o melhor exercício talvez fosse um exercício mais direto: concentrar-se no ato da fala ao mesmo tempo em que se fazem associações livres ou se pronunciam sílabas sem sentido ou trechos de canções.

Existe uma virtude mais essencial na livre associação, mais próxima do uso que a psicanálise classicamente fez dela. A razão pela qual se pede ao paciente que faça associações livres em lugar de contar sua história e responder a perguntas é naturalmente porque sua conversa costumeira é neuroticamente rígida, é uma integração falsa de sua experiência. A figura da qual tem consciência é confusa, obscura e desinteressante porque o fundo contém outras figuras reprimidas das quais ele *não tem consciência*, mas que distraem sua atenção, absorvem energia e impedem um desenvolvimento criativo. A livre associação rompe essa relação rígida entre figura e fundo, e permite que outras coisas venham para o primeiro plano. O terapeuta as anota, mas qual a vantagem disso para o paciente? Não se trata de que, como vimos, se possa fazer com que as novas figuras se combinem com sua figura habitual de sua experiência, porque a atitude da livre associação está dissociada dessa experiência. Na verdade, trata-se disto: ele aprende que algo, que não conhece como sendo dele, surge de sua escuridão e ainda assim é significativo; desse modo talvez ele seja encorajado a explorar, a considerar sua inconsciência como terra incógnita, mas não como caos. Desse ponto de vista, ele tem naturalmente que se tornar um parceiro no processo de interpretar. A noção aqui é de que a máxima "Conhece-te a ti próprio" é uma ética humana: não é algo que nos fazem quando estamos em dificuldades, mas algo que fazemos em prol de nós como seres humanos. A atitude misteriosa do terapeuta com relação à interpretação, retendo-a ou distribuindo-a pouco a pouco no momento adequado, é contrária a isso. Não se conclui, contudo, que o analista revelará todas suas interpretações; mais exatamente, ele interpretará muito pouco, mas dará ao paciente os instrumentos do analista. Deveria ser óbvio que a falta de curiosidade estarrecedora das pessoas é um sintoma epidêmico e neurótico. Sócrates sabia que isto se devia ao temor do autoconhecimento (Freud enfatizou o medo específico do conhecimento sexual do qual se mantêm as crianças afastadas.) Desse modo, é insensato conduzir um trajeto de cura num contexto que confirma a divisão: o terapeuta, o adulto, sabe tudo; e nós próprios nunca podemos conhecer o segredo a não ser que nos contem. Contudo, é a possessão dos instrumentos que sobrepuja o medo de ser excluído.

Finalmente, contrastemos os três modos de fala empregados no experimento de livre associação: o paciente que faz a livre associação, o terapeuta que aprende algo e o diz a si próprio, e o terapeuta que explica o que sabe ao paciente. Temos aqui três conjuntos diferentes de palavras que se relacionam a um caso existente. Para o paciente, suas associações são o equivalente a sílabas sem sentido: são verbalização pura. A partir dessas palavras, no entanto, o terapeuta torna-se consciente do paciente, e essa consciência, formulada em sentenças que ele diz a si próprio, relata um caso existente, elas são verdade. Não obstante, nesse contexto, as mesmas sentenças, ditas ao paciente, não são mais verdadeiras — nem para o paciente, nem agora para o terapeuta: não são verdadeiras porque não funcionam, não têm valor como prova, são meras abstrações. Para um lógico, esse fator, o interesse do terapeuta ou a falta de interesse do paciente, o acolhimento das proposições na nossa própria realidade ou sua rejeição, poderiam parecer irrelevantes; ele diria que se trata de uma questão meramente "psicológica", importante no plano terapêutico, mas logicamente insignificante, se o paciente apreende a verdade da interpretação ou não, ou em que nível ele a apreende. Contudo, deveríamos expressar isso, de preferência, da seguinte maneira: o "caso existente" aqui é por ora potencial, é uma abstração; e se há uma realidade ou uma realidade inteiramente diversificada da qual se possui uma "verdade", depende das palavras da formulação, do interesse e da atitude com a qual é apreendida.

Para um lógico treinado em física, o uso "correto" das palavras, a fala que é mais significativa sobre a "realidade" tem um vocabulário escasso de símbolos-coisas, uma sintaxe analítica que expressa o complexo por meio de acréscimos, e uma ausência de tom passional; e ele reformaria a linguagem nesse sentido (por exemplo, no sentido do inglês básico). Contudo, para um psicólogo preocupado com a falta de afeto de nossos tempos, a fala correta tem suas características exatamente contrárias: está cheia de inflexões passionais da fala da infância, suas palavras são estruturas funcionais complexas como as palavras dos primitivos, e sua sintaxe é poesia.

138

6. Filosofias da reforma da linguagem

Dada a epidemia moderna de instituições sociais simbólicas em lugar de comunidades, e a verbalização em lugar da experiência, houve numerosas tentativas de reformar a linguagem, por meio da análise retórica e da análise lógica. Os motivos retóricos subjacentes de quem fala são trazidos à tona; e por meio da crítica empírica, os estereótipos e abstrações vazias são medidos e reduzidos às suas proporções de acordo com o padrão de coisas e comportamentos concretos. Para nossos propósitos, podemos resumir essas filosofias da linguagem adequada em "empíricas", "operacionais" e "instrumentais".

A linguagem empírica reduz o emprego adequado das palavras a signos para perceptos ou fenômenos observáveis, ou para objetos facilmente manipuláveis e comportamentos simples. (Atribui-se geralmente o maior grau de concretude a objetos "físicos" inanimados, mas isto é um preconceito metafísico; Augusto Comte, por exemplo, considerava que as relações sociais e as instituições forneciam os protocolos mais concretos). As palavras-coisas são em seguida sintetizadas por meio de uma lógica simples de combinação.

As linguagens operacionais instrumentais dão ênfase primordial à manipulação-das-coisas, em lugar de dar ênfase às próprias coisas. Isto fornece ao menos uma unidade sensório-motora como sendo básica.

As linguagens instrumentais exigem que as unidades básicas incluam também os objetivos-em-vista, e portanto os motivos e as atitudes retóricas da fala.

Há assim uma série cada vez mais inclusiva dos fatores de contato; contudo, nenhuma linguagem analítica semelhante pode alcançar a própria fala plena de contato, porque esta é parcialmente criadora da realidade, e o uso criativo das palavras destrói plasticamente e remodela as palavras: nenhuma lista básica de palavras pode ser dada só a partir das coisas, do comportamento não-verbal ou dos objetivos-em-vista. O contato envolve orientação, manipulação e sentimento — e o sentimento é dado verbalmente em especial no ritmo, na entonação e na escolha e distorção das palavras e da sintaxe. As normas e protocolos da boa fala não podem ser analisados em termos de simples coisas concretas e instintos — estes não são suficientemente concretos; são dados em estruturas-todos concretas e muitas vezes muito complicadas. Expressando isso claramente, a reforma lingüística — a cura dos símbolos e verbalizações vazias *só* é possível pela aprendizagem da estrutura da poesia e das letras humanas, e, finalmente, pela produção de poesia e tornando poética a fala comum.

O assunto tem uma importância filosófica que vai muito além da reforma lingüística. Há uma busca contínua, precisamente entre os empiricistas e instrumentalistas, por uma "ética naturalista", que não implique nenhuma norma fora dos processos em andamento. Contudo, se os critérios de linguagem correta são escolhidos de maneira tal que os aspectos criativos e plenos de sentimento da fala nada emprestam ao "significado", são "meramente subjetivos", então nenhuma ética semelhante será possível em princípio, porque nenhuma avaliação convida ao consentimento baseado em razões lógicas. Por outro lado, uma vez que se entenda — como deveria ser óbvio — que os sentimentos não são impulsos isolados, mas evidência estruturada de realidade, isto é, da interação do campo organismo/ambiente, da qual não há outra evidência direta a não ser o sentimento, e além disso, que um empreendimento criativo complicado é uma evidência mais forte ainda de realidade, então as regras da linguagem poderão ser elaboradas de tal modo que toda fala plena de contato seja significativa, e então a avaliação poderá ser fundamentada logicamente.

VIII
O ANTI-SOCIAL E A AGRESSÃO

1. Social e anti-social

Esforçamo-nos para mostrar que no organismo, antes que se possa denominá-lo de algum modo uma personalidade, e na formação da personalidade, os fatores sociais são essenciais. Vamos considerar agora pelo espaço de um ou dois capítulos a "sociedade" no seu sentido mais comum, isto é, as relações e instituições das pessoas. É nesse sentido que podemos falar de um conflito entre o indivíduo e a sociedade e denominar determinado comportamento de "anti-social". Nesse sentido também, devemos certamente denominar certos costumes e instituições da sociedade de "antipessoais".

A natureza social subjacente do organismo e a personalidade em formação — cuidados e dependência, comunicação, imitação e aprendizado, escolhas amorosas e companheirismo, paixões de simpatia e antipatia, auxílio mútuo e determinadas rivalidades — tudo isso é extremamente conservativo, reprimível, mas inerradicável. E não tem sentido pensar em um organismo que possui instintos que são "anti-sociais", opostos à sua natureza social, porque isto seria uma contradição interior conservada; e não seria mantida. Contudo, mais exatamente, existem dificuldades de desenvolvimento pessoal, de crescimento, de realização da totalidade de nossa natureza.

A sociedade de pessoas, porém, é em grande medida um artefato, como as próprias personalidades verbais. Modifica-se continuamente em cada detalhe; na realidade, iniciar mudanças sociais, criar artefatos institucionais, provavelmente faz parte da natureza social conservativa subjacente, reprimida em qualquer sociedade que escolhamos levar em consideração. Nesse sentido, um comportamento pessoal é significativamente "anti-social" se tender a destruir algo dos costumes, instituições ou personalidade vigentes na época e no lugar. Na terapia, temos de supor que um comportamento delinqüente que contradiz a natureza social de uma pessoa é alterável, e que os seus aspectos delinqüentes desvanecerão com uma integração maior. No entanto, com relação a um comportamento delinqüente que é meramente anti-social, que contradiz o artefato social, existe sempre a dúvida de se com uma integração maior ele não se tornará talvez mais pronunciado e a pessoa tentará mais energicamente não se ajustar à sociedade, mas ajustar a sociedade a si própria.

2. Mudanças no anti-social

Ao considerar o anti-social, diferenciemos primeiro o que o neurótico julga anti-social do que *é* anti-social.

Tememos que sejam anti-sociais todos os *instintos* ou objetivos que temos mas que não aceitamos como nossos, que mantemos inconscientes ou projetamos nos outros. Obviamente, os inibimos e os expulsamos da *awareness* porque não combinavam com uma imagem aceitável de nós próprios, e essa imagem de nós próprios era uma identificação com aquelas autoridades com as quais convivemos em primeiro lugar, e uma imitação delas. Mas, quando o *instinto* é liberado e aceito como parte de nós mesmos, resulta ser muito menos anti-social; de repente, percebemos que isto não é incomum, que é mais ou menos aceito em nossa sociedade adulta — e a intensidade destrutiva que lhe atribuímos é menor do que temíamos. Um impulso que sentíamos vagamente ser diabólico ou homicida resulta ser um simples desejo de evitar ou rejeitar alguma coisa, e ninguém se importa se a rejeitamos ou não. Não obstante, foi a própria repressão que a) tornou a idéia uma ameaça persistente, b) obscureceu sua intenção limitada e fez com que não víssemos a realidade social, c) pintou-a com as cores vívidas do proibido e d) criou ela mesma a idéia de destrutividade, porque a repressão é uma agressão contra o *self* e essa agressão foi atribuída ao *instinto*. (Para citar o exemplo clássico: em 1895, Freud pensou que a masturbação causava neurastenia; posteriormente ele descobriu que era a masturbação culpada, a tentativa de reprimir a masturbação e a inibição do prazer orgástico que causavam a neurastenia. Desse modo, era o próprio medo do dano e uma

142

medicina equivocada que apoiava o tabu sexual que causavam o dano.) Desde que Freud escreveu pela primeira vez, os "conteúdos do id" tornaram-se menos diabólicos, mais tratáveis. Provavelmente agora ele não teria se sentido exortado a empregar o lema

*Flectere si nequeo superos, Acheronta movebo**

— o que teria sido uma pena.

Mas a avaliação neurótica também está correta. Os teóricos exageraram em sua demonstração de que os *instintos* latentes são "bons" e "sociais"; esforçaram-se demais para ficar do lado dos anjos. O que de fato aconteceu foi que nos últimos cinqüenta anos houve uma revolução extraordinária nos costumes e avaliações sociais, de modo que muita coisa que era considerada perversa não o é mais. Não se trata de que determinado comportamento seja agora aceitável porque é visto como bom, social ou inócuo, mas de que será considerado bom etc. porque agora é uma parte aceita da imagem da humanidade. O homem não se esforça para ser bom, mas é humano esforçar-se para conseguir o que é bom. Expressando isso de outra maneira, determinados "conteúdos do id" eram diabólicos não somente porque a repressão os fazia assim, das quatros maneiras mencionadas anteriormente, mas também porque continham um resíduo que era realmente destruidor das normas sociais de então, eram uma tentação ou vício genuínos — e era uma pressão social concreta, transmitida pelas primeiras autoridades, que levava à repressão neurótica.

No entanto, em circunstâncias em que a tentação reprimida estava presente de maneira bastante universal, assim que esta se revelava como sendo geral e de certo modo aceita, vinha a público com uma rapidez surpreendente; e ao tomar-se pública e mais ou menos satisfeita, perdia seus aspectos diabólicos; e no espaço de uma geração a norma social se modificava. Na realidade, é digna de nota a unanimidade com a qual a sociedade chega a uma nova imagem de si própria como um todo; seria de se esperar que partes do código moral fossem mais tenazmente conservativas (mas, naturalmente, houve a cooperação de todo tipo de fator social: a economia modificada, a urbanização, a comunicação internacional, a elevação do padrão de vida etc.). Somente quando se visita uma comunidade muito provinciana, quando se toma em mãos um manual de cuidados infantis de 1890 ou um ensaio sobre "Cristianismo e o Teatro", é que percebemos a intensidade da mudança. E o que é fundamental é isto: a atitude mais antiga não é necessariamente espantosa, exagerada, nem particularmente ignorante; mais exatamente, muitas vezes é uma opi-

---

*"Se eu não puder dobrar os deuses do alto, moverei o Aqueronte", diz Juno a Júpiter. Virgílio. *Eneida*, canto VII, verso 312, trad. Tássilo Orpheu Spalding.

nião sensata e bem refletida de que algo é desaconselhável ou destrutivo, algo que agora sustentamos ser útil ou salutar. Por exemplo, costumava-se compreender com perfeita clareza que o treino rigoroso para a toilete era útil na formação de um caráter disciplinado; isto não é de maneira alguma ignorância, é provavelmente verdade. E portanto, eles diziam, faça o treinamento; e nós dizemos, *não* o faça. Uma razão para a mudança, por exemplo, é que em nossa economia e tecnologa atuais o padrão antigo de intimidade, diligência e dever seria socialmente prejudicial.

Freud levou a sério esse resíduo hostil, aquilo que era de fato socialmente destrutivo. Ficou advertindo sobre a resistência social à psicanálise. Se nossos higienistas mentais modernos julgam o que liberam como invariavelmente bom e não anti-social, e portanto não têm de enfrentar resistência entre os liberais e tolerantes, é simplesmente porque estão travando batalhas que já foram essencialmente ganhas, e estão empenhados numa operação de limpeza sem dúvida necessária. Mas a psicoterapia eficiente é inevitavelmente um risco social. Isto deveria ser óbvio, porque as pressões sociais não deformam a auto-regulação organísmica que é "boa" e "não anti-social", quando esta é compreendida de maneira adequada e expressa com palavras aceitáveis; a sociedade proíbe o que lhe é destrutivo. Não existe aqui um erro semântico, mas um conflito genuíno.

3. Progresso desigual e reação social

Consideremos duas mudanças recentes nos costumes, bastante espetaculares, nas quais a psicanálise desempenhou um papel capital: a atitude afirmativa com relação ao prazer sexual e a atitude permissiva nos cuidados com a criança. Essas mudanças estão agora tão difundidas que deveriam ser cumulativas: isto é, deveria haver satisfação concreta e auto-regulação suficientes (em certas esferas) de maneira bastante difundida para diminuir o ressentimento público e aquela projeção de bichos-papões; portanto, os tabus deveriam se tornar ainda menos impostos, e deveria haver ainda mais satisfação e auto-regulação, e assim por diante.Especialmente no caso das crianças, a permissão para chupar o dedo, os padrões mais auto-reguladores de alimentação, a permissão para masturbar-se, o relaxamento do treinamento para a toilete, o reconhecimento da necessidade de contato corporal e do aleitamento, a supressão do castigo corporal, tudo isso deveria frutificar na felicidade da geração que surge. Contudo, investiguemos o caso de modo mais minucioso.

Temos aqui um exemplo interessante de desenvolvimento desigual, o progresso sob alguns aspectos em direção à auto-regulação, ao mesmo tempo em que se mantém e até mesmo se intensifica uma deliberação neurótica sob outros aspectos. Como é que a sociedade se ajusta para alcançar um novo equilíbrio dentro do desenvolvimento desigual, para impedir o dinamismo revolucionário latente em toda nova liberdade? Porque se esperaria que toda liberdade liberasse energia e conduzisse a uma luta intensificada. O esforço da sociedade é no sentido de isolar, compartimentalizar e arrancar as garras da ameaça "que vem de baixo".

Desse modo, o aumento da quantidade de sexualidade razoavelmente não reprimida foi acompanhado de uma diminuição no excitamento e profundidade do prazer. O que isto significa? Argumentou-se que a privação como tal é necessária para a acumulação de tensão; mas a auto-regulação organísmica deveria ser suficiente para marcar as horas de apetite e descarga sem intervenções externas. Diz-se que a imitação da moda e o "excesso de indulgência" depreciam o prazer sexual; isto é verdadeiro, mas se houvesse mais satisfações, mais contato e amor, haveria menos indulgência compulsiva e automática; e a questão que estamos colocando é *por que* há menos satisfação etc.? É mais sensato considerar essa dessensibilização específica como de tipo semelhante ao restante das dessensibilizações, falta de contato e falta de afeto que são presentemente epidêmicas. Elas são conseqüência da ansiedade e do choque. No desenvolvimento desigual, a liberação da sexualidade deparou com o bloqueio do que não está liberado; a ansiedade é despertada; os atos são executados, mas se retiram deles o significado e o sentimento. Como não foram plenamente completados, os atos se repetem. A culpabilidade é gerada pela ansiedade e pela falta de satisfação, e assim por diante.

Um bloqueio essencial, argumentaremos em breve, é a inibição da agressão. O que é óbvio, a julgar pelo fato de que a exploração comercial da sexualidade nos filmes, romances, histórias em quadrinhos etc. (como demonstrou Legman-Keith) concentra-se no sadismo e no assassinato. (O estilo desse tipo de sonho comercializado é sempre um índice infalível do que está acontecendo, porque não há outro critério a não ser atender à demanda e vender.)

Um mecanismo social importante para isolar a sexualidade é, paradoxalmente, a atitude saudável, sã e científica da educação sexual por parte de educadores e pais progressistas. Essa atitude esteriliza e torna oficial, autorizado e quase obrigatório o que por sua natureza é caprichoso, não-racional e psicologicamente explosivo (embora seja organicamente autolimitante). A sexualidade é sem dúvida organicamente periódica, mas não amamos porque nos receitaram isso. Rank advertiu contra esse isolamento quando disse que o lugar de aprender os fatos da vida era a sarjeta, onde seu mistério era respeitado e blasfemado — de maneira como somente os crentes verdadeiros blasfemam. Agora se ensina que a sexualidade é bela e extática,

145

e não é "suja"; mas claro que ela é literalmente suja, entre urina e fezes; e *ensinar* que é extática (em lugar de deixar que isto seja a surpresa de um momento) só pode causar decepção na grande maioria das pessoas, cujas agressões estão bloqueadas e, portanto, não podem, elas próprias, ceder e nem destruir a resistência nos outros, e levá-las a perguntar: "O quê, é só isso?" É muito melhor, permitindo-se tudo, que não se diga absolutamente nada. Mas a assim chamada atitude saudável, que torna um ato da vida uma prática de higiene, é um meio de controle e compartimentalização.

Naturalmente, os pioneiros da educação sexual eram revolucionários; estavam empenhados em desfazer a repressão contemporânea e desmascarar a hipocrisia; portanto, apoderaram-se astutamente de todas as palavras boas e angelicais. Mas essas mesmas palavras são agora um novo tabu — "o sexo é belo, mantenha-o puro" —, são uma defesa social completa. Eis porque a privação e a proibição parecem conduzir a um excitamento sexual mais intenso; não se trata de que o organismo precise desses auxílios extrínsecos, mas de que, no organismo bloqueado, eles impedem a compartimentalização, mantêm desimpedida as conexões com o ressentimento, a raiva e a agressão inconsciente contra a autoridade e, num nível muito profundo, com o ato desesperado do *self* de arriscar-se. Porque no momento em que se está desafiando o tabu e correndo perigo mortal, é provável que se tenha um instante de gozo espontâneo.

A atitude permissiva nos cuidados com os filhos, por sua vez, constitui um estudo prazeroso do desenvolvimento desigual e das contradefesas sociais; só um gênio cômico como Aristófanes poderia realmente fazer justiça a ela. Considere simplesmente que, por um lado, nossa geração aprendeu a desbloquear grande parte da selvageria ruidosa das crianças; e por outro lado enrijecemos a ordem regimentar de todo nosso ambiente físico e social. Temos um mínimo de moradias nas grandes cidades — e *playgrounds* bem-arrumados onde nenhum garoto que se preze entraria nem morto. Naturalmente, enquanto isso, os pais ficam oprimidos. As crianças são superestimadas de maneira surpreendente em nossa cultura, o que teria desconcertado os gregos ou a pequena nobreza do Renascimento, e que não é nada mais do que a reação à repressão da espontaneidade dos adultos (incluindo o impulso espontâneo de massacrar seus filhos). Ademais, nossa própria inferioridade nos domina, e nos identificamos com as crianças e tentamos proteger seu vigor nativo. Em seguida, à medida que crescem, as crianças têm de fazer um ajustamento cada vez mais deliberado e complicado à civilização da ciência, da técnica e do supergoverno. Desse modo o período de dependência é necessariamente cada vez mais longo. Às crianças se permite que tenham toda liberdade, exceto a liberdade essencial de ter permissão para crescer e exercer iniciativa econômica e doméstica. Nunca terminam de freqüentar a escola.

Os compartimentos contraditórios são evidentes: nos lares e escolas progressistas encorajamos a auto-regulação, a curiosidade intensa, o aprender fazendo, a liberdade democrática. E tudo isso é meticulosamente impossível no plano urbano, no âmbito de ganhar a vida, ter uma família e administrar o Estado. Quando o ajustamento prolongado já se completou, não houve qualquer frustração intensa que pudesse despertar uma rebeldia arraigada, mas somente uma pressão modeladora contínua que forma bons cidadãos saudáveis que têm esgotamentos nervosos precoces e se queixam de que "a vida me deixou para trás". Ou um outro resultado, como veremos, é engajar-se numa guerra boa, bem-comportada, ordenada e infinitamente destrutiva.

A história da própria psicanálise é um estudo de como as garras são suprimidas por meio da respeitabilidade. É uma ilustração perfeita da lei de Max Weber da Burocratização do Profético. Contudo, essa lei não é inevitável; é uma conseqüência do desenvolvimento desigual e da ansiedade resultante, da necessidade do todo de ajustar-se à nova força e ajustar a nova força a ele. O que a psicoterapia tem de fazer para impedir essa respeitabilidade burocratizante? Simplesmente, *exercer pressão para que se avance para a próxima resistência.*

4. O anti-social é atualmente o agressivo

As características passionais mais salientes de nossa época são a violência e a submissão. Existem inimigos públicos e guerras públicas de âmbito, intensidade e atmosfera de terror inacreditáveis, ao mesmo tempo em que há uma paz pública sem precedentes e a supressão quase total de revoltas pessoais, com a perda neurótica correspondente de contato, com a hostilidade voltada contra o *self* e os sintomas somáticos da raiva reprimida (úlceras, dentes estragados etc.). Na época de Freud, e onde ele vivia, o clima passional parece ter sido muito mais marcado pela privação e pelo ressentimento no que diz respeito tanto ao prazer quanto ao alimento. Atualmente nos Estados Unidos, há um padrão de vida geral elevado e a sexualidade não é tão frustrada quanto insatisfatória. Num nível mais superficial, a neurose tem a ver com o isolamento e a inferioridade; mas em geral estes são percebidos e portanto são menos graves; os costumes são crescentemente emulativos e anseiam pela sociabilidade. Subjacentes estão o ódio e o ódio por si próprio inibidos. A neurose aprofundada, que em sonhos surge mascarada, sob a forma de histórias em quadrinhos e a política externa, é uma agressão retrofletida e projetada.

O agrupamento de impulsos e perversões que são denominados agressivos — aniquilar, destruir, matar, combatividade, iniciativa, caça, sadomasoquismo, conquista e dominação — são agora considerados o que é anti-social por excelência. "Mas!", podemos ouvir a objeção tartamudeada, "essas coisas são*obviamente* anti-sociais, destruidoras da ordem da sociedade!" O fato da rejeição social imediata e irrestrita de diversas agressões pode ser tomado como evidência suficiente de que é na análise e liberação de agressões que devemos procurar o próximo avanço da sociedade em direção a normas mais felizes.[1]

5. Aniquilando e destruindo

A atitude e os atos chamados "agressivos" compreendem um agrupamento de funções de contato essencialmente diferentes, que estão geralmente interconectados de maneira dinâmica na ação e que, desse modo, recebem um nome comum. Tentaremos mostrar que pelo menos a aniquilação, a destruição, a iniciativa e a raiva são essenciais para o crescimento no campo organismo/ambiente; diante de objetos racionais, estas são sempre "saudáveis", e, de qualquer maneira, são irredutíveis sem que haja uma perda de partes valiosas da personalidade, particularmente a autoconfiança, o sentimento e a criatividade. Interpretaremos outras agressões, como o sadomasoquismo, a conquista e dominação, e o suicídio como derivados neuróticos. Na maioria das vezes, entretanto, a mistura total não é analisada acuradamente, e é demasiado"reduzida" em bloco. (Os fatores inerradicáveis são por sua vez reprimidos.)

Comecemos diferenciando a aniquilação da destruição. Aniquilar é transformar em nada, rejeitar o objeto e suprimir sua existência. A gestalt completa-se sem esse objeto. Destruir (desestruturar) é a demolição de um todo em fragmentos, para assimilá-los como partes num novo todo. Primordialmente, a aniquilação é uma resposta defensiva à dor, à invasão do corpo ou ao perigo. Na evitação e na fuga, o animal retira-se do campo doloroso; ao matar, ele remove "friamente" o objeto ofensivo do campo. Comportamentalmente, isto se dá ao fechar a boca firmemente e ao desviar a cabeça,

---

1. A mudança no que é anti-social desde o tempo de Freud é também indicada pela mudança no método de psicoterapia, da análise de sintomas para a análise de caráter e outras análises. Isto é em parte um aperfeiçoamento da técnica, mas em parte satisfaz a um tipo diferente de caso. Os sintomas eram originalmente "neurastênicos"; eram, como disse Freud (por volta de 1895), conseqüência direta da frustração sexual; os sintomas psicogênicos eram claramente atos sexuais. (Os médicos mencionam o desaparecimento de casos de grande histeria.) Agora, ao que parece, esse envenenamento sexual direto é menos comum; por exemplo, há obviamente muito mais masturbação sem culpa avassaladora. Nas neuroses de caráter, o bloqueio sexual está relacionado não com a descarga, mas um pouco com o ato, e em grande parte com o contato e o sentimento. A atitude terapêutica é igualmente alterada: a ortodoxia mais antiga era um tipo de sedução (com desaprovação), e a análise de caráter é combativa.

e ao esmagar e chutar. A resposta defensiva é "fria" porque nenhum apetite está implicado (a ameaça é externa). A existência do objeto é dolorosa, mas não se regozija com sua não- existência, esta não é sentida no completamento do campo; o regozijo às vezes aparente é o refluir que ocorre quando relaxamos nossa contração: um suspiro de alívio, gotas de suor etc.

Quando nem a fuga nem a remoção são possíveis, o organismo recorre à supressão de sua própria *awareness*, retraindo-se do contato, desviando os olhos, cerrando os dentes. Esses mecanismos tornam-se muito importantes quando as circunstâncias exigem respostas opostas ao "mesmo" objeto (na realidade, a propriedades diferentes reunidas numa única coisa): particularmente quando a necessidade ou o desejo tornam necessária a presença de um objeto que também é doloroso e perigoso. Somos então obrigados a possuir sem desfrutar espontaneamente, a segurar sem contato. Esta é a condição difícil, habitual e inevitável das crianças e muitas vezes também a dos adultos. A análise deve tornar claro exatamente que propriedade se necessita no objeto e o que se rejeita, de modo que o conflito possa vir à luz e ser decidido ou sofrido.

Destruir, pelo contrário, é uma função do apetite. Todo organismo dentro de um campo cresce incorporando, digerindo e assimilando substâncias novas, e isto exige a destruição da forma existente para obter seus elementos assimiláveis, seja comida, uma palestra, a influência de um pai, a diferença entre os hábitos domésticos de um companheiro e os nossos. A nova substância tem de ser aceita só de acordo com seu lugar num novo processo de funcionamento espontâneo. Se a forma anterior não for totalmente destruída ou digerida, ocorre, em lugar de assimilação, ou a introjeção ou áreas sem contato. O introjeto pode ter dois destinos: ou é uma substância estranha e dolorosa no corpo, e é vomitado (um tipo de aniquilação); ou o *self* se identifica parcialmente com o introjeto, reprime a dor e procura aniquilar parte de si mesmo — mas já que a rejeição é inerradicável, há um aperto permanente, uma divisão neurótica.

O apetite destrutivo é intenso e agradável. Aproxima-se, estendendo-se para agarrar, com os dentes a descoberto, e baba quando mastiga. Semelhante atitude, particularmente se se mata de forma figurativa ou literal, é naturalmente considerada impiedosa. Ao se recusar a perpetrar a destruição, o *self* pode introjetar ou ainda inibir completamente o apetite (renunciando a determinadas áreas de experiência). A primeira é particularmente uma resposta à herança da família e do passado social: nutrido forçadamente, e não de acordo com nosso próprio ritmo e necessidade, o *self* introjeta os pais e a cultura e não pode nem destruí-los, nem assimilá-los. Há identificações parciais múltiplas; estas destróem a autoconfiança, e finalmente o passado destrói o presente. Se o apetite for inibido, por meio da náusea ou do medo de morder e mastigar, há uma perda de afeto.

149

Por outro lado, a destruição fervorosa e agradável (e raivosa) de formas existentes nas relações pessoais conduz com freqüência ao benefício mútuo e ao amor, por exemplo, na sedução e defloramento de uma virgem tímida, ou na destruição de preconceitos entre amigos. Considere, pois, que se a associação entre duas pessoas for de fato profundamente vantajosa para elas, então a destruição das formas existentes incompatíveis que trouxeram é um movimento em direção a seus *selves* mais essenciais — que serão efetivados na nova figura que surge; nessa liberação do que é mais essencial, a energia presa é liberada e se transferirá ao agente libertador sob a forma de amor. O processo de destruição mútua é provavelmente o terreno principal de comprovação da compatibilidade profunda. Nossa relutância em arriscarmos é obviamente um medo de que, se perdermos isso, não teremos nada; preferimos comida de qualidade inferior a nenhuma comida; nos habituamos à escassez e à fome.

6. Iniciativa e raiva

A agressão é o "passo em direção" ao objeto do apetite ou da hostilidade. A passagem do impulso para a tomada de providências e a iniciativa: aceitar o impulso como nosso próprio impulso e aceitar a execução motora como nossa própria execução motora. Obviamente, a iniciativa pode ser refreada pela repressão total do apetite, como descrevemos anteriormente. Mas o que é provavelmente mais comum na época moderna é a dissociação entre apetite e comportamento motor, de modo que o apetite se torna manifesto somente sob a forma de um planejamento tagarela ou de perspectivas sonhadoras. Tem-se a impressão de que com o abandono da caça e da luta, as pessoas deixam totalmente de se movimentar; os movimentos dos jogos atléticos não estão relacionados às necessidades orgânicas, os movimentos da indústria não são nossos próprios movimentos.

A afirmação de uma criança de que "quando eu crescer farei isso e aquilo" indica sua iniciativa, a adoção imitativa de comportamento que realizará o desejo ainda obscuro nela, até que este seja praticado. Quando isto é repetido pelo adulto, o desejo inacabado persiste, mas a iniciativa desapareceu. O que aconteceu nesse intervalo? É que em nossa economia, política e educação, os assim chamados objetivos são demasiado alheios e as maneiras de alcançá-los são, portanto, demasiado complicadas, não estão suficientemente próximas. Tudo é preparação, e nada é realização e satisfação. O resultado é que os problemas não podem ser inteiramente trabalhados e assimilados. O sistema de educação resulta em vários introjetos inassimilados. Depois de algum tempo o *self* perde a confiança em seus próprios apetites. Há uma falta de fé, porque a fé é saber, para além da *awareness*,

150

que se dermos um passo haverá chão sob nossos pés: entregamo-nos sem hesitação à ação, temos fé de que o contexto(?) gerará os meios. Finalmente, a tentativa de assimilar é abandonada e há frustração e náusea.

Ao mesmo tempo em que a iniciativa está se perdendo no desnorteamento, na perseguição de objetivos difíceis demais, ela está sendo diretamente desencorajada na busca de objetivos simples, como nas ocasiões em que se dá um tapa numa criança por ela ser "atrevida". O medo tem como conseqüência o abandono do apetite. De modo geral, há a redução a uma ordem mais simples de apetite e a um estado de não-iniciativa ou de dependência: ser alimentado e cuidado, sem entender como. E isto leva a uma insegurança e inferioridade persistentes.

Suponhamos, porém, que um apetite é forte e está a caminho de seu objetivo, e então encontra um obstáculo e é frustrado: a tensão se acende, e isto é a raiva intensa.

A raiva contém os três componentes agressivos: a destruição, a aniquilação e a iniciativa. A veemência da raiva é a do próprio apetite e a da própria iniciativa. De imediato, o obstáculo é considerado simplesmente como parte da forma existente a ser destruída, e é atacado com um ardor prazeroso. Contudo, à medida que a natureza frustrante do obstáculo torna-se manifesta, a tensão progressiva do *self* envolvido torna-se dolorosa, e ao apetite destrutivo fervoroso se junta a necessidade fria de aniquilar. Em casos extremos, o apetite (o movimento em direção ao objetivo) é inteiramente transcendido e há uma fúria feroz e arrebatadora. A diferença entre a fúria arrebatadora (vontade de matar) e a simples aniquilação (a necessidade de que a coisa não exista no campo) é o empenho expansivo do *self*; já estamos comprometidos com a situação, não estamos só tocando-a superficialmente; a vontade de matar não é simplesmente uma defesa, porque estamos empenhados e portanto não podemos simplesmente nos esquivar. Desse modo, alguém que leva um tapa fica furioso.

Em geral, a raiva é uma paixão simpática, une as pessoas porque está mesclada ao desejo. (Desse modo o ódio é notoriamente ambivalente com o amor. Quando a transcendência do desejo em direção à raiva "pura" baseia-se na repressão do desejo, então o *self* está inteiramente empenhado no ataque hostil, e se a repressão se dissolver de modo repentino — por exemplo, ao se descobrir que somos mais fortes e estamos seguros —, o desejo se cristaliza de repente em amor.)

Veremos que a fórmula habitual de que "a frustração conduz à hostilidade" é verdadeira, porém simples demais, uma vez que deixa de mencionar o apetite fervoroso na agressão raivosa. E torna-se difícil, portanto, entender por que a raiva, uma disposição raivosa, persiste quando a aniquilação do obstáculo foi efetivamente obtida pela morte ou pela distância (por exemplo, os pais estão mortos, e ainda assim o filho ou a filha estão zangados com ou ainda, por que na vingança e no ódio a aniquilação do inimigo dá satisfação, e sua não-existência *não* é indiferente, mas nos nutrimos dela: não somente aniquilado, mas destruído e assimilado. Mas, isto é porque o obstáculo frustrador é primeiramente considerado como parte do objetivo desejado; o filho está zangado com os pais mortos porque ainda fazem parte da necessidade inacabada — não basta que ele entenda que, como obstáculos, eles estão fora do caminho. E a vítima da vingança e do ódio faz parte de nós mesmos, é amada, sem nos apercebermos.

Por outro lado, é a mescla de aniquilação no interior da raiva que desperta tal culpa intensa com relação a objetos amados difíceis; porque não podemos nos dar ao luxo de aniquilar, de transformar em nada o que precisamos, mesmo quando nos frustra. É assim que a raiva persistente, que une o apetite e a aniquilação, leva à inibição completa do apetite e é uma causa comum de impotência, inversão etc.

Na raiva ruborizada, a *awareness* está algo confusa. Na fúria arrebatadora ela é muitas vezes bastante intensa, quando, refreando todo o apetite corporal, ainda assim se nutre da vividez das imagens que pertencem ao apetite postergado, no momento em que o *self* confronta seu objeto para aniquilá-lo. No rancor arroxeado ou congestionado o *self* está explodindo com seus impulsos frustrados e está realmente confuso. Na ira congestionada ou ódio, o *self* começou a se destruir no interesse de seu objetivo hostil; não enxerga mais a realidade, mas somente seu próprio desígnio.

7. Fixações do que foi mencionado anteriormente e o sadomasoquismo

A aniquilação, a destruição, a iniciativa e a raiva são funções de bom contato, necessárias para a subsistência, o prazer e a proteção de qualquer organismo num campo difícil. Vimos que elas ocorrem em combinações variadas, e são, provavelmente, agradáveis. Ao praticar as agressões, o organismo distende sua pele, por assim dizer, e entra em contato com o ambiente, sem dano ao *self*; inibir as agressões não as erradica, mas faz com que estas se voltem contra o *self* (como discutiremos no próximo capítulo). Sem agressão, o amor estagna e perde o contato, porque o meio de renovação é a destruição. Ademais, uma agressão hostil é muitas vezes racional precisamente no ponto em que é considerada neurótica: por exemplo, a hostilidade pode estar voltada contra um terapeuta não porque ele é o "pai", mas porque ele é novamente alguém que está impingindo interpretações inassimiláveis e que está fazendo com que pareçamos estar equivocados. Entretanto, fixações dessas funções — ódio, vingança e assassinato premeditado, ambição e a caça compulsiva ao amor, combatividade habitual

— não são tão agradáveis. Sacrificam-se a essas paixões estabelecidas outras funções do *self*; elas são autodestrutivas. Detestar uma coisa implica em comprometer energia com o que é, por definição, doloroso ou frustrante, e geralmente de reduzido contato com as situações concretas em mudança. Apegamo-nos ao que é odioso e o mantemos próximo. Na vingança e no assassinato premeditado há uma necessidade estabelecida e ardente de aniquilar a "pessoa" cuja existência insulta nossa concepção de nós mesmos; mas se essa concepção for analisada, descobrir-se-á que o drama é interno. Desse modo, a indignação honrada geralmente é direcionada contra nosso próprio ímpeto. O assassino frio, por sua vez, está tentando sistematicamente aniquilar seu ambiente, o que equivale a cometer suicídio: "Não ligo para eles" significa "Não ligo para mim mesmo", e isto é uma identificação com a opinião terrível de que "Não ligamos para você". O homem briguento nos dá a impressão de um homem com apetite que inicia uma aproximação e de repente se frustra, porque se sente inadequado, reprovado ou coisa que o valha; sua raiva se inflama contra o frustrador; e ele projeta o "obstáculo" em qualquer objeto plausível ou implausível; tal homem claramente quer apanhar.

Em geral (levaremos isso em consideração com mais detalhes no próximo capítulo), quando um apetite é reprimido, mantido habitualmente inconsciente, o *self* está exercendo uma hostilidade fixada contra si próprio. Na medida em que essa agressão é mantida internamente, há um masoquismo bem-comportado; à medida que encontra alguma imagem ambiental de si própria, há um sadismo fixado. O prazer no sadismo é o incremento do apetite liberado pelo afrouxamento do *self*; golpear, apunhalar etc. é a forma pela qual o sádico entra desejosamente em contato com o objeto. E o objeto é amado porque é semelhante ao nosso próprio *self* dominado.

No masoquismo primário (Wilhelm Reich), o que se deseja não é a dor, mas a liberação dos instintos represados. A dor é uma "pré-dor", uma sensação em alguém que está costumeiramente dessensibilizado, que então permite que se recuperem muitos outros sentimentos.[2] Quanto mais o excitamento instintivo for intensificado sem uma intensificação correspondente da *awareness* de que se trata de nosso próprio excitamento, e também de nossa própria deliberação que o restringe, tanto mais haverá um anseio masoquista. (Por falar nisso, parece que essa situação seria induzida experi-

---

2. Gostaríamos de substituir o conceito freudiano de "pré-prazer" pelo conceito de "pré-sentimento", como sendo o elemento pequeno que libera um grande fluxo de sentimento. Porque obviamente a "pré-dor" opera da mesma maneira: alguém bate o dedo do pé e sua raiva cósmica e sua aflição jorram. Ou então um "pré-prazer" pode causar um sentimento profundo que não seria chamado de prazer: como no momento em que um amante nos toca com uma mão consoladora e, no dizer de D. W. Griffith, "todas as lágrimas do mundo fluem sobre nossos corações".

mentalmente por uma terapia fisiológica como a de Reich.) No masoquismo, os apetites tornam-se mais expansivos e aumentam a tensão, e a restrição é reforçada de modo correspondente; o anseio de liberação é interpretado neuroticamente como o desejo de que alguém nos faça algo, o desejo de ser forçado, despedaçado, furado para libertar as pressões internas. O masoquista ama o amante brutal que lhe proporciona a liberação subjacente e ainda assim é identificado como seu próprio *self* autopunitivo.

8. A guerra moderna é um suicídio em massa sem culpabilidade

Voltemos agora para o contexto mais amplamente social e digamos algo além a respeito do tipo de violência que caracteriza nossa época.

Na atualidade temos nos Estados Unidos uma combinação de prosperidade geral e de paz pública sem paralelos. Econômica e socialmente, estas são causas benéficas uma da outra: quanto mais ordem pública, maior a produtividade, e quanto mais prosperidade, menor o incentivo para destruir a ordem pública. Por ordem pública queremos dizer não a ausência de crimes de violência, mas a segurança geral tanto do campo como da cidade. Em comparação com outras épocas e outros lugares, pode-se viajar sem risco em qualquer lugar de dia ou à noite. Quase não há brigas, tumultos ou bandos armados. Os loucos não vagueiam pelas ruas; não há peste. Isola-se a doença imediatamente nos hospitais; nunca se vê a morte, e raramente o nascimento. Come-se carne, mas nenhum habitante urbano vê um animal sendo sacrificado. Nunca houve antes semelhante estado de não-violência, segurança e esterilidade. Com respeito à nossa prosperidade, mais uma vez, temos somente de assinalar que nenhuma das questões econômicas debatidas tem a ver com a subsistência. Os sindicatos não reclamam pão, mas salários e horários melhores, e mais estabilidade; os capitalistas reclamam menos controles e melhores condições de reinvestimento. Um único caso de morte por fome significa um escândalo na imprensa. Menos de 10% da economia está voltada para a subsistência elementar. Mais do que nunca na história, há comodidades, luxos e divertimentos.

Psicologicamente a conjuntura é mais duvidosa. Há pouca frustração por causa de sobrevivência física, há pouca satisfação e há sinais de ansiedade aguda. O desconcerto e insegurança gerais de indivíduos isolados numa sociedade demasiado grande destroem a autoconfiança e a iniciativa, e sem estas não pode haver um desfrute ativo. Os esportes e as diversões são passivos e simbólicos; as escolhas no mercado são passivas e simbólicas; as pessoas não produzem nem fazem nada para si próprias, a não ser simbolicamente. A quantidade de sexualidade é grande, mas a dessensibilização é extrema. Costumava-se pensar que a ciência, a tecnologia e os novos costumes trariam uma nova era de felicidade. Essa esperança se frustrou. Em toda parte as pessoas estão frustradas.

Mesmo superficialmente, portanto, há motivo para estraçalhar as coisas, para destruir não esta ou aquela parte do sistema (por exemplo, a classe alta), mas o sistema inteiro *como um todo*, porque este não promete mais nada, comprovou ser inassimilável em sua forma atual. Esse sentimento está até mesmo na *awareness*, com graus de clareza variados.

Mas refletindo mais profundamente, nos termos que desenvolvemos, observamos que essas condições são quase específicas para o excitamento do masoquismo primário. Há uma estimulação contínua, mas somente uma liberação parcial de tensão, uma intensificação insuportável das tensões inconscientes — inconscientes porque as pessoas não sabem o que querem, nem como consegui-lo, e os meios disponíveis são demasiado grandes e ingerenciáveis. O desejo de uma satisfação final, de um orgasmo, é interpretado como o desejo de autodestruição total. É inevitável, portanto, que haja um sonho público de desastre universal, com grandes explosões, fogos e choques elétricos: e as pessoas juntam seus esforços para tornar esse apocalipse real.

Ao mesmo tempo, porém, suprime-se toda expressão pública de destrutividade, aniquilação, raiva e combatividade nos interesses da paz pública. Além disso, o sentimento de raiva também é inibido e até mesmo reprimido. As pessoas são sensatas, tolerantes, corteses e cooperativas quando são intimidadas. Mas as oportunidades para a raiva não estão de modo algum minimizadas. Ao contrário, quando os movimentos maiores de iniciativa se circunscrevem às rotinas competitivas dos escritórios, burocracias e fábricas, há atritos triviais, sentimentos feridos e zangas. Uma raiva miúda é gerada continuamente, e nunca é descarregada; a grande raiva, que acompanha a grande iniciativa, esta é reprimida.

Assim, a situação raivosa é projetada muito longe. As pessoas têm de encontrar grandes causas distantes que sejam adequadas para explicar a opressão da raiva, que certamente não é explicável pelas frustrações triviais. É preciso ter algo digno do ódio inconsciente sentido com relação a nós próprios. Resumindo, estamos zangados com o Inimigo.

Esse Inimigo, desnecessário dizê-lo, é cruel e quase não é humano; não adianta negociar com ele como se fosse humano. Porque temos de nos lembrar que, da maneira como o conteúdo de todo o cinema e da literatura populares mostra, o sonho de amor americano é sadomasoquista, mas o comportamento amoroso não o é porque isto seria anti-social e indecente. É "uma outra pessoa" que é sádica; e certamente "uma outra pessoa" que é masoquista.

Bem, na vida civil, como dissemos, o conjunto de agressões é anti-social. Contudo, felizmente, na guerra ele é bom e social. Desse modo, as pessoas, que anseiam pela explosão e pela catástrofe universais, guerreiam contra inimigos que de fato as enfurecem por sua crueldade e força sub-humanas.

O exército democrático-de-massa é eminentemente apropriado para as necessidades populares. Proporciona a segurança pessoal que está faltando na vida civil, impõe uma autoridade pessoal sem fazer nenhuma exigência ao *self* secreto, porque afinal de contas somos apenas uma unidade numa massa. Retira-nos de empregos e lares onde somos inadequados e não obtemos nenhum grande prazer; e organiza nossos esforços de maneira muito mais efetiva no sentido de práticas sádicas e de uma derrota masoquista.

As pessoas observam a derrota se aproximando. Ouvem os avisos racionais e elaboram todo tipo de políticas sensatas. Mas a energia para fugir ou resistir está paralisada, ou então o perigo é fascinante. As pessoas estão ansiosas por terminar a situação inacabada. Concentram suas energias no suicídio em massa, um resultado que resolve todos os problemas sem culpabilidade pessoal. A contrapropaganda dos pacifistas é mais do que inútil, porque não resolve nenhum problema e aumenta a culpabilidade pessoal.

9. Crítica do Tanatos de Freud

Foi em circunstâncias semelhantes que Freud concebeu sua teoria do instinto de morte. Mas as circunstâncias eram menos extremas do que agora, porque ele ainda podia, na época, no bojo do ímpeto da teoria da libido, falar de um conflito entre Tanatos e Eros, e contar com Eros como contrapeso a Tanatos. Os novos costumes ainda não tinham sido experimentados.

Parece que Freud baseou sua teoria em três evidências: 1) o tipo de violência social que descrevemos: a Primeira Guerra Mundial que foi aparentemente contra qualquer princípio de vitalidade e cultura; 2) a compulsão neurótica de repetição e fixação, que ele atribuiu à atração do trauma. Vimos, no entanto, que a compulsão-de-repetição é explicável de maneira mais simples como sendo o empenho do organismo em completar com meios arcaicos sua situação inacabada *atual*, toda vez que se acumula uma tensão suficiente para realizar essa tentativa difícil. Contudo, num sentido importante, essa repetição e o fato de se ficar girando em torno do trauma pode ser denominado corretamente de desejo de morte; mas é precisamente a morte do *self* inibidor mais deliberado que se deseja (com suas atuais necessidades e meios manifestos), nos interesses da situação subjacente mais vital. O que é necessariamente interpretado neuroticamente como um desejo de morrer é um desejo de uma vida mais plena. 3) Mas a evidência mais importante de Freud foi provavelmente a irredutibilidade aparente do masoquismo primário. Porque ele descobriu que, longe de serem reduzidos, exatamente quando os pacientes começavam a funcionar mais, seus sonhos (e sem dúvida os próprios sonhos de Freud) tornavam-se mais catastróficos; a evidência então forçava o teórico a ir além para uma condição de funcionamento perfeito e masoquismo total: isto é, morrer é um anseio instintivo. Contudo, na teoria do masoquismo que estamos expondo, essa evidência é melhor explicada da seguinte maneira: quanto maior a liberação do instinto sem o fortalecimento correspondente da capacidade do *self* de criar alguma coisa com a nova energia, tanto mais disruptivas e violentas serão as tensões no campo. E exatamente como o método fisiológico de Reich induz experimentalmente essa condição, da mesma maneira o faz a livre associação anamnésica de Freud: há liberação sem integração. Mas o controle da situação mais adequado de Reich permitiu-lhe encontrar uma explicação mais simples.

Não obstante, como especulação biológica, a teoria de Freud não é de modo algum desprezível, e deve ser ela própria confrontada teoricamente. Vamos organizá-la da seguinte forma esquemática: todo organismo, diz a teoria, procura diminuir a tensão e atingir o equilíbrio; mas ao reverter a uma ordem de estrutura inferior poderá alcançar um equilíbrio ainda mais estável; de modo que, em última instância, todo organismo tenta ser inanimado. Isto é seu instinto de morte e é uma instância da tendência universal à entropia. Em oposição a este estão os apetites (Eros) que tendem a estruturas de evolução cada vez mais complexas.

Esta é uma suposição poderosa. Se aceitarmos os pressupostos e a mística da ciência do século XIX, será difícil refutá-la. Julgamos que sua rejeição pela maior parte dos teóricos, incluindo muitos dos ortodoxos, se deva em grande medida ao fato de ser ofensiva, anti-social, em lugar de ser rejeitada porque é considerada errônea.

Mas pensar — como Freud pensa — numa *sucessão* de causas, que consiste em elos elementares conectados desde o começo, é uma interpretação equivocada da história da evolução; é tornar real e concreto o que é uma abstração, a saber, alguma linha de evidência (por exemplo, os fósseis nos estratos de rochas) por meio da qual ficamos conhecendo a história. Ele fala como se as complexidades sucessivas fossem "acrescentadas" a uma única força operadora de "vida", que pudesse ser isolada de suas situações concretas; como se acrescentasse a um protozoário a alma de um metazoário etc. ou, inversamente, como se um anelídeo estivesse introjetado dentro de um vertebrado etc. — de modo que, ao adormecer como vertebrado, o animal então se dedica a adormecer como anelídeo, e em seguida como platelminto e finalmente torna-se *inanimado*. Mas na realidade cada etapa sucessiva é um novo todo, operando como um todo, com seu próprio modo de vida; é *seu* modo de vida, como um todo concreto, que deseja completar; não está preocupado em buscar um "equilíbrio em geral". A condição de uma molécula ou de uma ameba não é uma situação inacabada que se esforça para atingir a condição de um mamífero, porque as partes orgânicas existentes que tendem ao estado de completamento são inteiramente diferentes nos casos individuais. Nada estaria resolvido para um organismo ao se resolver o problema de alguns outros gêneros de partes.

(É útil considerar a teoria de Freud como um sintoma psicológico: se alguém renuncia à possibilidade de soluções atuais, tem de suprimir as necessidades atuais; e desse modo traz para o primeiro plano algumas outras necessidades de ordem de estrutura inferior. A ordem de estrutura inferior se proporciona então uma certa existência pelo ato de renúncia atual.)

Parece que Freud compreende mal a natureza de uma "causa". Uma "causa" não é em si mesma uma coisa existente, mas um princípio de explicação de algum problema atual. E daí a existência de uma sucessão de causas — que avança em qualquer uma das duas direções, como um objetivo teleológico final ou como uma origem genética primitiva —, e quanto mais extensa se tornar essa cadeia, mais ela se tornará nada em absoluto, porque buscamos uma causa para nos orientar num problema individual específico, com o objetivo de mudar a situação ou aceitá-la. Uma boa causa resolve o problema (de orientação específica) e então deixa de nos ocupar. Organizamos as causas por meio de uma sucessão, como num livro didático, não quando estamos manuseando o material concreto, mas quando o estamos ensinando.

Por fim, a teoria de Freud isola sistematicamente o organismo do campo organismo/ambiente vigente; e isola um "tempo" abstrato como sendo um outro fator. Mas esse campo está existindo; sua atualidade, seu tempo em andamento, com o acontecimento contínuo de novidades, é essencial para sua definição e para a definição de "organismo". Temos de pensar em um organismo crescendo e na espécie transformando-se como partes desse campo sempre renovado. A passagem do tempo, a mudança no tempo, não é algo que se acrescenta a um animal original que tem um princípio interno de crescimento isolado no tempo do campo, e que de algum modo se ajusta a situações sempre novas. É o ajustamento de situações sempre novas, que modificam tanto o organismo como o ambiente, que é o crescimento e o tipo de tempo que os organismos têm — porque cada objeto científico tem seu próprio tipo de tempo. Para uma história, a novidade e a irreversibilidade são essenciais. Um animal que está tentando completar sua vida está necessariamente buscando seu crescimento. Eventualmente o animal declina e morre, não porque *ele* esteja buscando uma ordem de estrutura inferior, mas porque o campo como um todo não pode mais organizar-se com aquela parte sob aquela forma. Somos destruídos assim como, ao crescer, destruímos.

158

Os impulsos agressivos não são essencialmente distintos dos impulsos eróticos; são etapas de crescimento diferentes, sob a forma de seleção, destruição e assimilação ou sob a forma de regozijo, absorção e obtenção de equilíbrio. E desse modo, para voltar ao nosso ponto de partida, quando os impulsos agressivos são anti-sociais é que a sociedade se opõe à vida e à mudança (e ao amor); então ou ela será destruída pela vida ou envolverá a vida numa destruição comum, fará com que a vida humana destrua a sociedade e a si própria.

IX
CONFLITO E AUTOCONQUISTA

1. Conflito e desprendimento criativo

Agora temos de dizer algo sobre as conclusões das agressões: a vitória (ou derrota), a conquista e a dominação. Porque nas neuroses a necessidade de vitória é fundamental; e dada essa necessidade, há uma vítima facilmente disponível, o *self*. A neurose pode ser considerada uma autoconquista.

Mas a necessidade neurótica de vitória não é necessidade do objeto pelo qual se lutou, exercendo agressão no conflito aberto; é uma necessidade de *ter* ganho, de ser um vencedor enquanto tal. O significado disto é que já perdemos de maneira importante e fomos humilhados, e não assimilamos a derrota, porém tentamos reiteradamente salvar as aparências com triunfos insignificantes. Assim, toda relação interpessoal, e na verdade toda experiência, é transformada numa pequena batalha, com a possibilidade de vencer e demonstrar bravura.

Conflitos importantes, contudo, como a luta por um objeto que terá importância e arriscar-se numa iniciativa que poderá mudar o *status quo* são meticulosamente evitados. Pequenos conflitos simbólicos, e grandes conflitos falsos e portanto inacabáveis como Mente + Corpo, Amor + Agressão, Prazer + Realidade são meios de evitar os conflitos excitantes que teriam solução. Em vez disso, as pessoas apegam-se à segurança, identificada aqui como a fixação do fundo, da necessidade orgânica subjacente e do hábito passado; o fundo tem de permanecer fundo.

O contrário da necessidade de vitória é o "desprendimento criativo". Tentaremos descrever posteriormente *essa* atitude peculiar do *self* espontâneo (capítulo 10). Aceitando seu interesse e o objeto e exercendo a agressão, o homem criativamente imparcial excita-se com o conflito e cresce por meio deste; ganhe ou perca, ele não está apegado ao que poderia perder, pois sabe que está mudando e já se identifica com o que se tornará. Essa atitude vem acompanhada de uma emoção que é o contrário do sentimento de segurança, isto é, a fé: absorvido na atividade concreta, ele não protege o fundo mas retira energia dele, e tem fé em que este se mostrará adequado.

2. Crítica da teoria da "remoção do conflito interno": o significado de "interno"

Classicamente a psicanálise se devotou à revelação dos "conflitos internos" e à sua "remoção". *Grosso modo*, esta é uma concepção apurada (como a outra concepção, a "reeducação das emoções"); contudo, agora chegou o momento de examiná-la mais rigorosamente.

"Interno" significa aqui, presumivelmente, dentro da pele do organismo ou dentro da psique ou no inconsciente; exemplos disso seriam o conflito entre tensão sexual e dor, ou entre o instinto e a consciência, ou entre o pai e a mãe introjetados. Em oposição a estes estariam provavelmente os conflitos conscientes e não-neuróticos com o ambiente ou com outras pessoas. Mas, assim expressa, a distinção entre "conflitos internos" e outros conflitos não é valiosa, pois existem claramente conflitos não "internos" que podem ser muito bem considerados neuróticos. Por exemplo, à medida que uma criança ainda não fica em pé por conta própria, separada do campo criança/pais — ela ainda está mamando, aprendendo a falar, ainda é economicamente dependente etc. —, não tem sentido falar de distúrbios neuróticos (inanição inconsciente, hostilidade, privação de contato) como estando dentro da pele ou da psique de qualquer indivíduo. Os distúrbios estão no campo; é verdade que eles derivam dos "conflitos internos" dos pais, e resultarão, posteriormente, em conflitos introjetados no filho ou filha à medida que estes se tornem independentes. Porém sua essência na relação sentida e perturbada é irredutível às partes. Desse modo, a criança e os pais têm de ser considerados juntamente. Ou ainda, o declínio da comunidade nas sociedades políticas não é redutível às neuroses dos indivíduos, que na realidade se tornaram "indivíduos" devido ao declínio da comunidade; tampouco é redutível às más instituições, porque estas são mantidas pelos cidadãos;

é uma enfermidade do campo, e somente um tipo de terapia de grupo poderia ajudar. Como já dissemos muitas vezes, a distinção entre "intrapessoal" e "interpessoal" é pobre, porque toda personalidade individual e toda sociedade organizada se desenvolvem a partir de funções de coesão que são essenciais tanto para a pessoa quanto para a sociedade (amor, aprendizagem, comunicação, identificação etc.); e, na realidade, as funções contrárias de divisão são também essenciais para ambos: rejeição, ódio, alienação etc. O conceito de fronteira/contato é mais fundamental do que intra ou inter, ou do que interno ou externo. E, além disso, por sua vez, há mudanças que podem ser chamadas neuróticas que ocorrem no campo organismo/ambiente natural, por exemplo, os rituais mágicos dos primitivos que se desenvolvem inteiramente sem neurose pessoal, por causa da inanição e do medo do trovão, ou nossa doença contemporânea de "dominar" a natureza em lugar de viver simbioticamente com ela, pois inteiramente à parte das neuroses sociais e pessoais (que aqui estão, é verdade, fazendo hora extra) há um deslocamento na interação entre quantidades materiais absolutas e episódios de escassez causados por abusos inconscientes. O primitivo diz: "A terra está passando fome, e portanto nós também estamos passando fome"; e nós dizemos: "Estamos passando fome, portanto vamos extorquir mais alguma coisa da terra": simbioticamente ambas as atitudes são sonhos maus.

O fraseado clássico "conflito interno" contém, entretanto, uma verdade muito importante, caracteristicamente expressa *às avessas*. Essa verdade é que os conflitos internos — aqueles dentro da pele, no interior da psique (as tensões opostas e o mecanismo de regulação do sistema fisiológico, da brincadeira, dos sonhos, da arte etc.) — são todos em geral confiáveis e não-neuróticos; pode-se confiar em que sejam auto-reguladores; demonstram sua eficácia há milhares de anos e não se modificaram muito. Os conflitos internos, nesse sentido, não são o tema da psicoterapia; quando estão inconscientes pode-se deixar que permaneçam assim. É, ao contrário, a intromissão de forças sociais de fora da pele que perturba deliberadamente o sistema interno espontâneo e requer psicoterapia. *Essas forças* são recém-chegadas e muitas vezes são mal compreendidas. Uma grande parte da psicoterapia é um processo de desengajamento dessas forças oriundas propriamente de fora da pele, de modo que não se intrometam dentro da pele onde perturbam a auto-regulação organísmica. E, do mesmo modo, é um processo de impedir que forças sociais e políticas mais distantes e não confiáveis, como a competição, o dinheiro, o prestígio, o poder se intrometam no sistema pessoal primário de amor, mágoa, raiva, comunidade, paternidade ou maternidade, dependência e independência.

3. O significado de "conflito"

Obviamente, na fórmula *clássica, os* "conflitos" não são as tensões internas opostas e o mecanismo de regulação, a sabedoria do corpo; pretende-se que sejam conflitos ruins, e portanto os conflitos internos devem ser dissolvidos. Por que isto é necessário?

Parece que a nocividade dos conflitos tem um dos seguintes significados (ou todos eles): 1) todos os conflitos são ruins porque desperdiçam energia e causam sofrimento; 2) todos os conflitos excitam a agressão e a destruição, o que é ruim; 3) alguns conflitos são ruins porque um dos litigantes não é saudável ou é anti-social, e em lugar de se permitir que participe do conflito, deveria ser eliminado ou sublimado (por exemplo, a sexualidade pré-genital ou as diversas agressões), e 4) conflitos equivocados são ruins, e os conteúdos do inconsciente são, na sua maior parte, arcaicos e estão equivocados (deslocados).

Mas o ponto de vista que estamos desenvolvendo aqui (esta é em grande parte, mas não essencialmente, uma proposta para um melhor emprego da língua) é que, de maneira fundamental, nenhum conflito deveria ser dissolvido pela psicoterapia. Os conflitos "internos", em particular, são fortemente energizados e plenos de interesse, e são o meio de crescimento; a tarefa da psicoterapia é torná-los conscientes de modo que se nutram de material ambiental novo e atinjam um ponto de crise. Os conflitos menos desejáveis são as batalhas banais e conscientes e os pegas inacabáveis, baseados em erros semânticos, dos quais falamos no começo deste capítulo; interpretamos esses erros não para evitar o conflito mas precisamente para trazer à luz os conflitos importantes dos quais *eles são sinais.*

Consideremos, portanto, o próprio conflito, consciente e acompanhado de sofrimento. A noção de que o conflito, seja social, interpessoal ou intrapsíquico, desperdiça energia é plausível mas superficial. Sua plausibilidade baseia-se na suposição de que o trabalho a ser feito poderia ser atacado diretamente; desse modo, seria um desperdício para o litigante que terá de se dar ao trabalho de ter de rechaçar ou superar o atrito com o oponente, e talvez ambos os litigantes pudessem participar harmoniosamente do trabalho. Mas isto é superficial porque pressupõe que já se sabe de antemão qual é o trabalho a ser feito, onde e como a energia será gasta. A suposição é que sabemos, e uma parte do paciente sabe exatamente qual é o benefício que deve visar; nesse caso, a oposição é enganada ou é perversa. Mas onde o conflito é profundamente pleno de interesse, *o que* fazer, o que pertence a nós mesmos em lugar de pertencer a uma norma estereotipada é exatamente o que está sendo verificado. E mais, o verdadeiro trabalho a ser feito, talvez a verdadeira vocação, está sendo descoberto pela primeira vez no conflito; isto até então não era conhecido por ninguém, e certamente não está expresso de modo adequado nas reivindicações em disputa. O conflito é uma colaboração que vai além do que se pretende, em direção a uma figura inteiramente nova.

Isto é certamente verdadeiro com relação a toda colaboração criativa entre as pessoas. A melhor eficiência não se alcança estabelecendo uma harmonia *a priori* entre seus interesses, ou comprometendo seus interesses individuais em prol de um objetivo preconcebido. De preferência (contanto que se mantenham em contato e estejam seriamente visando a melhor realização criativa), quanto mais intensamente discordarem e expressarem suas desavenças, maior a probabilidade de que gerem de modo coletivo uma idéia melhor do que qualquer um deles teve individualmente. Dessa forma, nos jogos, é a competição que faz com que os jogadores superem a si próprios. (O incômodo da competitividade neurótica não é a competição, mas o fato de que o competidor não está interessado no jogo.) Também no ato criativo de uma única pessoa, por exemplo, num trabalho de arte ou teórico, é a luta entre elementos díspares, irreconciliáveis, que de repente chega a uma solução criativa. Um poeta não rejeita uma imagem que aparece teimosa mas "acidentalmente" e estraga seu plano; ele respeita o intruso e de repente descobre qual é "seu" plano, descobre e cria a si próprio. Do mesmo modo, um cientista busca com afinco a evidência refutadora.

A pergunta é se o mesmo não deve ser verdadeiro com relação ao conflito emocional intrapsíquico. Em situações normais desbloqueadas não há problema: por meio da auto-regulação organísmica uma dominância de instinto se estabelece de maneira flexível, por exemplo, uma sede intensa coloca outros impulsos em estado de latência até que seja satisfeita. E ordenações de âmbito mais extenso ocorrem flexivelmente da mesma maneira: pelo conflito, morder-mastigar-beber preponderam sobre chupar, e os genitais se estabelecem como o objetivo final na sexualidade: o orgasmo genital torna-se o término do excitamento sexual. No desenvolvimento dessas ordens houve tensões conflitantes, mas os conflitos se resolveram — com a ruptura de hábitos, destruição, assimilação e uma nova configuração. Suponha agora que a situação tenha sido bloqueada; por exemplo, suponha que a primazia genital não foi estabelecida firmemente devido a situações orais inacabadas, medos genitais, as assim chamadas "regressões" e assim por diante. E suponha que todos os elementos em disputa sejam trazidos à luz, para um contato e um conflito patentes, com relação a escolhas objetais, comportamento social, culpa moral, por um lado, e a afirmação do prazer por outro. Esse conflito e o sofrimento e a aflição que o acompanham não deveriam ser o meio de chegar-se a uma solução autocriadora? Semelhante conflito é intenso porque há muita coisa a ser destruída; mas a destrutividade tem de ser inibida? Se a solução — a primazia normal — é preconcebida e incentivada pelo terapeuta (assim como foi há muito tempo engenhosamente preconcebida pelo*self*social do paciente), poderá evitar-se muito sofrimento e risco, mas a solução será tanto mais alheia e portanto menos vigorosa. Ou seja, é insensato apaziguar o conflito ou suprimir ou anular por meio da interpretação quaisquer elementos fortes em disputa, porque o resultado deverá ser então o impedimento de uma destruição e assimilação completas, e portanto condenar o paciente a um sistema débil que nunca será perfeitamente auto-regulador.

Acima de tudo, temos de lembrar que nas situações em que os litigantes são impulsos naturais — agressões, talentos especiais, práticas sexuais que de fato proporcionam prazer etc. —, estes não podem ser restringidos, mas suas manifestações podem ser apenas deliberadamente suprimidas, intimidadas ou humilhadas. Quando todos os litigantes estão em *awareness* e em contato, alguém pode tomar suas próprias decisões difíceis, ele não é um paciente. A esperança é que, em tal caso, um impulso difícil encontre espontaneamente sua medida numa nova configuração, por meio do ajustamento criativo e da auto-regulação-organísmica convalescente.

4. Sofrimento

Consideremos também o significado do sofrimento. A solução criativa, dissemos, não é conhecida pelos rivais em luta; ela surge primeiro do conflito. Neste, os rivais, seus hábitos e interesses são em parte destruídos; eles perdem e sofrem. Assim, na colaboração social, os parceiros disputam e destroem-se mutuamente, e odeiam o conflito. Ao fazer um poema, o poeta se aborrece com a imagem intromissora ou a idéia que sai pela tangente; ele dá a si próprio uma dor de cabeça, apega-se a seu plano, fica confuso e transpira. Contudo, empenhados no conflito, esses litigantes não conseguem evitar a dor, porque suprimi-la agora não proporcionaria prazer, mas sim desprazer, enfado, inquietude e uma dúvida apoquentadora. Ademais, o próprio conflito é dolorosamente excitante. Como é, enfim, que os litigantes diminuem de fato a dor?

"Ficando fora do caminho" finalmente, para citar um excelente preceito taoísta. Eles se desvencilham de suas preconcepções de como o conflito "deveria" se resolver. E a solução jorra para dentro do "vazio fértil" formado dessa maneira. Isto é, eles se empenham, expõem seus interesses e habilidades e deixam que estes se entrechoquem para intensificar o conflito, e para que sejam destruídos e transformados na idéia que vai surgir; e finalmente não se apegam aos interesses como sendo "seus". No excitamento do processo criativo alcançam uma imparcialidade criativa entre as facções beligerantes e então, com grande imprudência e alegre selvageria, é provável que cada rival exerça toda a sua agressão tanto a favor quanto contra sua própria facção. Mas não se está mais destruindo o *self*, pois este está descobrindo o que é pela primeira vez.

De novo a pergunta é se essa mesma interpretação da utilidade e dos meios de reduzir a dor e o sofrimento se aplica à dor e ao sofrimento somáticos e emocionais. Especulemos um instante sobre a função da dor.

A dor é primordialmente um sinal, chama atenção para um perigo atual iminente, por exemplo, a ameaça a um órgão. A resposta espontânea a essa ameaça é afastar-se do caminho ou, se isso falhar, aniquilar o elemento ameaçador. A vida animal não se demora na dor e no sofrimento; quando o ferimento persiste e nada pode ser feito deliberadamente para ajudar, o animal torna-se insensível à dor ou até mesmo desmaia. (A reação neurótica de tocar a parte ferida para causar a dor é um desejo de sensação naqueles que estão dessensibilizados, e este provavelmente também é um sinal útil, embora seja difícil de interpretar.)

Qual é a função do sofrimento prolongado comum entre os seres humanos? Arriscamo-nos a conjecturar que é fazer com que prestemos atenção ao problema atual imediato e em seguida fiquemos fora do caminho, dedicando à ameaça todas as nossas faculdades, e em seguida ficando fora do caminho, para que relaxemos a deliberação inútil, a fim de permitir que o conflito grasse e destrua o que tem de ser destruído. Considere essas duas ilustrações simples: alguém está doente, tenta meter-se só com o que é de sua conta e sofre; forçado a perceber que tem outras coisas completamente diferentes que são de sua conta também, ele cuida de sua doença, deita-se e espera; o sofrimento diminui e ele adormece. Ou ainda, um ser amado morre; existe um conflito pesaroso entre a aceitação intelectual, por um lado, e desejos e memórias, por outro lado; o homem comum tenta se distrair, mas o homem superior obedece ao sinal e se empenha no sofrimento, recorda o passado, observa seu presente irremediavelmente frustrado; ele não consegue imaginar o que fazer agora que tudo deixou de ter sentido; o luto, a confusão e o sofrimento são prolongados, porque há muito a ser destruído e aniquilado e muito a ser assimilado, e durante esse período ele não deve se dedicar a seu trabalho sem importância, suprimindo de maneira deliberada o conflito. Por fim, o trabalho de luto se completa e a pessoa está mudada, e adota um desinteresse criativo; imediatamente outros interesses tornam-se dominantes.

O sofrimento emocional é um meio de impedir o isolamento do problema para que, trabalhando o conflito, o *self* cresça no campo do existente. Quanto mais cedo estivermos dispostos a afrouxar a luta contra o conflito destrutivo, a relaxar com relação à dor e à confusão, tanto mais cedo o sofrimento terminará. (Essa interpretação do sofrimento do luto como um meio de permitir que o antigo *self* se solte para que mude explica por que o luto é acompanhado de comportamentos autodestrutivos, como arranhar a pele, golpear o peito, arrancar os cabelos.)

Para o médico, naturalmente, o perigo do conflito e do sofrimento emocionais é que, ao grassarem, destruam o paciente, arrasem-no. Este é um perigo genuíno. Entretanto, não se deve enfrentá-lo necessariamenteenfraquecendo o conflito, mas fortalecendo o *self* e a *awareness* de si próprio. Quando percebemos que se trata de nosso próprio conflito, e que somos nós que estamos nos arrasando, há um novo fator dinâmico na situação, a saber, nós mesmos. Então, à medida que prestamos atenção ao conflito e este se intensifica, alcançamos mais depressa a atitude de imparcialidade criativa e nos identificamos com a solução que surge.

5. A autoconquista: a pacificação prematura

Estamos dizendo, portanto, que a neurose não consiste em nenhum conflito ativo, interno ou externo, de um desejo contra o outro, ou de padrões sociais contra necessidades animais, ou de necessidades pessoais (por exemplo, a ambição) contra tanto padrões sociais como necessidades animais. Todos os conflitos assim são compatíveis com a integração do *self*, e na verdade são meios do processo de integração do *self*. Na realidade, a neurose é a pacificação prematura dos conflitos; é um agarramento, armistício ou insensibilidade, com o objetivo de evitar conflitos adicionais; e manifesta-se secundariamente sob a forma de uma necessidade de vitória em batalhas triviais, como que para desfazer a humilhação subjacente. Em suma, autoconquista, a conquista do *self*. Diferenciemos aqui duas etapas de satisfação: l) a satisfação do cessamento do conflito e 2) a satisfação da conquista.

Suponha que em lugar de ser capaz de identificar-se com uma solução que surge, o *self* perca a esperança de uma solução e não tenha nenhuma perspectiva a não ser a continuação do sofrimento e uma derrota esmagadora demais. Em nossas famílias e em nossa sociedade isto deve ocorrer com freqüência, porque na maior parte das vezes uma solução criativa é impossível. Um adulto, entendendo a situação, pode continuar a sofrer, mas uma criança desiste necessariamente. Consideremos o significado de resignação.

No momento de conflito e desespero extremos, o organismo responde com o mecanismo de supressão, de maneira impressionante com o desmaio, e mais comumente com o sentimento embotado, a paralisia ou algum outro método de repressão temporária. Contudo, quando a crise imediata passou, se as circunstâncias também não prometem uma solução, evita-se o conflito ulterior, o *self* não agride mais e a situação mais suportável da repressão se estabiliza; nos resignamos. Contudo, há então um espaço vazio na figura, porque o contexto geral de necessidade, oportunidade, dificuldade etc. é o mesmo; mas está faltando a afirmação de si mesmo que ocupava o lugar central no conflito. Esse espaço vazio é preenchido agora por meio da identificação com outra pessoa, especialmente aquela que tornou o conflito insuportável e fez com que nos resignássemos. Essa pessoa é geralmente alguém que é temido e amado — renuncia-se ao conflito tanto por medo quanto para não nos arriscarmos à desaprovação — e agora essa pessoa torna-se "nós mesmos". Isto é, em lugar de progredirmos para o novo *self* que nos tornaríamos na solução desconhecida do conflito, introjetamos esse outro *self*. Identificamo-nos com ele, emprestamos-lhe a força de nossas próprias agressões que estão agora separadas da promoção de nossas próprias necessidades. Essas agressões agora estão voltadas de modo retroflexivo contra essas necessidades, desviando a atenção delas, enrijecendo os músculos contra suas excitações, denominando tais necessidades de idiotas ou malignas, punindo-as e assim por diante. De acordo com as normas da pessoa introjetada, alienamos e agredimos o *self* conflitante. Isto se faz facilmente, porque a parte mais filial e social de nós mesmos, que era um dos litigantes, pode se aliar com a autoridade introjetada; atitudes agressivas e repressivas úteis estão bem à mão e são fáceis de aprender. É fácil evitar ocasiões de tentação, uma vez que tenhamos concordado em sermos bons; é fácil considerar um impulso maligno e estranho a nós quando nos identificamos com aqueles que o consideram assim.

O contrário do excitamento do conflito é a insensibilidade da resignação.[1] O contrário do "vazio fértil" que há quando alcançamos um nível de desinteresse (esse vazio é a criatividade do *self*) é o espaço vazio da resignação, onde o *self* costumava estar. E o contrário da identificação com o novo *self* que surge é a introjeção de uma personalidade alheia. Há assim uma pacificação prematura. Subseqüentemente, é claro, o conflito inacabado ainda estará inacabado, mas se manifestará como uma necessidade de vitória nas pequenas batalhas em lugar de uma disposição de considerar a oposição difícil com um certo desprendimento; é apegar-se à segurança em lugar de ter fé.

Foi difícil resolver o conflito emocional porque outra pessoa, por exemplo, o pai ou a mãe, era tanto amada quanto temida, e contudo, infelizmente, quando se renuncia ao conflito, às próprias necessidades complicadas e à confusão conflituosa do *self*, introjeta-se um dos pais e a agressão do *self* se volta contra o próprio *self*, e esse amor também se perde: porque não há nenhum contato com aquilo a que nos apegamos e nenhum amor renovado com agressão expansiva.

6. A autoconquista: as satisfações da conquista

Examinemos agora a paz obtida. Temos de diferenciar entre a paz positiva e a negativa. Quando o conflito grassou até o fim e chegou a uma so-

---

1. *Resignation*, em inglês, tem tanto o sentido de resignação quanto o de renúncia. (N. do T.)

lução criativa com a mudança e a assimilação dos fatores beligerantes, há um alívio do sofrimento e o excitamento completado do novo todo criado. Isto é positivo. Não há nenhuma sensação de conquista e nenhum objeto para dominar, porque na verdade as vítimas desapareceram, estão destruídas e assimiladas. Na paz positiva, paradoxalmente, há o entusiasmo da vitória sem o sentimento da conquista; o sentimento principal é a animação das novas possibilidades, porque há uma nova configuração. Assim a Vitória é retratada como sendo alada, estando na ponta dos pés, olhando para a frente.

Há uma paz positiva também na derrota esmagadora, se chegamos aos nossos limites, exaurimos todos os recursos e não contivemos o máximo de raiva. Porque por meio do acesso de raiva e do trabalho de luto a necessidade de ter o que é impossível é aniquilada. O novo *self* é melancólico, mas está inteiro; isto é, sua animação é restrita nas novas condições, mas não internalizou o conquistador nem se identificou com ele. Desse modo, Péguy, por exemplo, descreveu lindamente como os suplicantes nas tragédias gregas têm mais força do que os conquistadores arrogantes.

A paz da conquista, entretanto, na qual a vítima ainda existe e tem de ser dominada, é uma negação como paz: o sofrimento do conflito cessou, mas a figura da *awareness* não está animada por novas possibilidades, porque nada se resolveu; o conquistador e a vítima e suas relações continuam a ser o foco. O conquistador está vigilante, a vítima está ressentida. Nas guerras sociais observamos que uma semelhante paz negativa não é estável; há situações inacabadas demais. Como é que na autoconquista a pacificação demonstra ser de alguma maneira estável, e o *self* conquistador pode continuar a dominar por décadas a parte alienada de si próprio? Porque na verdade a vitalidade de todo impulso natural é forte; ela pode ser alienada, mas não aniquilada. Seria de se esperar que fosse forte demais para ser subjugado por muito tempo pelo medo ou pela necessidade de afeição. Por que o conflito não recomeça assim que há uma mudança favorável na situação?

É porque agora o *self* obtém uma satisfação *positiva* enorme de sua identificação com a autoridade forte. Como um todo, o *self* foi derrotado, porque não se permitiu que seu conflito amadurecesse e se tornasse alguma coisa positiva e nova; mas o *self* que se identifica pode dizer agora: "*Eu* sou vitorioso". Essa satisfação intensa é arrogância. Quais são os elementos?

Em primeiro lugar, além do alívio da cessação do processo de sofrer o conflito, há o alívio expansivo pela cessação das pressões da ameaça de derrota, de vergonha e humilhação; adotando um outro papel, a arrogância é expansiva, atrevida, confiante. Em segundo lugar, existe a satisfação modesta do vangloriar-se, uma espécie de vaidade, em termos freudianos, o superego está sorrindo com desdém para o ego. Em terceiro lugar, o *self* orgulhoso arroga-se as virtudes imaginadas das autoridades: força, direitos, sabedoria, inculpabilidade. Em último lugar, o que é mais importante, e de modo algum é uma ilusão, o *self* arrogante pode agora exercer sua agressão e *provar continuamente* que é um conquistador, porque a vítima está sempre disponível para a dominação. A estabilidade do caráter resignado não se deriva do fato de ter desistido "de uma vez por todas", mas do fato de que a agressão é exercida de modo contínuo. Infelizmente, a principal vítima da agressão somos nós mesmos, sempre disponíveis para sermos surrados, pisoteados, espremidos, mordidos, e assim por diante. Dessa maneira, o aumento aparente da força e da agressividade é uma fraqueza que aleja. (No começo poderá até haver um florescimento genuíno de saúde, porque fizemos um ajustamento, mas as conseqüências vêm depois.) A energia está presa na contenção do impulso estranho. Se a tensão interna tornar-se demasiado grande, a ameaça interior é projetada e encontramos bodes expiatórios: estes são outras pessoas que têm, ou a quem pode ser atribuído, nosso próprio impulso estranho e ofensivo. Estas se somam à lista das vítimas e aumentam a arrogância e o orgulho.

Tomemos cuidado ao examinar exatamente o que é lamentável nesse processo. Os elementos de expansividade, ideal de ego e o fato de arrogar-se virtudes não constituem como tal uma atitude infantil sem atrativos; isto é um orgulho ruborizado, é regozijar-se com a auto-aprovação e a aprovação social, e dizer: "Olha que cara legal que eu sou!" É uma espécie de exibição, que provavelmente só é ofensiva para aqueles que estão decepcionados ou têm inveja. Quando se acrescenta o quarto elemento, a agressão irrestrita, a conjuntura torna-se mais sombria, terrível, mas mesmo assim ainda não é ameaçadora. Onde há o orgulho absoluto do *self* e a agressão exteriorizada e desenfreada, temos o verdadeiro conquistador, um espetáculo louco como uma torrente ou outra força irracional, destruindo tudo e em breve também destruindo a si próprio; esta é a combinação de amor-próprio, autoconfiança e força sem a auto-regulação ou a regulação interpessoal da necessidade orgânica ou do propósito social. Uma semelhante loucura atroz não deixa de ter grandeza; tanto nos maravilhamos com ela *como* tentamos aniquilá-la.

O autoconquistador fraco sonha naturalmente com essa imagem grandiosa; seu conceito de si próprio é inteiramente ilusório; não se nutre de sua energia. O verdadeiro conquistador é um criador atormentado que se autonomeia para o papel e o desempenha. O autoconquistador renunciou a si próprio e foi nomeado para outro papel por outra pessoa.

7. Autocontrole e "caráter"

Portanto, sob a necessidade superficial de vitória e do apego à segurança está uma arrogância e uma presunção extraordinárias; é só embaixo que deparamos com a resignação. A presunção afirma-se por ser capaz de indicar que pode de fato mostrar serviço, ser forte, porque sua vítima está sempre disponível. O comentário típico é: "Sou forte, sou independente, posso aceitar ou recusar (o sexo)". Todo exercício de autocontrole, como é denominado, é uma prova da própria superioridade.

Mais uma vez surge uma dificuldade, em particular em nossos costumes; os fundamentos sociais da auto-estima são ambíguos. É necessário provar não apenas que somos fortes, mas também que somos "potentes", sexualmente excitáveis. Essa exigência contraditória só pode ser satisfeita se o ato amoroso puder se tornar suficientemente sadomasoquista para poder empregar a agressão como um pré-sentimento liberador da sexualidade, e a sexualidade, por sua vez, como um meio de ser punido, para diminuir a ansiedade

A autoconquista é valorizada no plano social como "caráter". Um homem de caráter não sucumbe à "fraqueza" (essa "fraqueza" é em realidade o Eros espontâneo que realiza toda criação). Ele pode arregimentar sua agressão para fazer prevalecer seus "ideais" ("ideais" são normas às quais nos resignamos). A sociedade anti-sexual que baseia sua ética no caráter — talvez um pouco mais nos séculos imediatamente anteriores ao nosso do que hoje em dia — atribui toda realização à repressão e ao autocontrole. E determinados aspectos de nossa civilização se devem provavelmente ao caráter: a saber, sua fachada ampla e vazia, a mera quantidade, seu frontispício imponente, porque estas constituem as provas sempre necessárias da dominação dos homens e da natureza, são provas de potência, Contudo, a graça, a simpatia, a força, o bom senso, a alegria, a tragédia, estas são impossíveis para pessoas de caráter.

Mesmo assim, dadas semelhantes satisfações importantes do *self*, a liberdade de exercer a agressão e o prestígio social supremo, a autoconquista é uma integração parcial viável: resulta apenas numa felicidade reduzida, em doença pessoal, na dominação e miséria dos outros e no desperdício de energia social. Tudo isso pode ser tolerado. Entretanto, de repente as repressões começam a falhar devido à difusão geral de luxúrias e tentações; a auto-estima se enfraquece pela insegurança e a insignificância sociais; o caráter não é premiado, e a agressão expansiva é tolhida nos empreendimentos civis, de modo que a agressão só é exercida contra o *self*; nessa situação dos tempos atuais a autoconquista assoma em primeiro plano como centro da neurose.

8. A relação entre teoria e método

O que um teórico vê como o "centro da neurose" depende em parte de semelhantes condições sociais como as que descrevemos. Mas, em parte, depende naturalmente do método de terapia empregado (e o método por sua vez depende de fatores sociais como o tipo de paciente, o critério de saúde etc.).

No método explicado neste livro, em que se tenta ajudar o *self* a se integrar, estendendo as áreas de vitalidade para incluir áreas mais amplas, a resistência principal se encontra na relutância do *self* em crescer. O *self* refreia seu próprio desenvolvimento em andamento.

Na técnica ortodoxa, na qual o paciente apresentava os seus conteúdos de id de forma passiva, irrefletida e irresponsável, o que impressionava o terapeuta era o entrechoque entre esses conteúdos e as normas sociais; a tarefa da integração era um reajustamento mais viável. Posteriormente esse conceito foi considerado insuficiente; a resignação e a deformação de caráter do paciente assomavam no centro. Entretanto, devemos assimilar uma contradição extraordinária e quase ridícula na terminologia usual das teorias de análise do caráter.

Vimos que, identificando-se com a autoridade, o *self* exerce sua agressão contra seus impulsos alienados, por exemplo, sua sexualidade. É o *self* que é o agressor; ele conquista e domina. Não obstante, de maneira estranha, quando os analistas de caráter vêm falar da fronteira entre o *self* e o alheio, de repente mencionam não as "armas do *self*", mas as "defesas do *self*", sua "couraça defensiva" (Wilhelm Reich). Considera-se que o *self*, ao controlar o sistema motor, ao desviar deliberadamente a atenção e asfixiar as tentações, esteja se defendendo contra as ameaças que vêm de dentro! Qual a razão desse estranho erro crasso? É que o *self* não é levado a sério pelo terapeuta. Ele pode falar a seu respeito da maneira que lhe convier, porque *praticamente* não é nada. Para ele, só existem duas forças, a autoridade e os instintos; e primeiro o terapeuta, e não o paciente, atribui poder àquela, e em seguida atribui rebeldemente poder a estes.

Mas há outra coisa: *o self* do paciente, e este tem de ser levado a sério pelo terapeuta, porque, repetindo, é só o *self* que realmente está disponível para ser ajudado. As normas sociais não podem ser alteradas na psicoterapia, e os instintos não podem ser alterados de maneira alguma.

9. O que é inibido na autoconquista

A gênese da autoconquista, em ordem inversa, é a seguinte:

Necessidade de vitória;
Apego à segurança;
Presunção da personalidade que se auto-arrogou;
Introjeção;

Resignação;
Retração do *self*.

Bem, o que é primordialmente inibidor no autoconquista, qual é a perda fundamental infligida contra si próprio pelo *self*? É a "solução que surge" do conflito que é inibida. É o excitamento do crescimento que é enterrado nas entranhas da terra. A excitação sexual, a agressão e a mágoa podem até certo ponto ser liberadas de maneira compartimentalizada; mas, a não ser que sintamos que estamos nos arriscando nelas, o embotamento, o enfado e a resignação fundamentais têm de persistir; atos expansivos não têm sentido. A existência de sentido é o mesmo que o excitamento da solução que surge. A interrupção prematura do conflito, pelo desespero, medo da perda ou evitação do sofrimento inibe a criatividade do *self*, seu poder de assimilar o conflito e formar um novo todo.

A terapia, de maneira inversa, tem de liberar a agressão de seu alvo fixado, o organismo; tem de tornar os introjetos conscientes para que possam ser destruídos; de recolocar em contato e em conflito os interesses compartimentalizados, o sexual, o social etc., e confiar no poder integrativo do *self*, em seu estilo peculiar, da maneira como se expressa exatamente na vitalidade da neurose.

De imediato, surgem muitas questões. A "solução que surge" não é alguma coisa futura e inexistente? Como é que o inexistente pode estar inibido de maneira importante e causar tanto dano? Como é que o *self* se recria? A partir de que material? Com que energia? De que forma? "Confiar no poder integrativo" não é uma atitude de *laissez-faire* terapêutica? E se o conflito for instigado ainda mais e desintegrar ainda mais o *self*, como é que este se manterá em absoluto, e crescerá apesar de tudo? O que é "*self*"? Tentaremos responder a essas perguntas nos próximos capítulos. Mencionamos aqui somente o ponto principal.

O *self* é o sistema de contatos no campo organismo/ambiente; e esses contatos são a experiência estruturada da situação presente real. Não é o *self* do organismo como tal, nem é o recipiente passivo do ambiente. A criatividade é inventar uma nova solução; inventá-la tanto no sentido de descobri-la quanto no de elaborá-la; contudo, essa nova maneira não poderia surgir no organismo ou no seu "inconsciente", porque aí só há maneiras conservativas; nem poderia estar no ambiente novo como tal, porque mesmo se topássemos com ela aí, não a reconheceríamos como sendo nossa. Não obstante, o campo existente que se converte no momento seguinte é rico em novidade potencial, e o contato é a realização. A invenção é original; é o organismo que cresce, que assimila substâncias novas e se nutre de novas fontes de energia. O *self* não sabe, de antemão, o que inventará, porque o conhecimento é a forma do que já ocorreu; e certamente um terapeuta não o sabe, porque não pode fazer crescer o crescimento de outra pessoa — ele simplesmente é parte do campo. Mas ao crescer o *self* se arrisca — arrisca-se com sofrimento caso tenha evitado durante muito tempo arriscar-se, e por conseguinte deve destruir muitos preconceitos, introjeções, ligações com o passado fixado, seguranças, planos e ambições; arrisca-se com excitamento se puder aceitar viver no presente.

Parte III
TEORIA DO *SELF*

X
SELF, EGO, ID E PERSONALIDADE

1. Plano dos próximos capítulos

Já foram discutidos alguns problemas da percepção fundamental da realidade, da natureza animal humana e da maturação, da linguagem e da formação da personalidade e da sociedade. Tentamos mostrar o *self* desempenhando em todos estes sua função de ajustamento criativo, muitas vezes em situações de emergência e resignação impostas, onde o novo todo criado é "neurótico" e não parece ser, em absoluto, uma obra de ajustamento criativo. De fato, escolhemos discutir principalmente aqueles problemas e situações — por exemplo, a noção de mundo externo, ou de infantil, ou do anti-social — cuja má compreensão tende a obscurecer a verdadeira natureza do *self* tal como o consideramos.

Comecemos agora de novo e desenvolvamos de modo mais sistemático nossa noção do *self* e de sua inibição neurótica. Em primeiro lugar, baseando-nos em material do capítulo introdutório, "A Estrutura de Crescimento" (que sugerimos seja relido nessa altura), consideramos o *self* como a função de contatar o presente transiente concreto; indagamos sobre suas propriedades e atividade; e discutimos os três principais sistemas parciais — ego, id e personalidade —, que em circunstâncias específicas parecem ser o *self*. Em seguida, numa crítica de teorias psicológicas diversas, tentamos mostrar por que nossa noção passou despercebida e por que outras concepções incompletas ou errôneas pareceram plausíveis. Então, ex-

177

planando a atividade do *self* como um processo temporal, discutimos as etapas de pré-contato, contatar, contato final e pós-contato; e isto constitui um relato da natureza do crescimento como ajustamento criativo. Finalmente, após, em primeiro lugar, esclarecermos e tentarmos tornar coerente a análise freudiana costumeira da repressão e da gênese da neurose, explicamos as diversas configurações neuróticas como inibições variadas do processo de contatar o presente.

2. O *self* é o sistema de contatos presentes e o agente de crescimento

Vimos que em qualquer investigação biológica ou sociopsicológica o tema concreto é sempre um campo organismo/ambiente. Não há nenhuma função, de qualquer animal, que seja definível a não ser como função de semelhante campo.[1] A fisiologia orgânica, os pensamentos e as emoções, os objetos e as pessoas são abstrações significativas somente quando identificadas com interações do campo.

---

1. Isto deveria ser óbvio, mas as abstrações tornaram-se tão entranhadas que é útil insistir no óbvio e assinalar os tipos comuns de erros.

a) Ficar em pé, andar, deitar-se são interações com a gravidade e apoios. A respiração é do ar. Ter uma pele ou invólucro interno ou externo é uma interação com a temperatura, o tempo, os líquidos, as pressões gasosas e sólidas e as densidades osmóticas. A nutrição e o crescimento são assimilações de novos materiais selecionados que são mordidos, mastigados, chupados e digeridos. Em semelhantes casos, contudo, há uma tendência universal a abstrair o "organismo", como em condições em que se diz que um homem "come para ser saudável", sem que recorra à comida; ou que tenta "relaxar" sem descansar na terra; ou que tenta "respirar" sem exalar nem inalar.

b) Toda percepção e todo pensamento são mais do que uma mera resposta, e dirigem-se ao ambiente assim como provêm dele. O visível (o oval de visão) é tocado pelos olhos, é a vista; o sonoro (esferas audíveis) entra em contato com os ouvidos na audição e é contatado por eles. Os "objetos" da visão e da audição existem por meio do interesse, do confronto, da discriminação e da preocupação prática. As causas de mudanças e as formas de permanência são soluções de orientação e manipulação. Em semelhantes casos, entretanto, há uma tendência a abstrair o "ambiente" ou a "realidade" e considerá-los anteriores ao "organismo" — considera-se o estímulo e os fatos como anteriores à resposta e à necessidade.

c) A comunicação, a imitação, o cuidado, a dependência etc. são a natureza social orgânica de determinados animais. A personalidade está formada de relações interpessoais, de atitudes retóricas; e a sociedade, ao contrário, é aglutinada pelas necessidades intrapessoais. A simbiose entre organismo e forças inanimadas é uma interação do campo. As emoções, o interesse e assim por diante são funções de contato, definíveis somente como relações entre necessidades e objetos. Tanto a identificação como a alienação são maneiras de funcionar dentro de um campo. Nesses casos, no entanto, a tendência geral é abstrair tanto o "organismo" como o "ambiente" de modo isolado, e recombiná-los secundariamente.

O campo como um todo tende a se completar, a atingir o equilíbrio mais simples possível para aquele nível de campo. Contudo, já que as condições estão sempre mudando, o equilíbrio parcial obtido é sempre inusitado; é preciso crescer para chegar a ele. Um organismo preserva-se somente pelo crescimento. A autopreservação e o crescimentos são pólos, porque é somente o que se preserva que pode crescer pela assimilação, e é somente o que continuamente assimila a novidade que pode se preservar e não degenerar. Desse modo, os materiais e a energia do crescimento são: o esforço conservativo do organismo de permanecer como é; o ambiente novo; a destruição de equilíbrios parciais anteriores e a assimilação de algo novo.

Contatar é, em geral, o crescimento do organismo. Pelo contato queremos dizer a obtenção de comida e sua ingestão, amar e fazer amor, agredir, entrar em conflito, comunicar, perceber, aprender, locomover-se, a técnica e em geral toda função que tenha de ser considerada primordialmente como acontecendo na fronteira, num campo organismo/ambiente.

Chamamos *self* ao sistema complexo de contatos necessário ao ajustamento no campo imbricado. O *self* pode ser considerado como estando na fronteira do organismo, mas a própria fronteira não está isolada do ambiente; entra em contato com este; e pertence a ambos, ao ambiente e ao organismo. O contato é o tato tocando alguma coisa. Não se deve pensar o *self* como uma instituição fixada; ele existe onde quer que haja de fato uma interação de fronteira, e sempre que esta existir. Parafraseando Aristóteles, "quando se aperta o polegar, o *self* existe no polegar dolorido".

(Desse modo, supondo que, ao nos concentrar em nosso rosto, sentimos que este é uma máscara, então nos perguntamos qual é nosso rosto "genuíno". Mas tal pergunta é absurda, porque nosso rosto genuíno é uma resposta a alguma situação presente: se há perigo, nosso rosto verdadeiro é o pavor; se há algo interessante, é um rosto interessado etc. O rosto genuíno subjacente a um rosto que sentimos ser uma máscara seria a resposta a uma situação que se manteve inconsciente; e é essa realidade, de manter algo na inconsciência, que é expressa pela máscara: porque a máscara é então o rosto genuíno.[2] Assim, o conselho que diz "seja você mesmo", freqüentemente ministrado por terapeutas, é um tanto absurdo; o que se quer dizer com ele é "entre em contato com a realidade", porque o *self* é somente esse contato.)

O *self*, o sistema de contatos, integra sempre funções perceptivo-proprioceptivas, funções motor-musculares e necessidades orgânicas. É consciente e orienta, agride e manipula, e sente emocionalmente a adequação entre ambiente e organismo. Não há boa percepção que não envolva a muscularidade e a necessidade orgânica; uma figura percebida não é vivida e nítida a não ser que estejamos interessados nela, concentremo-nos nela e

---

2. O rosto exprime: "Sou aquele que não quer sentir" ou "Quero ocultar o que sinto".

a examinemos. De modo análogo, não há graça ou destreza de movimentos sem o interesse e a propriocepção dos músculos e uma percepção do ambiente. E a excitação orgânica se expressa, torna-se significativa, precisamente ao emprestar ritmo e movimento aos objetos da percepção, como é óbvio em música. Expressando isso de outra maneira: é o órgão sensorial que percebe, é o músculo que se movimenta, é o órgão vegetativo que sofre de um excedente ou de um déficit; mas é o organismo-como-um-todo em contato com o ambiente que é consciente, manipula e sente.

Essa integração não é ociosa; é um ajustamento criativo. Em situações de contato, o *self* é a força que forma a gestalt no campo; ou melhor, o *self* é o processo de figura/fundo em situações de contato. A sensação desse processo formativo, a relação dinâmica entre o fundo e a figura é o excitamento: este é o sentimento da formação da figura-fundo em situações de contato, à medida que a situação inacabada tende a seu completamento. De forma inversa, visto que o *self* existe não como uma instituição fixa, mas especialmente como processo de ajustamento a problemas mais intensos e difíceis, quando essas situações estão inertes ou se aproximam de um equilíbrio, o *self* é reduzido. O mesmo se dá no sono ou em qualquer crescimento à medida que se aproxima da assimilação. Na obtenção de comida, a fome, a imaginação, o movimento, a seleção e o ato de comer estão cheios de *self*; a deglutição, a digestão e a assimilação se dão com menos *self* ou sem nenhum. Ou igualmente no contato por proximidade de superfícies carregadas, como no amor: o desejo, a aproximação, o ato de tocar e a liberação total de energias estão cheios de *self*, e o fluxo subseqüente ocorre com um *self* diminuído. Ou ainda também nos conflitos: a destruição e a aniquilação estão cheios de *self*, a identificação e a alienação ocorrem com um *self* diminuído. Em resumo, onde há mais conflito, contato e figura/fundo, há mais *self*; onde há "confluência" (fluir junto), isolamento ou equilíbrio, há um *self* diminuído.

O *self* existe onde estão as fronteiras móveis do contato. As áreas de contato podem ser restritas, como nas neuroses, mas onde quer que haja uma fronteira e o contato ocorra, este é, nessa medida, um *self* criativo.

3. O *self* como realização do potencial

O presente é uma passagem do passado em direção ao futuro, e esses tempos são as etapas de um ato do *self* à medida que entra em contato com a realidade (é provável que a experiência metafísica do tempo seja primordialmente uma leitura do funcionamento do *self*). O que é importante observar é que a realidade com a qual se entra em contato não é uma condição "objetiva" imutável que é apropriada, mas uma potencialidade que no contato se torna concreta.

180

O passado é o que não muda e é essencialmente imutável. Desse modo, as abstrações e a "realidade" abstrata imutável são construções da experiência passada fixada. Condições reais essencialmente "externas" são experienciadas não como sendo imutáveis, mas como sendo continuamente renovadas da mesma maneira. Ao concentrar-se a *awareness* na situação concreta, essa preteridade da situação se dá como sendo o estado do organismo e do ambiente; mas de imediato, no instante mesmo da concentração, o conhecido imutável está se dissolvendo em muitas possibilidades e é visto como uma potencialidade. À medida que a concentração prossegue, essas possibilidades são retransformadas em uma nova figura que emerge do fundo da potencialidade: o *self* se percebe identificando-se com algumas das possibilidades e alienando outras. O futuro, o porvir, é o caráter direcionado desse processo a partir das muitas possibilidades em direção a uma nova figura única.

(Devemos assinalar que há uma experiência plena de contato de um estado objetivo "imutável" de um "objeto". Esta é a experiência da observação concentrada de alguma coisa, na qual adotamos uma atitude de confrontar e examinar a coisa, mas nos abstemos de intervir nela ou ajustá-la de qualquer modo. Obviamente, a capacidade de adotar essa atitude com um Eros ativo é o que faz um grande naturalista, como Darwin, que costumava olhar fascinado para uma flor durante horas.)

Diz-se que inibição do *self* na neurose é uma incapacidade de conceber a situação como estando em mutação ou sofrendo outro processo; a neurose é uma fixação no passado que não muda. Isto é verdadeiro, mas a função do *self* é mais do que o processo de aceitar as possibilidades; é também a identificação e a alienação destas, o criativo alcançando uma nova figura; é diferenciar entre as "respostas obsoletas" e o comportamento novo e único que é exigido.

Aqui podemos observar de novo como o conselho habitual "Seja você mesmo" é desorientador, porque o *self* só pode ser sentido como uma potencialidade; qualquer outra coisa mais definida tem de surgir no comportamento concreto. A ansiedade causada por esse conselho é o medo do vazio e da confusão de um papel tão indefinido; o neurótico sente que ele então não tem valor algum em comparação com algum conceito presunçoso de seu ego; e subjacente está o pavor do comportamento reprimido que poderia emergir do vazio.

4. Propriedades do *self*

O *self* é espontâneo — nem ativo, nem passivo — (como fundamento da ação e da paixão) e engajado na sua situação (como Eu, Tu e Isso). Consideremos essas propriedades uma de cada vez, embora elas impliquem uma na outra.

A espontaneidade é o sentimento de estar atuando no organismo/ambiente que está acontecendo, sendo não somente seu artesão ou seu artefato, mas crescendo dentro dele. A espontaneidade não é diretiva nem autodiretiva, e nem nada a está arrastando embora seja essencialmente descompromissada, mas é um processo de descobrir-e-inventar à medida que prosseguimos, engajados e aceitando o que vem.

O espontâneo é tanto ativo quanto passivo, tanto desejoso de fazer algo quanto disposto a que lhe façam algo; ou melhor, está numa posição equidistante dos extremos (nem passivo, nem ativo), uma imparcialidade criativa; um desinteresse não no sentido de não estar excitado ou não ser criativo — porque a espontaneidade é iminentemente isso —, mas no sentido de uma unidade anterior (e posterior) à criatividade e à passividade, contendo ambas.[3]

(É curioso que esse sentimento de imparcialidade ou desinteresse, testemunhado por pessoas criativas, seja interpretado analiticamente como uma perda de *self*, em lugar de ser o sentimento característico de *self*; mas tentaremos mostrar adiante como é que isso se dá.) Os extremos de espontaneidade são por um lado a deliberação e por outro o relaxamento.[4]

Dentre as categorias principais de funções de contato, os sentimentos são mais freqüentemente considerados como o *self* subjacente ou a "alma"; isto é, porque os sentimentos são sempre espontâneos e equidistantes dos extremos não podemos nem nos induzir pela força de vontade nem sermos obrigados a sentir algo. O movimento muscular é muitas vezes predominantemente ativo, e a percepção é muitas vezes predominantemente passiva. Contudo, tanto o movimento quanto a percepção podem ser espontâneos e equidistantes dos extremos — como na dança animada ou na percepção

---

3. "Todas as coisas que admitem combinação devem ser capazes de contato recíproco: e o mesmo é verdadeiro com relação a duas coisas quaisquer das quais uma age e a outra sofre a ação no sentido correto dos termos" (Aristóteles, De Gene et Corrupt., I, 6).

4. Ao se falar no modo médio, mais uma vez surge uma dificuldade lingüística. Em inglês temos geralmente só verbos ativos ou passivos; nossos verbos intransitivos — "andar", "falar" — perderam seu modo médio e são meramente atividades sem um objeto. Isto é um mal da língua. O grego tem um modo médio regular, plausivelmente com o significado desinteressado que necessitamos aqui; por exemplo, *dunamai*, ter o poder de, ou *boulomai*, querer. O mesmo se dá com alguns verbos reflexivos franceses: *s'amuser*, divertir-se, ou *se promener*, dar um passeio. Contudo, temos de fazer uma distinção meticulosa: uma ação em cima do *self* é exatamente o que o modo médio não é — a isto denominaremos posteriormente de "retroflexão", que é muitas vezes um mecanismo neurótico. O modo médio significa antes, quer o *self* seja ativo ou passivo, que ele situa o processo em si mesmo como uma totalidade, sente o processo como seu e está empenhado nele. Talvez esse seja o mesmo significado do inglês *address oneself to*, dedicar-se a, dirigir-se a.

estética; e a própria deliberação pode ser espontânea, como a deliberação excepcional da ação heróica inspirada; e também o pode o relaxamento, como nos momentos em que estamos nos aquecendo ao sol ou na estima de um ser amado.

O que queremos dizer com "engajado na situação" é que não há nenhuma sensação de nós próprios ou de outras coisas a não ser nossa experiência da situação. O sentimento é imediato, concreto e presente, e envolve integralmente a percepção, a muscularidade e o excitamento. Contrastemos duas atitudes: quando nossas percepções e propriocepções nos fornecem orientação no campo, essa orientação pode ser considerada de modo abstrato. Sentida dessa maneira, indica uma locomoção e o alcançar um determinado objetivo onde estaremos satisfeitos. Ou então pode ser sentida concretamente como estando a caminho, e de certo modo tendo chegado e estando agora nos orientando. Em contato com uma tarefa, por outro lado, o plano se ilumina com clarões fragmentários do produto acabado, e inversamente o produto acabado não é o que é concebido de forma abstrata, mas o que se esclarece no planejamento e na elaboração do material. Além disso, não existem meros meios e fins; com relação a cada parte do processo há uma satisfação perfeita mas que tem prosseguimento: o processo de orientação é, em si mesmo, uma manipulação e um pré-sentimento. Se isto não fosse assim, nada poderia nunca ser feito de modo espontâneo, porque nos desligaríamos espontaneamente e buscaríamos o que realmente excitasse o sentimento. Para dar um exemplo dramático (à maneira de Gide), o guerreiro empenhado numa luta de morte sente apaixonadamente a luta e tem prazer nela.

Por fim, empenhado espontaneamente num interesse atual e aceitando-o à medida que se desenvolve, o *self* não tem consciência de si próprio abstratamente, mas como estando em contato com alguma coisa. Seu "Eu" é polar com relação a um "Tu" e a um "Isso". O Isso é a sensação dos materiais, dos anseios e do fundo; o Tu é o caráter direcionado do interesse; o Eu é tomar as providências e fazer as identificações e as alienações progressivas.

5. Ego, Id e Personalidade como aspectos do *self*

A atividade que estamos discutindo — realização do potencial — e as propriedades — espontaneidade, modo intermediário etc. — pertencem ao *self* engajado num tipo de presente generalizado; mas, naturalmente, não existe nenhum tempo semelhante (embora, para pessoas de sentimento intenso e habilidade refinada, momentos de criatividade intensa não sejam infreqüentes, se tiverem sorte também). Na maioria dos casos, o *self* cria estruturas específicas para propósitos específicos, pondo de lado ou fixando algumas de suas faculdades ao mesmo tempo em que exercita livrememte as restantes; desse modo, mencionamos numerosas estruturas neuróticas, e acabamos de aludir anteriormente à estrutura nas observações naturais, e assim por diante. O tema de uma psicologia formal seria a classificação, descrição e análise exaustivas das estruturas possíveis do *self* (este é o tema da fenomenologia).

Para nossos propósitos, vamos discutir brevemente três dessas estruturas do *self* — o Ego, o Id e a Personalidade — porque, por razões diversas de tipo de pacientes e de métodos de terapia, essas três estruturas parciais foram consideradas nas teorias da psicologia anormal como sendo a função total do *self*.

Enquanto aspectos do *self* num ato simples espontâneo, o Id, o Ego e a Personalidade são as etapas principais de ajustamento criativo: o Id é o fundo determinado que se dissolve em suas possibilidades, incluindo as excitações orgânicas e as situações passadas inacabadas que se tornam conscientes, o ambiente percebido de maneira vaga e os sentimentos incipientes que conectam o organismo e o ambiente. O Ego é a identificação progressiva com as possibilidades e a alienação destas, a limitação e a intensificação do contato em andamento, incluindo o comportamento motor, a agressão, a orientação e a manipulação. A Personalidade é a figura criada na qual o *self* se transforma e assimila ao organismo, unindo-a com os resultados de um crescimento anterior. Obviamente, tudo isso é somente o próprio processo de figura/fundo, e em um caso simples assim não há necessidade de dignificar as etapas com nomes especiais.

6. O Ego

Uma experiência saudável mais corrente, contudo, é a seguinte: estamos relaxados, há muitos interesses possíveis, todos aceitos e todos bastante vagos — o *self* é uma "gestalt fraca". Então um interesse assume a dominância e as forças se mobilizam de modo espontâneo, determinadas imagens se avivam e as respostas motoras são iniciadas. Nessa altura, com muita freqüência também se requer determinadas exclusões e escolhas deliberadas (assim como se requer as dominâncias espontâneas onde interesses possíveis rivais cederam por conta própria). É necessário prestar atenção assim como estar atento, fazer um orçamento de nosso tempo e nossos recursos, mobilizar meios que não são em si mesmos interessantes, e assim por diante. Isto é, limitações deliberadas são impostas no funcionamento total do *self*, e a identificação e a alienação prosseguem de acordo com esses limites. Não obstante, durante esse interveniente período de concentração deliberada, a espontaneidade está difundida no fundo, no ato criativo de deliberação e no excitamento crescente no primeiro plano. E, finalmente, no clímax do excitamento, a deliberação é relaxada e a satisfação torna-se novamente espontânea.

Nessa experiência corrente, o que é a *autoconsciência* do Ego, o sistema de identificações? É deliberada, de modo ativo, sensorialmente alerta e motoricamente agressiva, e consciente de si própria como estando isolada da sua situação.

A deliberação saudável é a restrição consciente de determinados interesses, percepções e movimentos para concentrar a atenção em outra parte com uma unidade mais simples. A percepção e a propriocepção são restringidas ao "não se perceber"; por exemplo, a atenção pode ser desviada motoricamente, ou se uma excitação orgânica se inibe, o objeto percebido perde vividez. Os implusos motores podem ser entravados por impulsos motores rivais. As excitações podem ser inibidas por meio de seu isolamento, ao não se lhes dar objetos que as intensifiquem e as incitem, nem iniciativa muscular para que ganhem impulso. (Enquanto isso, naturalmente, o interesse escolhido está se desenvolvendo e ganhando excitamento.)

Bem, esses mecanismos produzem necessariamente uma sensação de estar "ativo", de estar fazendo a experiência, porque o *self* está identificado com o interesse ativo selecionado, e dá a impressão, a partir desse centro, de ser um agente extrínseco no campo. A abordagem no ambiente é percebida como uma agressão ativa em lugar de ser percebida como algo em que nos transformamos pelo crescimento, porque aqui mais uma vez a realidade não é enfrentada de acordo com sua vividez espontânea, mas é selecionada ou excluída de acordo com o interesse com o qual nos identificamos. Temos a sensação de estar produzindo a situação. Os meios são selecionados puramente como meios, de acordo com o conhecimento prévio de situações semelhantes: temos então a sensação de usar e dominar em lugar de descobrir-e-inventar. Os sentidos estão alertas, de prontidão, em lugar de estarem "encontrando" ou "respondendo".

Há um grau elevado de abstração a partir da unidade perceptivo-motórico-afetiva e do campo total. (A abstração, como dissemos, é uma fixação de determinadas partes para que outras possam movimentar-se e ser o primeiro plano.) O plano, os meios e o objetivo estão separados entre si. Essas abstrações se combinam numa unidade mais estrita, mais simples.

Finalmente, uma abstração importante que é percebida como real na situação de deliberação é o próprio Ego: porque a necessidade orgânica se restringe ao objetivo, e a percepção é controlada, e o ambiente não é contatado como sendo o pólo de nossa existência, mas é mantido a distância como sendo "o mundo externo", com relação ao qual somos um agente extrínseco. O que é percebido como próximo é a unidade de objetivo, orientação, meios, controle etc. e isto é precisamente o próprio ator, o ego. Mas toda teorização, e em particular a introspecção, é deliberada, restritiva e abstrativa; desse modo, ao teorizar sobre o *self*, particularmente a partir de introspecções, é o Ego que assoma como estrutura central do *self*. Temos consciência de nós mesmos num isolamento determinado, e nem sempre em contato com alguma outra coisa. O exercício da vontade e o exercício de nossa técnica impressionam por sua energia aparente. Além disso, há o seguinte fator neurótico importante: atos de deliberação se repetem continuamente no apaziguamento de situações inacabadas, de modo que esse hábito do *self* se imprime na memória como sendo o sentimento penetrante do *self*, enquanto contatos espontâneos tendem a acabar a situação e a ser esquecidos. De qualquer modo, o fato é que nas teorias psicanalíticas ortodoxas da consciência é o Ego e não o *self* que se torna central (como discutiremos detalhadamente no próximo capítulo).

Isto é, num mundo paradisíaco de identificações e alienações espontâneas sem restrição deliberada, o Ego seria meramente uma etapa da função do *self*. E mesmo que se observe somente o comportamento, o Ego ainda assim não se agiganta, mesmo quando há muita deliberação. Porém, em qualquer teoria introspectiva ele necessariamente se agiganta enormemente; e, em circustâncias em que o sujeito é neurótico, nada mais existe na consciência a não ser o Ego deliberado.

7. O Id

Para o teórico freudiano ortodoxo, entretanto, as enunciações conscientes do paciente neurótico contam muito pouco; observa-se que falta energia a seus esforços deliberados. Em lugar destes, o teórico dirige-se ao extremo oposto e descobre que a parte importane e ativa do aparato "mental" é o Id; mas o Id é essencialmente "inconsciente": a introspecção não nos diz nada a seu respeito; pode-se observá-lo no comportamento, inclusive no comportamento verbal, ao qual só se liga uma consciência rudimentar. Essa noção das propriedades do Id é naturalmente uma conseqüência do método de terapia: o paciente relaxado e a livre associação, e os significados criados pela atenção não do paciente mas do terapeuta (ver capítulo 7, itens 4 e ss).

Consideremos, contudo, em vez disso, a estrutura do *self* no relaxamento consciente habitual. A situação é que, para descansar, o *self* suspende a prontidão sensorial e afrouxa os músculos do tônus mediano. O Id então surge como sendo passivo, disperso e irracional; seus conteúdos são alucinatórios e o corpo se agiganta enormemente.

A sensação de passividade vem do ato de aceitar sem compromisso. Desejando descansar, o *self* não vai reanimar e encenar o impulso; a iniciação motora está completamente inibida. Um após outro os sinais momentâneos assumem a dominância e decaem, pois são contatados ulteriormente. Para o pequeno centro de atividade introspectiva, essas possibilidades parecem ser "impressões" que nos são dadas e infligidas.

As imagens que ocorrem tendem a ser alucinatórias, objetos reais e incidentes dramáticos inteiros contatados com um mínimo de dispêndio de esforço; por exemplo, as imagens hipnagógicas ou as fantasias na masturbação. Sua energia provém de situações inacabadas de tipo tal que são satisfeitas pela agitação da própria fronteira de contato (ver capítulo 3, item 7). Porque se as situações orgânicas inacabadas são instigantes, então o descanso é impossível: a tentativa de impô-lo resulta em insônia, inquietação etc.; mas se estas forem fracas (com relação ao cansaço do dia), elas poderão ser mais ou menos gratificadas pela alucinação. A sexualidade passiva da masturbação combina essas fantasias passivas com uma auto-agressão ativa, que apazigua a necessidade de resposta motora.

O *self* parece disperso, e está realmente desintegrando-se e desaparecendo na mera potencialidade, porque ele existe, é realizado, pelo processo de contato. Já que tanto a orientação sensorial quanto a manipulação motora estão inibidas, nada tem "sentido" e os conteúdos parecem misteriosos. Contrastanto Ego, *Self* e Id: o Ego deliberado tem a unidade abstrata estrita de visar um objetivo e excluir distrações; a espontaneidade tem a unidade concreta flexível de crescer, de compromisso e de aceitar as distrações como passíveis atrações; e o relaxamento é desintegrar, e é unificado somente pela sensação volumosa do corpo.

O corpo aparece agigantado porque, com o sentido e o movimento suspensos, as propriocepções usurpam o campo. Estas foram suprimidas deliberadamente; liberadas agora, elas inundam a *awareness*. Se elas não proporcionarem um centro de atenção concentrada instigante, adormeceremos.

8. A Personalidade

A Personalidade na qualidade de estrutura do *self* é também em grande parte descoberta-e-inventada no próprio procedimento analítico, particularmente quando o método é a interpretação e correção das relações interpessoais. A Personalidade é o sistema de atitudes adotadas nas relações interpessoais; é a admissão do que somos, que serve de fundamento pelo qual poderíamos explicar nosso comportamento, se nos pedissem uma explicação. Quando o comportamento interpessoal é neurótico, a personalidade consiste em alguns conceitos errôneos a respeito de nós próprios, introjetos, ideais de ego, máscaras etc. Mas, quando a terapia é concluída (e o mesmo vale para qualquer método terapêutico), a Personalidade é uma espécie de estrutura de atitudes, por nós compreendidas, que podem ser empregadas em todo tipo de comportamento interpessoal. Na natureza do caso, esta é a realização máxima de uma entrevista psicanalítica; e a conseqüência é que a estrutura "livre" obtida desse modo é considerada pelos teóricos como sendo o *self*. Contudo, a Personalidade é essencialmente uma réplica verbal do *self*; é o que responde a uma indagação ou a uma auto-indagação. É característico dos teóricos interpessoais o fato de que tenham pouco a dizer sobre o funcionamento orgânico, a sexualidade, as fantasias obscuras ou ainda sobre a elaboração técnica de materiais físicos, porquanto todos esses não são primitivamente objetos de explicação.

Qual é a autoconsciência da Personalidade, já que falamos da autoconsciência do Ego e do Id? Ela é autônoma, responsável e se autoconhece inteiramente no desempenho de um papel definido na situação concreta.

A autonomia não deve ser confundida com a espontaneidade. A autonomia é escolher livremente, e tem sempre um sentido de desprendimento primário seguido de compromisso. A liberdade é proporcionada pelo fato de que a base da atividade já foi obtida: nos comprometemos de acordo com o que somos, isto é, com o que nos tornamos. Contudo, o ponto equidistante dos extremos da espontaneidade não tem o luxo dessa liberdade, nem o sentimento de segurança que vem de saber o que somos e onde estamos, e de sermos capazes de nos engajar ou não; estamos engajados e somos levados, não a despeito de nós mesmos, mas para além de nós mesmos. A autonomia é menos extrinsecamente ativa do que a deliberação e naturalmente menos extrinsecamente passiva que o relaxamento — porque é na nossa própria situação que nos engajamos de acordo com nosso papel; não estamos trabalhando em alguma outra coisa, e nem somos trabalhados por outra coisa; portanto, pensa-se que a personalidade livre é espontânea e equidistante dos extremos (nem ativa, nem passiva). Contudo, no comportamento espontâneo tudo é novidade e se torna progressivamente nosso; na autonomia, o comportamento é nosso porque em princípio já foi consumado e assimilado. A "situação concreta" não é em realidade nova, mas sim uma imagem espelhada da Personalidade — desse modo, sabe-se que a situação é nossa e estamos seguros.

A Personalidade é transparente, é inteiramente conhecida, porque é o sistema do que foi reconhecido (em terapia, é a estrutura de todas as descobertas do tipo "ah, saquei!"). O *self* não é, em absoluto, transparente nesse sentido — embora seja consciente e possa se orientar — porque sua consciência de *self* é em termos do outro na situação concreta.

Da mesma maneira, a Personalidade é responsável e pode se responsabilizar num sentido em que o *self* criativo não consegue. Porque a responsabilidade é o preenchimento de um contrato; faz-se um contrato de acordo com o que se é, e a responsabilidade é a consistência adicional de comportamento nesse âmbito. Contudo, a criatividade pura não pode entrar num contrato dessa maneira; sua consistência passa a existir à medida que se desenvolve. Dessa forma, a Personalidade é a estrutura responsável do *self*. Para dar o que não é tanto uma analogia quanto um exemplo: um poeta, reconhecendo o tipo de situação e o tipo de atitude de comunicação que se faz necessária, poderá fazer um contrato de escrever um soneto, e preenche de forma responsável essa forma métrica; contudo, ele cria as imagens, o ritmo emocional, o significado, à medida que entra em contato cada vez mais intimamente com a fala.

XI
CRÍTICA DE TEORIAS PSICANALÍTICAS DO *SELF*

1. Crítica de uma teoria que torna o *self* ocioso

A função-*self* é o processo figura/fundo nos contatos-fronteira no campo organismo/ambiente. Essa concepção é tão acessível na experiência comum como na experiência clínica, e além disso, é tão útil na terapia que nos defrontamos com o problema de por que ela é desconsiderada ou inteiramente descuidada nas teorias correntes. Neste capítulo vamos discutir, portanto, as insuficiências dessas teorias da consciência (que são geralmente propostas sob a forma de Teoria do Ego). Posteriormente (capítulo 13) veremos que a função-*self* é tratada mais adequadamente pelo próprio Freud, só que, devido a uma teoria falha da repressão, ele atribui o trabalho criativo dessa função, na sua maior parte, ao inconsciente.

As dificuldades das teorias ortodoxas começam quando diferenciam entre a consciência sadia e a consciência doente; porque a consciência sadia é considerada *ociosa*— dinamicamente ociosa na teoria e portanto praticamente ociosa na terapia — ela não faz nada. É somente a consciência doente que é efetiva, e é somente a esta que se presta atenção com o objetivo de tirá-la do caminho.

Considere o seguinte trecho de *The Ego and the Mechanisms of Defense* [*O ego e os mecanismos de defesa*], de Anna Freud:[1]

> Quando as relações entre as duas potências vizinhas — o ego e o id — são pacíficas, o primeiro desempenha admiravelmente seu papel de observar o segundo. Impulsos instintuais distintos estão perpetuamente abrindo caminho à força do id para o ego, onde ganham acesso ao sistema motor, por meio do qual obtêm satisfação. Em casos favoráveis o ego não põe objeções ao intruso, mas coloca suas próprias energias à disposição do outro, e se limita a observar... O ego, se consentir com o impulso, não tem absolutamente importância.

Neste trecho, há, em primeiro lugar, naturalmente, uma verdade importante: o impulso assume a dominância pela auto-regulação organísmica, sem esforço deliberado; há identificação com o que está dado. (Em nossos termos, o ego é uma etapa progressiva da função-*self*). Mas, dizer que o impulso "abre caminho à força" sob a forma de um "intruso" e que o ego não "põe objeções" é um emprego estranho das palavras — como se não houvesse, em circunstâncias favoráveis, um processo unitário do *self* como fundo. E desse modo, em todo o trecho, coloca-se o carro na frente dos bois: em lugar de se iniciar por um contato pré-diferenciado de percepção-movimento-sentimento, que em seguida se desenvolve à medida que os obstáculos e os problemas se tornam mais definidos, é necessário para o ego "colocar suas energias à disposição do outro" etc.; na realidade, entretanto, não poderíamos indicar um "impulso" que não fosse também uma percepção e um movimento muscular.

Não sabemos como conceber a relação entre organismo e ambiente indicada pela frase "o ego se limita a observar", a estar consciente, e "não tem absolutamente importância". A *awareness* não é ociosa; ela é orientação, o processo de apreciação e aproximação, o processo de escolha de uma técnica; e em toda parte está em interação funcional com a manipulação e o excitamento crescente do contato mais íntimo. As percepções não são meras percepções; elas se avivam e se aguçam, e atraem. Durante todo o processo há descoberta e invenção, e não contemplação; porque embora a necessidade do organismo seja conservativa, a satisfação da necessidade sã pode vir da novidade no ambiente: a função-id torna-se cada vez mais a função-ego até o ponto de contato final e liberação, exatamente o contrário do que afirma a srta. Freud. É em circunstâncias favoráveis, quando o id e o ego estão em harmonia, que o trabalho criativo de *awareness* é mais patente e não deixa de ter "importância". Suponha, pois, que este não fosse o caso: por que, funcionalmente, a *awareness* deveria ser de alguma maneira necessária? Por que a satisfação

---

1. Anna Freud, *The Ego and The Mechanisms of Defense*. International Universities Press, Inc., Nova York, 1946.

não poderia ocorrer e a tensão ser liberada enquanto o animal está vegetando num sono sem sonhos? É porque contatar o presente inusitado exige um funcionamento unificado das faculdades.

Citemos outro trecho para mostrar como esse erro teórico do sistema-*awareness* ocioso é nocivo à terapia. O contexto do livro de Anna Freud, o qual, por falar nisso, constitui uma contribuição valiosa, é o seguinte: a consciência é o que está mais acessível ao tratamento; são as "defesas de ego" fixadas que constituem a neurose. Concordamos naturalmente com essas teses (embora devêssemos falar de agressões de ego em lugar de defesas de ego). E o problema, como ela o vê, é como flagrar o ego em funcionamento. Isto não pode se dar numa situação sadia, ela argumenta, porque nesse caso o ego estará ocioso. Não pode se dar tampouco quando o ego está "defensivo" de maneira bem-sucedida, porque nesse caso seu mecanismo estará oculto, o impulso estará reprimido. Contudo, por exemplo,

> A formação reativa — um ego-mecanismo-neurótico — pode ser melhor estudada quando semelhantes formações estiverem em processo de desintegração... Por um momento, o impulso instintual e a formação reativa estão visíveis dentro do ego, lado a lado. Devido a outra função do ego — sua tendência à síntese — esse estado de coisas, que é particularmente favorável para a observação analítica, dura somente alguns instantes de cada vez.(Anna Freud, *ibid.*)

Note que aqui a "tendência à síntese" é denominada de "outra" função do ego acessível, mencionada entre parênteses no final do capítulo; contudo, essa tendência é o que Kant, por exemplo, julgava ser a essência do ego empírico, a unidade sintética de apercepção, e é o que estamos considerando como o principal trabalho do *self*, a formação de gestalt. Nesse trecho, no entanto, essa tendência sintética é considerada um obstáculo lamentável para a observação — do quê? Do Ego! Claramente, aqui a srta. Freud não quer dizer com ego o sistema-*awareness* de maneira alguma, mas a deliberação neurótica inconsciente; e contudo esta não é a consciência que está mais acessível ao tratamento, angariando a cooperação do paciente. A alternativa é o que estamos sugerindo desde o princípio; analisar precisamente a estrutura das sínteses: que o paciente se concentre em como suas figuras estão incompletas, distorcidas, inábeis, débeis, obscuras; e que as deixe se desenvolver até atingirem um maior completamento, não evitando a tendência sintética, mas mobilizando-a mais; nesse processo é despertada a ansiedade e os conflitos emergem, e, ao mesmo tempo, o paciente está cada vez mais em condições de enfrentar a ansiedade, de modo que se torne novamente um excitamento vivo. Assim a teoria do *self* desenvolve-se diretamente junto com a terapia do *self*. Entretanto, na concepção ortodoxa, ocorre o contrário: ao não se concentrar na capacidade integrativa do paciente, e sim atraí-la para a berlinda tanto quanto possível, o analista aprende algo sobre como o paciente seria se estivesse completamente desorientado e paralisado. E agora? O analista vai montar o paciente a partir das partes discrepantes? Mas isto tem de ser feito pela capacidade integrativa do paciente. Mas o analista não pôs em absoluto essa capacidade em prática, e a enfraqueceu tanto quanto pôde, como também ainda não sabe nada a respeito dela.

Uma teoria que torna o sistema-*awareness* praticamente ocioso e o torna até mesmo um obstáculo dá uma falsa imagem da situação sadia e não auxilia na situação neurótica.

2. Crítica de uma teoria que isola o *self* dentro de fronteiras fixadas

A maioria das teorias ortodoxas segue o modelo anterior. Menos típica é a teoria do ego e suas fronteiras de Paul Federn. (As citações que se seguem são de um trabalho sobre "The Mental Hygiene of the Psychotic Ego" ("A higiene mental do ego psicótico".) Nessa teoria o ego não está ocioso, ele age e é sentido como uma unidade sintética existente.

O ego consiste no sentimento de unidade, contigüidade e continuidade entre a mente e o corpo do indivíduo na propriocepção de nossa própria individualidade... O ego é uma unidade de catexia funcional, que muda com todo pensamento e percepção concretos, mas que retém o mesmo sentimento de sua existência em fronteiras distintas.[2]

E novamente o dr. Federn adverte sobre o erro da ociosidade:

A tentação de acreditar que indicamos a psicologia do ego ao empregar a palavra "ego" em lugar de "personalidade" ou "indivíduo"... Qualquer terminologia tautológica se põe facilmente a serviço do auto-engano. Devemos ter em mente que o ego é uma unidade psicossomática específica catexada com energia mental.[3]

E o dr. Federn mostra como usar essa unidade energizada na terapia. Por exemplo, funções *awareness* que operam especificamente, como a abstração

---

2. Esta é uma descrição satisfatória do que denominamos Personalidade, no item 8 do capítulo X. O *self* como tal não sente sua própria existência, mas sim a unidade de seu processo de contato.

3. Paul Federn, "Mental Hygiene of the Psychotic Ego", *American Journal* of *Psychotherapy*, Julho, 1949, pp. 356-371.

ou o pensamento conceitual, podem ser debilitadas (na esquizofrenia); e a terapia consiste em fortalecê-las por meio de exercícios do ego.

Até aí tudo bem. Mas a dificuldade dessa concepção é esta: se o sistema-contato é essencialmente (em lugar de sê-lo às vezes e sob a forma de uma estrutura específica) a propriocepção de nossa individualidade dentro de fronteiras nítidas, então como é possível entrarmos em contato com a realidade fora das fronteiras? Defrontamos-nos diretamente com essa dificuldade na seguinte formulação do dr. Federn:

> O que quer que seja mero pensamento deve-se a um processo mental que se situa dentro da fronteira mental e física; o que quer que tenha a conotação de ser real se situa fora da fronteira-ego mental e física.

No estado atual da filosofia, esse tipo de formulação parece perfeitamente razoável, mas é absurdo, pois como tomamos consciência da distinção entre o interno e o externo, o "pensamento" e o "real"? Não é pela *awareness*? Portanto, de alguma maneira o sistema de *awareness* tem de contatar diretamente o real "externo"; o sentido de *self* tem de ultrapassar a propriocepção de nossa individualidade. (Estivemos argumentando, naturalmente, que a essência do contato é estar em contato com a situação; a função-*self* é uma função do campo.) O problema é antigo: como é que, acordado, você sabe que estava sonhando e que não está sonhando agora? E a resposta ainda tem de ser aquela clássica: não o sabe por uma "conotação" particular da "realidade", como se esta fosse uma qualidade destacável, mas pela integração de uma *awareness* maior na situação concreta, de uma maior consistência, de mais sentimento do corpo e, especialmente, neste caso, de mais muscularidade deliberada. (Você se belisca para ver se está acordado; não que você não possa estar sonhando também que está se beliscando, mas é que isto é mais uma evidência, e se toda evidência disponível desse tipo for coerente, não terá importância, afinal de contas, se você está acordado ou está sonhando.) Se o médico tivesse de falar também do comportamento motor como parte do sentido de ego, assim como da percepção e propriocepção, o absurdo ficaria patente, porque nesse caso o "corpo" do indivíduo não poderia ser delimitado a partir dos outros componentes do ambiente.

Vejamos como chegamos de modo dinâmico à conjuntura plausível do dr. Federn. Considere as seguintes proposições:

> O ego mental e o ego corporal são percebidos separadamente, mas no estado de vigília são sempre percebidos de maneira tal que o ego mental é experienciado como estando dentro do ego corporal.

Certamente nem sempre. Uma situação de interesse intenso assoma muito mais na *awareness* do que o corpo percebido, e este é percebido como parte daquela; ou não é o "corpo" que é percebido em absoluto, mas o objeto em sua situação qualificado pelo apetite corporal. Num momento assim, o corpo é percebido como sendo pequeno e estando voltado para fora, para o interesse. Contudo, o autor está provavelmente pensando no momento da *introspecção*; e é verdade que nesse ato a "mente" está dentro do "corpo" — em especial se o corpo opõe resistência a servir de fundo e assoma enfadado, irrequieto, coçando.

Podemos agora avaliar a formulação:

O ego como sujeito é conhecido pelo pronome "eu" e como objeto é denominado de "o *self*".

Esta é uma linguagem justa se a técnica de observação for a introspecção, porque nesse caso o ego "mental" é ativo e o *self* "mental" e "corporal" é passivo; e já que a *awareness* do corpo não é controlável — a não ser que a introspecção se transforme numa fantasia vivida — o objeto, que é o sentimento do corpo, é maior do que o sujeito introspectivo. Contudo, consideremos a lógica de semelhante linguagem para o uso geral: a *awareness* do corpo não está ativa na introspecção; e, agora, ela é "eu" ou não? Se a *awareness* do corpo for "eu", então o *self* não é um mero objeto, e o "eu" parcialmente não é sujeito. Se a *awareness* do corpo não é "eu", então há um sistema de *awareness* fora do alcance do exame do ego (isto é, a *awareness* que não é introspecção), e o que acontece então com a unidade?

Acontece que ambas as conclusões são verdadeiras e ambas são incompatíveis com a teoria de Federn. Felizmente, a unidade verdadeira subjacente pode ser demonstrada por um experimento simples: ao fazer a introspecção, tente incluir como objetos do "eu" que age cada vez mais partes do *self*-corpo passivo maior; gradualmente, e em seguida todos de uma vez, a mente e o corpo se fundirão, "eu" e *self* se unirão, a distinção entre sujeito e objeto desaparecerá, e o *self* consciente entrará em contato com a realidade sob a forma de uma percepção ou de um interesse por algum problema "externo", sem a intervenção de "meros" pensamentos.

Isto é, o *self*, consciente no modo médio (nem passivo, nem ativo), rompe a compartimentalização entre mente, corpo e mundo externo. Não temos de concluir então que, para a teoria do *self* e sua relação com o "eu", a introspecção é um método primário de observação pobre, porque cria uma condição peculiar? Temos de principiar pela exploração de uma gama ampla de situações e comportamentos plenos de interesse. Então, se retomarmos a introspecção, a situação verdadeira estará aparente: o ego introspectivo é uma atitude restritiva deliberada da *awareness* psicossomática, que exclui temporariamente a *awareness* ambiental e torna a *awareness* do corpo um objeto passivo.

Quando esse processo de restrição deliberado é inconsciente (quando a função-ego de alienação é neurótica), então há a sensação de uma fronteira fixada do *self* e de um centro ativo isolado. Contudo, essa existência é criada pela atitude. E nesse caso temos também "meros" pensamentos esvaziados de "realidade".

No entanto, no contexto da introspecção consciente, os pensamentos são realidade: são a situação concreta quando se exclui o ambiente; e então o *self* delimitado e seu centro ativo constituem uma gestalt adequada.

Entretanto, em geral, o *self* consciente não tem fronteiras fixadas; existe em cada caso ao contatar alguma situação concreta, e é limitado pelo contexto do interesse, pelo interesse dominante e pelas identificações e alienações resultantes.

3. Comparação entre as teorias citadas

A discussão das teorias anteriormente citadas traz à tona os dilemas opostos das psicologias modernas habituais:

a) À maneira de Anna Freud, poupamos o campo funcional, a interação entre organismo e ambiente (instinto e gratificação), mas tornamos ociosa a capacidade sintética do *self*.

b) Ou, como Federn, poupamos a capacidade sintética do *self*, separando o *self* (pensamentos) do ambiente (realidade).

Mas esses dilemas têm solução se tivermos em mente que o que está primordialmente dado é um fundo unificado de funções perceptivas, motoras e sensitivas, e que a função-*self* é um ajustamento criativo dentro do campo organismo/ambiente.

Podemos agora atacar o problema proposto no início deste capítulo: como é que a função-*self* é tão flagrantemente mal concebida, e, como é notório, a teoria do ego é a parte menos desenvolvida da psicanálise? Mencionemos três causas inter-relacionadas:

1) O clima filosófico que compartimentaliza a mente, o corpo e o mundo externo.

2) O medo social da espontaneidade criativa.

3) A história da divisão entre psicologia profunda e psicologia geral.

4) As técnicas passivas e ativas de psicoterapia. Essas causas conspiraram para produzir os dilemas costumeiros da teoria do ego.

4. Compartimentos filosóficos

O método da psicologia foi classicamente o de passar dos objetos da experiência para os atos e para as faculdades, sendo que estas últimas eram o tema adequado — por exemplo, passar da natureza do visível para a concretude da visão e daí para a faculdade de ver como parte do espírito orgânico. Esta é uma seqüência sensata, partindo do observável para o inferido. Mas se acontecer de o processo de experienciação ser neurótico, surge uma dificuldade curiosa: faculdades anormais geram atos distorcidos e estes geram objetos defeituosos, e, então, se partirmos desse mundo experienciado de maneira defeituosa, deduziremos de modo errôneo as faculdades da experiência, e os erros se reforçarão mutuamente, num círculo vicioso.

Vimos no capítulo III como a reação a um estado de emergência crônico de baixo grau epidêmico é a percepção de um mundo de Mente, Corpo e Mundo Externo compartimentalizados. Bem, os objetos de semelhante mundo externo são do tipo que exigem ser manipulados por uma vontade agressiva (em lugar de se interagir com eles dentro de um processo de crescimento), e cognitivamente são estranhos, fragmentados etc., do tipo que pode ser conhecido somente por um raciocínio abstrato elaborado. O *self*, deduzido como experienciando semelhantes objetos, seria o ego deliberado que estamos descrevendo. Mas essa dedução é reforçada pelo fato de que a hipertonia crônica inconsciente da muscularidade, a percepção excessivamente vigilante e a propriocepção reduzida produzem a sensação de uma consciência desejosa e exagerada: o *self* essencial sob a forma do ego deliberado isolado. Igualmente na relação entre Mente e Corpo: a agressão da autoconquista reprime os apetites e as ansiedades; a observação e a teoria médicas desdobram-se no sentido da invasão por venenos e micróbios externos; e a prática médica consiste em higiene estéril, curas químicas e analgésicos. Passa-se por cima dos fatores da depressão, tensão e suscetibilidade. Desse modo, em geral, o comportamento que não conta com a unidade do campo impede o surgimento de evidências contra a teoria corrente. Há pouca criatividade aparente, está faltando contato, a energia parece vir de "dentro" e as partes da gestalt parecem estar "na mente".

Então, dada essa teoria (e sentimento) do ego isolado ativo, considere o problema que confronta um médico. Se a capacidade sintética do ego for considerada seriamente com relação ao funcionamento fisiológico, haverá um limite para a auto-regulação organísmica, pois o ego intervirá em lugar de aceitar e se desenvolver; entretanto, a interferência na auto-regulação produz a doença psicossomática; portanto, teórica e praticamente, na saúde relativa, o ego é tratado como ocioso, como um observador. E isto é comprovado pelo fato de que realmente falta energia ao ego isolado, de que ele, assim, não vale muito. Da mesma maneira, se a capacidade sintética do ego for levada a sério com relação à realidade, teremos o mundo do psicótico, um mundo de projeções, racionalizações e sonhos; portanto, na saúde relativa uma distinção definitiva é feita entre "meros" pensamentos e o "real"; o ego está fixado nos seus limites.

É interessante notar o que ocorre quando uma parte da compartimentalização filosófica se dissolve, e a outra parte não. Tanto em teoria como na terapia, Wilhelm Reich restabeleceu de modo completo a unidade psicossomática; mas a despeito de certas concessões à evidência óbvia, ele ainda considera fundamentalmente o animal como funcionando dentro de sua pele — por exemplo, o orgasmo é comparado com a pulsação numa bexiga; o "organismo" não é considerado como uma abstração do campo existente. O que ocorre então em sua teoria? Na fronteira, as situações-contato são vistas como instintos contraditórios, e para encontrar a unidade destes não podemos contar com a síntese criativa do *self*, mas temos de deixar a superfície sociobiológica e fazer explorações nas profundezas biológicas; toda energia humana provém "de dentro". Perde-se cada vez mais a esperança da possibilidade de uma solução criativa das contradições de superfície; por exemplo, na cultura ou na política (mas naturalmente essa desesperança foi uma das causas de se retirar teoricamente da superfície). Na terapia, o método reduz-se finalmente ao mero tentar despertar os oráculos do corpo. O poder criativo do *self* é atribuído totalmente à auto-regulação organísmica não-consciente, contra toda a evidência das ciências humanas, a arte, a história etc. Mas, então, de forma secundária, passando por cima da fronteira de contato, a unidade reprimida do campo é projetada de modo abstrato nos céus e em toda a parte, como um poder biofísico, que energiza diretamente (e ataca diretamente) o organismo "a partir de fora". E essa abstração e projeção — a "teoria do orgônio" — vem acompanhada do positivismo científico obsessivo costumeiro. (Isto não quer dizer que a força biofísica de Reich seja, necessariamente, uma ilusão, porque muitas projeções na realidade atingem o alvo; mas o que é uma ilusão é a noção de que semelhante força, se existir, possa ser diretamente efetiva sem atravessar os canais de assimilação e crescimento humanos usuais.)

Por outro lado, suponha que a compartimentalização do ambiente social seja dissolvida, mas a unidade psicossomática não é compreendida a não ser da boca para fora. Chegamos então à opinião dos teóricos interpessoais (escola de Washington, Fromm, Horney etc.). Estes reduzem o *self* ao que denominamos anteriormente de Personalidade, e em seguida — surpreendente mas inevitavelmente — nos dizem que grande parte da natureza biológica é neurótica e "infantil". Contudo, à construção deles falta vitalidade e originalidade; e exatamente onde esperaríamos que fossem melhores, como iniciadores sociais inventivos e revolucionários, descobrimos que sua filosofia social é um salão de espelhos singular, sem gosto das Personalidades livres mas vazias.

5. O medo social da criatividade

Chega de divisões no campo, a base do contato. Voltemo-nos agora para o processo de formação da gestalt no campo, para a espontaneidade do *self*.

Como tentamos mostrar no capítulo VI, há um medo epidêmico da espontaneidade; ela é o "infantil" por excelência, pois não leva em conta a assim chamada "realidade"; ela é irresponsável. Mas consideremos o comportamento social numa questão política habitual, e vejamos o que significam esses termos. Há uma questão, um problema; e há os partidos em oposição: os termos nos quais o problema é formulado provêm das políticas, dos interesses adquiridos e da história desses partidos, e estas são consideradas as únicas abordagens possíveis do problema. Os partidos não estão constituídos a partir da realidade do problema (a não ser em momentos revolucionários grandiosos), mas se julga que o problema é "real" somente se for formulado dentro da estrutura aceita. Contudo, na realidade, nenhuma das políticas em oposição se recomenda espontaneamente como uma solução real do problema real; e portanto nos defrontamos de modo contínuo com uma escolha entre "o menor de dois males". Naturalmente semelhante escolha não produz entusiasmo nem iniciativa. Isto é o que se chama ser "realista".

A abordagem criativa da dificuldade é exatamente o oposto: tentar fazer o problema progredir para um nível diferente, descobrindo ou inventando alguma terceira abordagem que seja essencial para a questão, e que se recomende espontaneamente. (Esta seria então a política e o partido.) Sempre que a escolha for mera e exclusivamente o "mal menor", sem considerar aquilo que é de forma verdadeira satisfatório, é provável que não haja um conflito real, mas a máscara de um conflito real que ninguém quer encarar. Nossos problemas sociais geralmente são propostos para ocultar os conflitos reais e impedir as soluções reais — porque estas poderiam exigir riscos e mudanças sérias. Mas se alguém expressar com espontaneidade o que realmente o incomoda, ou expressar o senso comum, e visar um ajustamento criativo da questão, será chamado de escapista, utópico, delirante, e dirão que não é prático. É a maneira aceita de propor o problema (e não o problema) que é considerada como a "realidade". Podemos observar esse comportamento nas famílias, na política, nas universidades, nas profissões. (Desse modo, posteriormente, percebemos como eras passadas, cujas formas sociais ultrapassamos, parecem ter sido tão obtusas sob alguns aspectos. No presente observamos que não havia nenhuma razão por que uma abordagem espontânea, ou um pouco mais de senso comum, não poderia facilmente ter resolvido seus problemas, impedido uma guerra desastrosa etc, etc. Só que, como mostra a história, qualquer nova abordagem que se tenha sugerido na época simplesmente não era "real".)

A maior parte da realidade do Princípio de Realidade consiste nessas ilusões sociais, e é mantida pela autoconquista. Isto é óbvio se considerarmos que nas ciências naturais e na tecnologia, onde estas alcançam seu ponto máximo, alimenta-se todo tipo de conjectura, desejo, esperança e projeto sem a menor culpa ou ansiedade; não nos conformamos com o *verdadeiro* tema mas o observamos com fascinação e o experimentamos com temeridade. Mas em outros assuntos (onde é preciso manter as aparências) temos o seguinte círculo: o Princípio de Realidade torna a criatividade espontânea ociosa, perigosa ou psicótica; o excitamento reprimido volta-se mais agressivamente contra o *self* criativo: e a "realidade" da norma é então experienciada como sendo de fato real.

A timidez mais desoladora não é o medo do instinto ou de fazer mal, mas o medo de fazer algo de uma maneira nova que seja nossa própria; ou deixar de fazê-lo se não estivermos realmente interessados. Contudo, as pessoas consultam manuais, autoridades, colunistas de jornal e a opinião pública. Que imagem do *self* obteríamos então? Não uma imagem assimilativa e tampouco criativa; é introjetiva, aditiva e regurgitada.

6. As belas-artes na teoria analítica

Um belo exemplo da supressão da espontaneidade da teoria analítica pode ser observado no tratamento das belas-artes e da poesia, exatamente onde esperaríamos encontrar a espontaneidade criativa em primeiro plano.

Há muito tempo, Freud declarou que a psicanálise poderia lidar com os temas que os artistas escolheram e com os bloqueios à sua criatividade (estes são os tópicos de seu Leonardo), mas não com a inspiração criativa, a qual era misteriosa, e nem com a técnica, que era o domínio da história da arte e da crítica da arte. Desde então essa opinião tem sido em geral apoiada (nem sempre com a graça humanista com que Freud a elaborou); e quando não foi apoiada, a conseqüência foi fazer da arte um sintoma neurótico particularmente virulento.[4] Mas trata-se de uma concepção extraordinária! Porque o tema e a inibição pertencem a toda e qualquer atividade; é somente a força criativa e a técnica que fazem o artista e o poeta; de modo que a assim chamada psicologia da arte é a psicologia de tudo, mas não especificamente da arte.

Consideremos, entretanto, somente esses dois assuntos proibidos, e em especial a técnica. Para o artista, naturalmente, a técnica, o estilo, são tudo: ele sente a criatividade como seu excitamento natural e seu interesse pelo

---

4. A exceção importante foi Rank, cujo *Art and the Artist* [*Arte e o artista*] dispensa elogios.

tema (que obtém de "fora", isto é, das situações inacabadas do passado e dos acontecimentos do dia); mas a técnica é sua maneira de moldar o real para que seja mais real; ela ocupa o primeiro plano de sua *awareness*, sua percepção e sua manipulação. O estilo é ele próprio, é o que exibe e comunica; estilo, e não desejos banais reprimidos, nem novidades do dia. (Que a técnica formal é primordialmente aquilo que comunica é naturalmente óbvio conforme o Rorschach e outros testes projetivos. Certamente não são as maçãs de Cézanne que são interessantes — embora não sejam de modo algum irrelevantes —, mas precisamente o tratamento que ele lhes dá, e o que faz delas.)

A elaboração da superfície real, a transformação do tema aparente ou incoerente no meio material é a criatividade. Não existe em absoluto nenhum mistério nesse processo, exceto o mistério meramente verbal de que não se trata de algo que conheçamos de antemão, mas de algo que fazemos, em seguida conhecemos e podemos falar a seu respeito. Mas isso é verdadeiro em relação a qualquer percepção e manipulação que confronte qualquer novidade e forme uma gestalt. Na medida em que, como nos experimentos psicológicos, podemos isolar uma tarefa e repetir partes similares, podemos predizer o todo que será percebido ou executado espontaneamente; mas em todos os assuntos importantes na arte e no resto da vida, o problema e as partes são sempre um tanto novos; o todo é explicável mas não é predizível. Mesmo assim, o todo passa a existir por meio de uma experiência muito ordinária (do dia-a-dia).

O "mistério" do criativo para os psicanalistas provém do fato de não procurarem o criativo no lugar óbvio, na saúde comum do contato. Mas onde poderíamos esperar encontrá-lo nos conceitos clássicos da psicanálise? Não no superego, pois este inibe a expressão criativa; ele destrói. Nem no ego, pois este não dá origem a nada, mas observa ou executa, ou suprime e se defende. Não pode ser o ego que é criativo, pois o artista não consegue se explicar; ele diz: "Não sei de onde vem, mas se você estiver interessado em como o faço, isto é o que faço" — e então inicia uma explicação técnica enfadonha que é assunto da crítica de arte e da história da arte, mas não da psicologia. Portanto os psicanalistas conjeturam que o criativo deve estar no id — e aí está bem escondido. E, contudo, de fato o artista não está *in*-consciente do que faz; ele está inteiramente consciente; ele não verbaliza nem teoriza o que faz, exceto *a posteriori*; mas faz algo manuseando o meio material e resolvendo um problema novo rudimentar que se refina à medida que prossegue.

Teorizando a partir do ego que se autoconquista, a psicanálise não consegue encontrar sentido num tipo de contato que seja excitante e modifique a realidade. E a desgraça de nossa geração é que esse tipo de ego é tão epidêmico que o que o artista faz parece extraordinário. Em lugar de teorizar o ego a partir dos casos mais intensos de criatividade, que são (nesse sentido) os casos normais, a teoria originou-se da média, e os casos intensos são considerados misteriosos ou então virulentamente neuróticos.

Apesar disso, a teoria correta também poderia ser compilada a partir da espontaneidade das crianças, que, com uma segurança perfeita, alucinam a realidade e ainda assim a reconhecem; que brincam com ela e a alteram sem serem nem um pouco psicóticas. No entanto, naturalmente, elas são infantis.

7. A divisão entre psicologia geral e psicologia profunda

Historicamente, a psicanálise se desenvolveu no apogeu da psicologia associacionista, durante o primeiro florescimento do arco reflexo e da fundamentação das associações no reflexo condicionado. A teoria funcional e dinâmica de Freud divergia tanto dessas concepções que parecia pertencer a um mundo diferente; e, em realidade, chegou-se a esse armistício, a uma divisão de mundos. O mundo do consciente Freud concedeu aos associacionistas (e aos biólogos); ele se apoderou do mundo dos sonhos e o mapeou corretamente com sinais funcionais. Na fronteira entre os dois mundos, onde os sonhos surgiam no estado desperto, dava-se o que Freud denominou num lampejo brilhante (de desprezo?) de "elaboração secundária"; certamente esta não era primária nem vigorosa, mas era uma tentativa de conferir sentido moldando-se às "leis da realidade", isto é, às associações. (Voltaremos aos processos primário e secundário de Freud no capítulo XIII.) Enquanto isso, os psicólogos comprovavam cada vez mais que estas eram de fato as leis da realidade construindo situações experimentais que eram cada vez menos vitalmente interessantes, e nas quais a resposta tendia a ser na realidade um reflexo: labirintos e choques, e as reações a estes não eram secundárias, mas terciárias ou quaternárias, até chegar ao ponto de um ataque de nervos. (Se a psicologia é o estudo dos ajustamentos criativos, a psicologia do reflexo é o ramo penológico da física.)

É verdade que ocasionalmente Freud assinalou que as leis dos sonhos poderiam ser leis da realidade — entretanto, não via como reconciliar as discrepâncias. Não obstante, somente por razões lógicas, e dados os dois mundos, o mundo dos sonhos com suas leis do prazer e das distorções fantásticas e o mundo da realidade consciente com seu não-prazer e suas associações aditivas, torna-se difícil evitar a pergunta epistemológica recorrente: com que *awareness* unitária diferenciamos esses dois mundos, e quais são as leis desse sistema unitário?

Na psicologia geral ocorreu a revolução da gestalt — essa foi principalmente uma volta a concepções antigas (pois o funcionamento do pensamento e do comportamento não é um assunto acanhado ou obscuro, e os antigos, embora não fossem experimentadores entusiasmados, não poderiam deixar de fazer experimentos com esse assunto). A percepção, a abstração, a resolução de problemas passaram a ser concebidas como todos formados e formadores, como o completamento de tarefas necessárias inacabadas. Agora, poder-se-ia esperar uma reaproximação imediata entre a psicologia da gestalt e a psicanálise, uma síntese entre a psicologia do contato e a psicologia profunda e, portanto, mais uma vez, uma teoria funcional do *self*, id, ego e personalidade. Isto não se deu. A falta de audácia para fazê-lo deve ser atribuída aos gestaltistas, pois aos psicanalistas esta não faltou. Primeiramente, durante anos, para refutar os associacionistas, os psicólogos da gestalt se devotaram a provar que os todos percebidos eram "objetivos" e essencialmente físicos, e não "subjetivos", nem o resultado de tendências emocionais. E entretanto que surpreendente foi obter essa vitória! Porque em toda a natureza física os gestaltistas procuraram com zelo tendências totais, insistiram no contexto e na inter-relação entre todas as partes para sustentar sua psicologia; mas foi somente nesse único caso dos sentimentos humanos que o princípio de gestalt não se aplicava! Uma emoção não era uma parte real da percepção que acompanhava; não entrava na figura!

Em segundo lugar, desejosos dessa vitória, esterilizaram (controlaram) com cuidado as situações experimentais, tornando-as cada vez menos possivelmente interessantes para qualquer sujeito; e, não obstante, por uma engenhosidade admirável, foram capazes de demonstrar a gestalt. No entanto, o seu próprio êxito deveria tê-los alertado e servido como evidência refutadora, porque ia contra seu principio básico do contexto: de que a gestalt fica mais evidente onde todas as funções estão mobilizadas por uma necessidade real. Deveriam ter feito experimentos exatamente com o contrário disso: mostrar o enfraquecimento da tendência formativa quando a tarefa se torna uma mera tarefa de laboratório, abstrata, isolada e não plena de interesse (e isto foi desde o princípio a tolice com relação aos experimentos com animais). Em terceiro lugar, desde o começo, eles se apegaram ao método científico do laboratório formal. Mas considere a seguinte dificuldade: e se a própria coisa que fornece a explicação essencial, o poder criativo do excitamento intenso, retirar-se dessa situação ou intervier no experimento, perturbando os padrões, desesterilizando a situação, recusando-se talvez a se submeter de qualquer modo a um experimento e insistindo no problema existente, e não no problema abstrato? Em semelhante caso, no interesse da ciência, devemos nos afastar do fetichismo do "método científico" aceito. O experimento deve ser real e intencional, no sentido de ter uma importância pessoal, de ser um esforço sofisticado de felicidade e, portanto, uma parceria na qual o "experimentador" e o "sujeito" são ambos pessoas. Semelhantes estudos não estão de modo algum fora de cogitação. Politicamente, ocorrem nas comunidades cooperativas; social e medicamente, ocorrem em projetos tais como o Peckham Health Center; e existem em toda sessão de psicoterapia.

Seja como for, temos tido agora por duas gerações a situação anômala das duas escolas mais dinâmicas de psicoterapia progredindo paralelamente com pouca interação. E, de forma inevitável, foi exatamente seu ponto de encontro, a teoria do *self*, que sofreu e é o menos desenvolvido.

8. Conclusão

Por último, os métodos empregados na própria psicoterapia obscureceram teorias verdadeiras do *self* e do crescimento, e tenderam a confirmar teorias do ego como sendo ou ocioso ou meramente resistente, do id como sendo inconsciente, da personalidade como sendo meramente formal etc. Produziram situações de observação, e empregaram critérios de cura, nas quais a evidência confirma de imediato semelhantes teorias. Por todo este livro mostramos exemplos de como isso ocorre.

Não obstante, seria injusto concluir este capítulo inamistoso sem dizer o seguinte:

Com todos os seus defeitos, nenhuma outra disciplina nos tempos modernos transmitiu tanto a unidade do campo organismo/ambiente como a psicanálise. Se olharmos para as linhas gerais em lugar de olharmos para os detalhes, poderemos ver que em medicina, psicologia, sociologia, direito, política, biologia, biofísica, antropologia, história cultural, planejamento comunitário, pedagogia e outras especialidades a psicanálise descobriu e inventou uma unidade. Em cada instância, os cientistas especializados rejeitaram de forma justificada as simplificações e as reduções; e, no entanto, observamos que na sua própria resposta aos erros da psicanálise eles começam a usar os termos desta, e a evidência arregimentada para refutar a psicanálise como irrelevante era inteiramente ignorada antes do advento da psicanálise.

XII
AJUSTAMENTO CRIATIVO: I. O PRÉ-CONTATO E O PROCESSO DE CONTATO

1. Fisiologia e psicologia

Embora não haja nenhuma função do organismo que não seja essencialmente um processo de interação no campo organismo/ambiente, a qualquer momento, a maior parte da grande maioria das funções animais está tendendo a completar-se dentro da pele, protegida e inconsciente: não é função de contato. Os contatos estão na "fronteira" (mas de forma natural a fronteira muda e pode até, nas dores, estar bem "dentro" do animal), e eles essencialmente entram em contato com o novo. Os ajustamentos orgânicos são conservativos; foram embutidos no organismo durante uma longa história filogenética. De modo presumível, em algum momento, toda função interna foi também uma função de contato, aventurando-se no ambiente e padecendo-o (por exemplo, o peristaltismo-locomoção, a tato-digestão osmótica, a mitose-sexualidade etc.); mas no presente, mesmo em situações de emergência, a regulação ocorre com pouco contato como o novo. O sistema de ajustamentos conservativos herdados é a fisiologia. Naturalmente, ela está integrada e se regula como um todo, não é uma coleção de reflexos elementares: os antigos costumavam chamar essa inteireza da fisiologia de "alma", e a "psicologia" (a ciência da alma) incluía também a

205

discussão da fisiologia. Mas preferimos tornar objeto da psicologia o conjunto específico dos ajustamentos fisiológicos que também estão em relação com o que não é fisiológico. Isto é, os contatos na fronteira no campo organismo/ambiente. A diferença definidora entre a fisiologia e a psicologia é o conservadorismo auto-regulador, relativamente auto-suficiente da "alma" e o confronto e a assimilação da novidade pelo *self*. Veremos de acordo com isso que o caráter de estar presente numa situação e o ajustamento criativo constituem a função-*self*.

Num certo sentido, o *self* nada mais é do que uma função da fisiologia; em outro sentido, não faz em absoluto parte do organismo, mas é uma função do campo, é a maneira como o campo inclui o organismo. Ponderemos sobre essas interações entre a fisiologia e o *self*.

2. Pré-contato: periódico e aperiódico

Uma função fisiológica completa-se internamente, mas em última instância nenhuma função pode continuar a fazê-lo (o organismo não pode "se preservar") sem assimilar alguma coisa do ambiente, sem crescer (ou expelir algo no ambiente e morrer). Assim, as situações fisiológicas inacabadas excitam com periodicidade a fronteira de contato devido a algum déficit ou excesso, e essa periodicidade se aplica a todas as funções, seja o metabolismo, a necessidade de orgasmo, a necessidade de dividir, a de exercitar ou repousar etc.; e todas estas ocorrem no *self* sob a forma de anseios ou apetite, fome, ânsia de excretar, sexualidade, cansaço etc.

Podemos compreender, baseados nisso, por que respirar desempenha semelhante papel interessante na psicologia e na terapia (*psyche* ou *animus* são o alento). Respirar é uma função fisiológica, e apesar disso o período em que requer o ambiente é tão freqüente, e em realidade contínuo, que está sempre a ponto de se tornar consciente, de se tornar um tipo de contato. E no processo de respiração observamos que o animal é, por excelência, um campo, e que o ambiente está "dentro" ou é essencialmente penetrante a cada momento. E, assim, a ansiedade, a perturbação da respiração, acompanha qualquer distúrbio da função-*self*; desse modo, o primeiro passo na terapia é entrar em contato com a respiração.

As funções conservativas tornam-se contato também quando uma situação nova se dá devido a um mal funcionamento consciente. Estas são as dores aperiódicas. Comparemos os anseios periódicos e as dores aperiódicas. Nos anseios e apetites, a figura de contato se desenvolve — por exemplo, a sede e a possibilidade de água — e o corpo (o desequilíbrio) é fundo e retrocede cada vez mais. (Isto também é verdadeiro com relação à ânsia de excretar, que sadiamente é uma ânsia de "soltar".) Na dor, presta-se cada vez mais atenção ao corpo como sendo a figura de primeiro plano. Assim, a máxima terapêutica clássica é: "o homem saudável sente suas emoções, o neurótico sente seu corpo" — o que naturalmente não é negar, mas mais exatamente indicar que na terapia tentamos ampliar a área da *awareness* corporal, porque é devido ao fato de que algumas áreas não podem ser sentidas que outras estão indevidamente retesadas durante o excitamento, e são sentidas como dolorosas.

Outras novidades se dão na fisiologia conservativa em decorrência de estímulos ambientais, percepções, venenos etc. Estes são aperiódicos. Defrontam-se com algum anseio ou apetite que lhes responde, e em cujo caso tornam-se centros da figura de contato em desenvolvimento, com o corpo cada vez mais como fundo; ou então são amolações irrelevantes, e assim por diante, em cujo caso se tornarão dores, com o corpo em primeiro plano e o empenho em aniquilar a novidade da figura, para se tornar inconsciente de novo.

Por último há as novidades na fisilologia que são particularmente decisivas nas neuroses: os distúrbios da auto-regulação organísmica conservativa. Suponha, por exemplo, que o ambiente não satisfaça um anseio ou apetite e que as funções de emergência (acesso de raiva, sonho, perda de consciência etc.) não possam operar ou estejam exauridas; haverá então um reajustamento da fisiologia, uma tentativa de estabelecer um novo conservadorismo inconsciente sob as novas condições. Isto também ocorrerá se houver exigências ambientais crônicas e dolorosas, ou corpos estranhos persistentes dentro do corpo. É óbvio que todos esse ajustamentos fisiológicos *ad hoc* não podem combinar-se facilmente com o sistema conservativo herdado; funcionam mal, geram doenças e dores.

Mas está claro que são uma fisiologia secundária; porque a novidade não leva à *awareness* e ao ajustamento criativo, mas se torna, ela própria, inconsciente e (parcamente) organicamente auto-reguladora. A postura deformada é um exemplo. Não sendo mais novidades, essas estruturas não aparecem no *self*, no contato, porém estão evidentes, como veremos, precisamente nos defeitos e fixações do funcionamento do *self*. O ajustamento medíocre entre a fisiologia herdada e a nova fisiologia ocorre no *self*, mais uma vez com anseios ou sintomas periódicos matizados de dor.

Desse modo, é com o acontecimento da novidade que a fisiologia se torna plena de contato. Diferenciamos as seguintes classes:

1) Os anseios e os apetites periódicos, o contato se desenvolvendo em direção ao ambiente;

2) Dores aperiódicas, o contato se desenvolvendo em direção ao corpo;

3) Estimulações, que se desenvolvem ou como apetites (emoções) ou como dores;

4) Reajustamentos da fisiologia devido a condições ambientais que surgem como deficiências na estrutura de contato, ou periodicamente como sintomas.

Essas excitações ou pré-contatos iniciam o excitamento do processo figura/fundo.

3. Os primeiros estágios de contato

Os excitamentos na fronteira de contato emprestam sua energia para a formação de uma figura-objeto mais nítida e simples, aproximando-se dela, avaliando-a, superando obstáculos, manipulando e alterando a realidade, até que a situação inacabada esteja completa e a novidade assimilada. Esse processo de contatar — tocar o objeto amado, interessante ou apetitoso; ou expulsando do campo, por evitação ou aniquilação, o objeto perigoso ou doloroso — é, em geral, uma seqüência contínua de fundos e figuras, cada fundo esvaziando-se e emprestando sua energia à figura em formação, que, por sua vez, torna-se o fundo para uma figura mais nítida; o processo inteiro é um excitamento consciente crescente. Note que a energia para a formação-figura provém de ambos os pólos do campo, tanto do organismo como do ambiente. (Ao se aprender algo, por exemplo, a energia provém da necessidade de aprendê-lo, do meio social e do ensino, e também da força intrínseca do tema: é comum, embora acreditemos que seja enganoso, pensar no "interesse" do tema como sendo catexado completamente para este a partir daquele que aprende e de seu papel social.)

O processo de contato é um único todo, mas podemos dividir convenientemente a seqüência de fundos/figuras da seguinte maneira:

1) Pré-contato: o corpo é o fundo, o apetite ou o estímulo ambiental são a figura. Isto é o que está consciente como sendo "aquilo que é dado" ou o Id da situação, dissolvendo-se em suas possibilidades.

2) O processo de contato: a) o excitamento do apetite torna-se o fundo e algum "objeto" ou conjunto de possibilidades é a figura. O corpo diminui (ou, contrariamente, na dor, o corpo torna-se figura). Há uma emoção. b) Há a escolha e a rejeição de possibilidades, a agressão ao se aproximar de obstáculos e o superá-los, e a orientação e manipulação deliberadas. Estas são as identificações e alienações do Ego.

3) Contato final: em contraste com um fundo de ambiente e corpo desprovidos de interesse, o objetivo vívido é a figura e está em contato. Relaxa-se toda deliberação e há uma ação espontânea unitária da percepção, do movimento e do sentimento. A *awareness* está no seu ponto mais radiante, na figura do Tu.

208

4) Pós-contato: há uma interação fluida entre organismo/ambiente que não é uma figura/fundo: o *self* diminui.

Neste capítulo abordamos os dois primeiros itens e, no capítulo seguinte, os dois outros.

Parece que o apetite ou é estimulado por alguma coisa no ambiente ou surge de forma espontânea do organismo. Contudo, naturalmente, o ambiente não excitaria, não seria um estímulo, a não ser que o organismo estivesse pronto para responder; e, ademais, com freqüência pode-se demonstrar que foi um apetite vagamente consciente que nos colocou no caminho do estímulo no instante apropriado. A resposta vai em direção ao estímulo.

O apetite é, não obstante, geralmente vago até que encontre algum objeto com o qual trabalhar; é o trabalho do ajustamento criativo que intensifica a *awareness* do que queremos. Mas em casos de extrema necessidade, de déficit ou excesso fisiológico extremos, o apetite espontâneo pode tornar-se definido, vívido e nitidamente delineado até o extremo da alucinação. Na imperfeição de um objeto ele produz um objeto, em grande parte de fragmentos de memória. (Naturalmente isto ocorre na "repetição" neurótica, quando a necessidade é tão esmagadora em sua influência e os meios de aproximação são tão arcaicos e irrelevantes que um ajustamento criativo ordinário, que assimile uma novidade real, é impossível.) Alucinar a ponto de obliterar o ambiente é uma função de emergência, mas chama a nossa atenção para o que ocorre na situação costumeira.

Pois, no caso mais proveitoso de um apetite intenso mas vago com possibilidades no ambiente, o *self* funciona da seguinte maneira: a tendência à alucinação, a produzir objeto, anima alguma coisa que é realmente percebida: focaliza, rememora e antecipa espontaneamente essa coisa. Defronta-se não com o que existia há um momento, mas com um objeto feito de percepção e de imaginação, em contraste com um fundo de excitamento crescente. Semelhante figura já é uma realidade criada. Enquanto isso, o comportamento motor está acrescentando outras novidades ao todo que se altera rapidamente: os processos de prestar atenção e aproximar-se. Há o início agressivo de novas possibilidades; se houver obstáculos, a raiva e a aniquilação alterarão a realidade. E, em geral, nossa técnica ou estilo, as possibilidades aprendidas de manipulação, contribuem para o que é percebido como um "objeto" e o determinam.

Isto é, a partir do princípio e durante todo o processo, ao ser excitado por uma novidade, o *self* dissolve o que está dado (tanto no ambiente quanto no corpo e em seus hábitos), transformando-o em possibilidades e, a partir destes, cria uma realidade. A realidade é uma passagem do passado para o futuro: isto é o que existe, e é disso que o *self* tem consciência, é isso que descobre e inventa.

4. A criatividade gratuita

De fato muitas vezes parece que o *self* dificilmente está responsivo de alguma maneira às excitações orgânicas e aos estímulos ambientais, mas age como se, alucinando um objetivo e fletindo sua técnica, estivesse de forma espontânea causando um problema para si mesmo com o fito de forçar seu crescimento. Esse tipo de "ato gratuito" é por demais interessante. Parece, à primeira vista, ser neurótico porque dá tanta ênfase ao criativo e tão pouca ao adaptativo; parece ser uma fuga da realidade, uma mera alucinação. Não obstante, é provavelmente uma função normal: porque dado um campo tão complicado e sutil como o que os seres humanos têm, é plausível que um êxito espetacular exija a habilidade de fazer projetos ocasionais que não sejam em absoluto requeridos, de "causar problemas para si próprio", e também de suspender a utilidade e o jogo. Certamente, embora a sabedoria seja na maioria das vezes fruto da solução de necessidades óbvias, a sabedoria e a loucura mais características dos homens sempre pareceram gratuitas. Além do mais, na ação gratuita neurótica, na fuga da realidade, temos de distinguir dois aspectos: o primeiro é a expressão segura de situações inacabadas inconscientes — estas são os planos prolixos, os empreendimentos que nos deixam atarefados, as atividades substitutas etc.; mas há também a expressão de insatisfação com o próprio *self* circunscrito, o desejo de mudar sem "saber" como, e daí a aventura irresponsável que, de fato, é muitas vezes perfeitamente sensata e integrativa, mas é sentida como irresponsável somente pelo neurótico. E ademais, como Yeats costumava dizer, sem um toque de irresponsabilidade não há refinamento nem poesia.

Considere além disso o enorme gasto de esforço humano na criação de uma realidade superficial mais desejável, seja ela feita de percepções e imagens nas artes ou de essências e explicações nas ciências especulativas. Sob um aspecto, esse esforço é inteiramente gratuito; é um trabalho somente da fronteira de contato. (O aspecto não-gratuito das artes é naturalmente a abreação catártica, a beleza servindo de pré-sentimento para liberar uma situação inacabada reprimida; e as ciências especulativas têm a utilidade da aplicação pragmática.) Não obstante, a apreciação ingênua da beleza e da verdade — um julgamento comum na Antiguidade e que foi analisada definitivamente por Kant — tem a ver com a superfície em si, não é um ajustamento do organismo ao ambiente, nem um completamento satisfatório de um impulso orgânico no ambiente, mas é um ajustamento de todo o campo ao *self*, à superfície de contato: como Kant bem o disse, há uma sensação de propósito sem propósito. E o ato é *self* puro, pois o prazer é desinteressado e espontâneo; o organismo está dormente. Há talvez uma função para ele? Num campo difícil e cheio de conflitos, onde quase nada pode existir sem deliberação, prudência e esforço, a beleza torna-se de repente um símbolo

210

do Paraíso, onde tudo é espontâneo — "feras sem dentes e a rosa sem espinhos"; sim, ou feras com dentes, e heróis que podem ganhar ou perder grandiosamente; e onde, como disse Kant, a felicidade é a recompensa por boas intenções. Então essa criatividade gratuita da *awareness* é verdadeiramente re-criativa* para um animal que requer recriação; ajuda a relaxar nossa prudência habitual para que respiremos.

5. Criatividade/ajustamento

No entanto, na maioria das vezes, podemos considerar a criatividade do *self* e o ajustamento organismo/ambiente como pólos: um não pode existir sem o outro. Dada a novidade e a variedade indefinida do ambiente, nenhum ajustamento seria possível somente por meio da auto-regulação herdada e conservativa; o contato tem de ser uma transformação criativa. Por outro lado, a criatividade que não está continuamente destruindo e assimilando um ambiente dado na percepção, e resistintdo à manipulação, é inútil para o organismo e permanece superficial, faltando-lhe energia; não se torna profundamente excitante, e logo definha. É inútil para o organismo porque não há nenhum completamento de situações fisiológicas inacabadas sem, em última instância, material novo do ambiente para assimilação.

Essa última característica é óbvia com relação, por exemplo, ao déficit metabólico, à fome, à alimentação e, da mesma maneira, com os outros apetites; mas, às vezes, não é notada com relação às situações inacabadas (secundariamente fisiológicas) da neurose. É a verdade na insistência ortodoxa sobre a "transferência" na cura, porque a relação com o terapeuta é uma situação social real. E a mudança de atitude de um paciente, quando desvia sua agressão de si próprio para seus introjetos a fim de assimilá-los ou regurgitá-los, é uma mudança na realidade. Mas devemos ir ainda mais longe e dizer o seguinte: que relaxar a deliberação, aprender a interpretar corretamente nosso caso e até sentir nosso corpo e nossas emoções não resolve no fim nenhum problema. Isso tudo faz com que uma solução seja novamente possível; transforma a fisiologia secundária inconsciente mais uma vez num problema de contato criativo; mas em seguida a solução tem de ser vivida até o fim. Se o ambiente social ainda for refratário ao ajustamento criativo, se o paciente não puder ajustá-lo a si próprio, então deverá novamente ajustar-se a ele e manter sua neurose.

A criatividade sem um ajustamento expansivo torna-se superficial, nesse caso, primeiro porque não se nutre do excitamento da situação

---

*Recreation: re-criação ou recreação, portanto *re-creative* é, obviamente, re-criativo, mas num jogo de palavras pode ser também recreativo.

inacabada, e o mero interesse no contato decai. Em segundo lugar, é ao manipular o resistente que o *self* se torna envolvido e comprometido; o conhecimento e a técnica, e uma parte cada vez maior do passado acabado são postos em ação e questionados; em breve as dificuldades "irrelevantes" (a irracionalidade da realidade) comprovam ser o meio de explorar a si próprio e descobrir o que realmente pretendemos. As frustrações, a raiva, as satisfações parciais instigam o excitamento — este é instigado em parte pelo organismo, em parte pelo ambiente resistente, destruído e estimulante. Fazendo mais uma vez uma comparação com as belas-artes: a noção croceana de que o momento criativo é a intuição do todo, e que o resto é mera execução, é verdadeira e, apesar disso, profundamente falsa. A intuição de fato prefigura o produto final: é projetada desde o começo sob a forma de uma alucinação; mas o artista não entende o sonho, não sabe o que pretende; é o manuseio do meio que revela na prática sua intenção e o força a percebê-la.

6. Emoções

Para ilustrar a transição das excitações e estímulos do pré-contato para a formação de figura criativa do processo de contato, vamos considerar as emoções.

Uma emoção é a *awareness* integrativa de uma relação entre o organismo e o ambiente. (É a figura de primeiro plano de combinações diferentes de propriocepções e percepções.) Como tal, é uma função do campo. Na psicoterapia isso pode ser demonstrado experimentalmente: por meio da concentração e de exercícios musculares é possível mobilizar combinações específicas de comportamento corporal, e estas estimulam um tipo de excitamento desassossegado — por exemplo, retesar e soltar o maxilar, cerrar os punhos, começar a ofegar e assim por diante, e o sentimento de uma raiva frustrada. Mas se acrescentarmos a essa propriocepção a *awareness* ambiental, seja a fantasia, seja a percepção de alguma coisa ou alguma pessoa com a qual podemos nos zangar, a emoção se desencadeará imediatamente com plena força e clareza. De modo inverso, numa situação emocional, a emoção não é sentida até que aceitemos o comportamento corporal correspondente — é quando cerramos o punho que começamos a sentir a raiva.

(Desse modo a teoria de James-Lange das emoções — de que a emoção é uma condição do corpo, que é ao fugirmos que ficamos com medo — é parcialmente verdadeira: o que devemos acrescentar a ela é que a condição corportal também é uma orientação relevante e uma manipulação potencial do ambiente; isto é, não é correr (*running*), mas fugir de alguma coisa, que causa medo.)

Se pensarmos no funcionamento de um organismo no seu ambiente, a necessidade de tais combinações integrativas torna-se evidente. O animal tem de conhecer imediata e fielmente quais são as relações do campo; e tem de ser impelido pelo conhecimento. As emoções são o tipo de conhecimento motivador que permite ao animal experienciar o ambiente como sendo seu, crescer, proteger-se e assim por diante. Por exemplo, a saudade é a intensificação do apetite confrontado com um objeto distante, para superar a distância ou outros obstáculos; o luto é a tensão da perda ou a falta de aceitação da ausência do objeto no campo, para nos retrairmos e nos recuperarmos; a raiva é a destruição de obstáculos ao apetite; o despeito é um ataque contra um inimigo inevitável e esmagador para não capitularmos inteiramente; a compaixão é a evitação ou a anulação de nossa própria perda por meio do ato de ajudar o outro etc.

Na seqüência de fundos e figuras, as emoções assumem o comando da força motivadora dos anseios e dos apetites; mas a motivação, que ficou definida por sua referência objetiva, é por isso mais intensa. No entanto, as emoções, por sua vez, exceto em ajustamentos muito simples, desistem de sua força motivacional em prol dos sentimentos ainda mais intensos e mais definidos, as virtudes e vícios postos em prática (por exemplo, a coragem, a teimosia, a determinação etc.) que impelem orientações e manipulações mais complicadas, particularmente quando são deliberadas. Nessa transição, mais uma vez, podemos observar que nos nutrimos tanto de uma parte maior do organismo (as virtudes e os vícios são hábitos) quanto de uma parte maior do ambiente.

Vamos dizer mais algumas palavras sobre as emoções. É óbvio que as emoções não são impulsos embaralhados ou rudimentares, mas estruturas funcionais nitidamente diferenciadas. Se uma pessoa tem emoções grosseiras, é porque sua experiência como um todo é grosseira. Entretanto, as palavras do dicionário para as emoções são grosseiras e poucas; para expressar as emoções sentidas em experiências sensitivas exigem-se nuances e reticências, e muita referência objetiva. As obras de arte plástica e musical são uma liguagem pura das emoções, elaboradas até se tornarem declarações de convicção.

As emoções são meios de cognição. Longe de serem obstáculos ao pensamento, são produções únicas do estado do campo organismo/ambiente e não têm substituto; são a maneira pela qual nos tornamos conscientes da adequação de nossas preocupações; a maneira como o mundo é para nós. Como cognições, são falíveis, mas são corrigíveis, não considerando-as improcedentes mas testando-as para ver se podem transformar-se em sentimentos mais consolidados que acompanham a orientação deliberada — por exemplo, avançar do entusiasmo da descoberta para a convicção, ou da luxúria para o amor.

Finalmente, em psicoterapia, o "treinamento das emoções", vemos que somente um método unitário combinado tem alguma utilidade: devemos nos concentrar tanto no mundo dos "objetos" — relações interpessoais, fantasia, memória etc. — quanto na liberação da mobilidade corporal e do apetite, como também na estrutura do terceiro elemento, a emoção do *self*.

7. Excitamento e ansiedade

O excitamento persiste e aumenta por meio da seqüência do ajustamento criativo e é mais intenso no contato final. Isto se dá mesmo se obstáculos e conflitos perdidos impedirem o final; mas, em semelhante caso, o excitamento torna-se espetacularmente disruptivo para o próprio *self* organizador. A raiva se transforma em furor, há mágoa e exaustão e, talvez, alucinação (sonho acordado com vitória, vingança e gratificação). Estas são funções de emergência para aliviar a tensão e capacitar-nos a começar de novo na próxima vez, já que naturalmente a necessidade fisiológica e sua excitação ainda estão inacabadas. Esse processo, de frustração total e explosão ilimitada, não é doentio, mas não é, desnecessário dizê-lo — a despeito da opinão de muitos pais — útil para aprender alguma coisa, pois o *self* está dilacerado e não restou nada para ser assimilado.

Entretanto, suponha agora que o excitamento foi interrompido. Prestemos atenção à respiração mais intensa que é um fator em todos os excitamentos: o excitamento é interrompido, a respiração está contida. Isto é ansiedade.

O caso mais nítido de ansiedade saudável é o pavor, o sufocamento do sentimento e do movimento nos quais estamos plenamente envolvidos, para enfrentar um perigo repentino. É muito provável que essa situação seja traumática, como pode-se ver ao contrastá-la com o medo usual. No medo, o objeto perigoso está previsto; somos deliberados e defensivos com relação a ele; portanto, quando é necessário se retirar porque o perigo é demasiado grande, a aproximação com o ambiente ainda está aberta; e mais tarde, com o aumento do conhecimento e da força, será possível confrontar o perigo novamente e evitá-lo ou aniquilá-lo. No pavor, a dor e a ameaça prenunciadas assomam de repente e de maneira esmagadora, e a resposta é isolar o ambiente, isto é, fingir-se de morto e retirar-se para dentro da própria pele. A ansiedade, o excitamento que foi de modo repentino represado muscularmente, continua a vibrar por muito tempo, até que possamos respirar livremente de novo.

Uma sociedade anti-sexual está projetada para produzir essa situação traumática com freqüência e eficiência máximas entre seus filhos. Já que a sexualidade é dissimulada (e elas querem naturalmente exibi-la), as crianças se envolvem onde existe a maior probabilidade de serem surpreendidas; e quando são supreendidas, a punição não tem qualquer relação com nada em sua experiência de causas e efeitos, e portanto poderá muito bem ser uma punição capital. Semelhante sociedade é uma armadilha planejada com muito cuidado.

Naturalmente a respiração pode ser interrompida e causar ansiedade de outras maneiras além de pelo pavor; geralmente o pavor e as outras maneiras cooperam. Freud destacou o coito interrompido, interromper o clímax do contato, como uma causa especial de ansiedade primária (neurose-real) com sintomas neurastênicos. A interrupção pela punição do excitamento agressivo da etapa de conflito ou do ataque de raiva parece ser uma causa provável da resignação e da autoconquista, a evitação da luta precedente como "não valendo a pena". Ou o excitamento pode ser interrompido ainda mais cedo, na etapa de perceber um objeto no ambiente, e isto levaria às projeções. Discutiremos os diferentes tipos de interrupções no capítulo XV.

O pavor e a ansiedade ocorrem em qualquer etapa do processo de contatar a interrupção, e o efeito é tornar-se cauteloso com relação ao próprio apetite original, e controlá-lo desviando a atenção, distraindo o interesse com outras coisas, prendendo a respiração, rangendo os dentes, retesando os músculos abdominais, retraindo a pelve, contraindo o reto etc. O anseio ou apetite reaparece de qualquer modo, mas, agora, muscularmente restrito, é doloroso — porque os anseios e os apetites tendem a ser expansivos, externalizados. Isto é, há agora uma mudança na seqüência na qual o corpo serviu de fundo decrescente para o *self* em desenvolvimento; agora o corpo é a figura; e o *self*, em sua estrutura do ego motoricamente ativo e deliberado, é o fundo. Esse processo ainda é de todo consciente; é uma tentativa de ajustamento criativo, trabalhando no corpo em lugar de trabalhar no ambiente.

Contudo, se se persistir nessa supressão deliberada, haverá provavelmente repressão, a deliberação inconsciente. A natureza da repressão será o assunto do capítulo XIV.

8. Identificando e alienando

I. O conflito

Na atividade de contatar, podemos agora definir a função do ego: identificar, alienar e determinar as fronteiras ou o contexto. "Aceitar um impulso como sendo nosso" significa, em seguida, tê-lo como parte do fundo onde se desenvolverá a próxima figura. (Isto é o que Freud queria dizer com "o ego é parte do id".) Semelhante processo de identificação é muitas vezes deliberado; e o ego funcionará bem — em suas orientações e manipulações — se estiver identificado com fundos que desenvolverão de fato boas figuras, desde que os fundos tenham energia e plausibilidade. (Assim, Freud diz que "o ego como parte do id é forte, o ego isolado do id é fraco".)

Percorramos o processo mais uma vez. No processo, o fundo e a figura são pólos. Uma figura só pode ser experienciada contra o seu fundo, e sem sua figura um fundo é simplesmente parte de uma figura maior e vaga. Mas a relação entre fundo e figura, na criatividade, é uma relação dinâmica e de troca. O excitamento crescente flui do fundo em direção à figura cada vez mais nitidamente definida. (Isto, repetindo, não significa meramente catexar a figura, porque parte da energia provém do fundo ambiental, conforme deve ser, já que é somente a energia nova que pode completar uma situação inacabada.) A energia é liberada para a formação da figura quando as partes caóticas ambientais "se defrontam" com uma excitação instintual, definindo-a e transformando-a, e são elas mesmas destruídas e transformadas. O excitamento crescente é a superação progressiva do fundo. Na etapa da emoção, o fundo-corpo diminui e as possibilidades ambientais avolumam-se; em seguida delimitamos o ambiente e nos apropriamos dele de modo deliberado como sendo nosso; finalmente, relaxa-se a deliberação, o sentimento de ego ativo desaparece e há, por alguns momentos, apenas a figura e o sentimento de espontaneidade, com o fundo vazio.

Entretanto, falamos de aceitação de alguma coisa somente quando há uma tendência a rejeitá-la. Quando o processo de identificação com um impulso, um objeto ou um meio é espontâneo e óbvio — como na fascinação ou quando se emprega uma habilidade especializada — e quando tudo mais está fora de cogitação, não há sentido em diferenciar *self*, id e ego. O que é aceito pelo ego é um conflito consciente e o exercício da agressão.

O conflito é uma perturbação da homogeneidade do fundo e impede a emergência de uma figura seguinte nítida e vívida. Os excitamentos conflitantes sempre tornam dominantes figuras alternativas. A tentativa de unificar uma única figura quando o fundo está movimentado, para prosseguir e chegar a uma solução fácil (isto é, escolher um dos rivais e excluir os restantes, ou escolher um compromisso inautêntico e tornar essa escolha o fundo de uma atividade em prosseguimento) — semelhante tentativa deverá resultar numa gestalt débil, à qual faltará energia. Ao contrário, se o escolhido for o próprio conflito, então a figura será excitante e cheia de energia, mas estará cheia de destruição e sofrimento.

Todo conflito é fundamentalmente um conflito nas premissas da ação, um conflito entre necessidades, desejos, fascínios, imagens de si próprio, objetivos alucinados; e a função do *self* é atravessar esse conflito, sofrer perdas, mudar e alterar o que está dado. Quando as premissas estão equilibradas, raras vezes existe um conflito genuíno na escolha de objetos, recursos ou programas de ação de primeiro plano; de preferência, encontra-se ou inventa-se simultaneamente algo melhor do que qualquer das alternativas. Não se observa com freqüência o caso do asno de Buridan que, com um apetite único, morreu de fome em meio a dois objetos plausíveis. (Quando há uma indiferença genuína dos objetos — vários biscoitos semelhantes num prato —, o apetite forma sem demora a gestalt de escolher um "espécime de uma classe", a própria indiferença tornando-se uma qualidade positiva.) Um conflito intenso em primeiro plano é um sinal de que o conflito verdadeiro no plano de fundo está alienado ou oculto, por exemplo, na dúvida obsessiva. (Pode estar oculto um desejo de não obter nada em absoluto ou de ser dilacerado em dois.)

Desse ponto de vista, vamos ponderar mais uma vez sobre o significado da proposição "excitar o conflito debilita o *self*", e o método terapêutico de enfrentar semelhante perigo. A fonte do perigo é que uma grande parte do *self* já está, ao que tudo indica, investida em alguma figura fraca, tendo sido feita anteriormente uma escolha inautêntica. Se uma nova excitação proveniente do fundo alienado for aceita, o conflito destruirá esse *self* fraco — o *self* perderá a organização tal como a tem; desse modo, diz-se, despreze a nova excitação. Mas na realidade o *self* está investido na figura fraca só em aparência, porque o *self* não é a figura que ele cria, mas o processo de criar a figura: isto é, o *self* é a relação dinâmica entre fundo e figura. Portanto, o método terapêutico, que só pode fortalecer o *self*, é insistir em relacionar a figura fraca de primeiro plano (por exemplo, o conceito que alguém tem de si próprio) com seu fundo, trazer o fundo mais plenamente para a *awareness*. Suponha, por exemplo, que o primeiro plano seja uma racionalização verbal à qual se está apegado. A questão terapêutica deve ser não se a proposição é verdadeira ou falsa (estabelecendo desse modo um conflito de objetos), mas qual é o motivo desse emprego de palavras? Importamo-nos realmente se é ou não verdadeira? Ou trata-se de uma manipulação? De quem? É um ataque? Contra quem? É uma pacificação? Um ocultamento, de que e de quem?

A necessidade desse método é óbvia se considerarmos que ocorre de muitas racionalizações, particularmente as de pessoas inteligentes, serem proposições verdadeiras e ainda assim serem racionalizações. Atacar qualquer proposição leva a uma altercação sem fim; e existe a probabilidade de os pacientes estarem tão bem informados ou não quanto os terapeutas.

Mas quando a figura é relacionada a seu motivo, novas excitações surgem, de repente, tanto do organismo quanto do passado e de coisas novas percebidas no ambiente. As figuras fracas perdem o interesse e tornam-se confusas; o *self* perde sua "segurança" e sofre. Entretanto, esse sofrimento não é um debilitamento do *self*, mas um doloroso excitamento de transição da criatividade. É o inverso da ansiedade. Esse sofrimento é doloroso e compreende a respiração mais profunda do parto. A ansiedade é desagradável, estática e sem fôlego. Um conflito de premissas é acompanhado de destruição e sofrimento; um conflito falso de objetos, recursos ou idéias se congela num dilema acompanhado de ansiedade. O propósito do conflito falso é interromper o excitamento; a ansiedade na qualidade de emoção é o pavor de nossa própria ousadia.

9. Identificando e alienando

II. "Segurança"

A timidez em ser criativo tem duas fontes: a dor do próprio excitamento crescente (originalmente, o "medo do instinto"), e o medo de rejeitar ou de ser rejeitado, de destruir, produzir mudanças; esses dois agravam-se mutuamente e no fundo são a mesma coisa. Ao contrário, uma impressão de "segurança" é proporcionada pelo apego ao *status quo*, aos ajustamentos que obtivemos no passado. O novo excitamento ameaça abalar essa segurança, desmantelando-a.

O que temos de entender é que não existe algo como uma segurança verdadeira, porque nesse caso o *self* seria uma fixidez. Quando não há um medo irracional, não surge o problema de se estamos ou não seguros, mas nos encarregamos do problema confrontando-o. Uma impressão de segurança é um sinal de fraqueza: a pessoa que a sente está sempre esperando pela refutação dessa impressão.

A energia do apego ferrenho ao *status quo* provém das situações inacabadas que ainda tendem a se completar, às quais se contrapõe a agressão voltada contra si mesmo por parte das identificações alheias introjetadas após derrotas prévias: esse agarramento proporciona, até certo ponto, um sentimento de solidez, estabilidade, poder, autocontrole e "segurança". Enquanto isso, na realidade, o *self* tem pouca energia expansiva para usar.

A pessoa segura está empregando suas faculdades numa luta segura e sem surpresas com suas identificações inassimiladas. A luta prossegue e excita os sentimentos porque a situação que está inacabada se repete; mas se trata de um sentimento "seguro" porque nada novo surgirá e já se sofreu a derrota. Semelhante luta é também segura; não pode ser concluída porque o organismo continua produzindo a necessidade; mas a agressão não se voltará para o ambiente onde uma solução poderia ser encontrada. Além disso — se for uma boa identificação "social" —, muitas vezes é possível encontrar muitos problemas reais ilusoriamente semelhantes, os quais podem ser solucionados de acordo com o mesmo modelo da derrota passada; pode-se enfrentar a realidade aparentemente com muita facilidade, sem aprender nada, sem passar por nada novo, nem fazer qualquer mudança: tudo que se faz necessario é evitar qualquer situação real que seja interessante ou arriscada, desviar a atenção de qualquer coisa em nossas ocupações que torne hoje diferente de ontem; e isto pode ser realizado convenientemente denominando o novo de "não-realístico". Desse modo, por uma bela economia, precisamente uma derrota aceita serve para proporcionar uma sensação de força e adequação. Na linguagem popular isto se chama "fazer um ajustamento adequado". As únicas coisas que faltam são o excitamento, o crescimento e o sentimento de estar vivo.

Mas onde o *self* tem força da qual se alimentar é onde justamente não há nenhuma sensação de segurança. Há talvez uma sensação de prontidão; a aceitação do excitamento, um certo otimismo bobo sobre a possibilidade de mudança da realidade, e uma lembrança habitual de que o organismo se regula a si mesmo e no fim não se desgasta ou explode. (Essa prontidão talvez seja o que os teólogos chamam de fé.) A resposta à pergunta "Você pode fazê-lo"? só pode ser "É interessante". Um sentimento de adequação e força se desenvolve à medida que o problema específico é enfrentado, gera sua própria estrutura, encontram-se nele novas possibilidades e as coisas se ajustam de maneira surpreendente.

XIII
AJUSTAMENTO CRIATIVO:
II. CONTATO FINAL E PÓS-CONTATO

1. Unidade de figura e fundo

O contato final é a meta do processo de contato (mas não seu "final" funcional, que é a assimilação e o crescimento). No contato final o *self* está absorvido de maneira imediata e plena na figura que descobriu-e-inventou; no momento não há praticamente nenhum fundo. A figura incorpora todo o interesse do *self*, e o *self* não é nada mais do que seu interesse presente, de modo que o *self* é a figura. As faculdades do *self* estão realizadas agora, de modo que o *self* se torna alguma coisa (mas ao fazê-lo deixa de ser *self*).

Evidentemente uma posição semelhante só pode ser alcançada sob as seguintes condições: 1) O *self* vem selecionando a realidade com relação à sua própria realidade — isto é, vem-se identificando com o que ativa ou mobiliza o fundo e alienando o resto. 2) Vem-se dirigindo à realidade ambiental e mudando-a de modo que nenhum interesse relevante permaneça inalterado no ambiente. 3) E aceitou e completou as situações inacabadas dominantes do organismo, de modo que nenhum apetite permanece na *awareness* do corpo. 4) E durante esse processo, não foi meramente um artífice-ativo da solução, nem um artefato-passivo desta (porque esses dois são extrínsecos), mas adotou cada vez mais um modo médio e crescido na solução.

Consideremos a natureza de uma *awareness* que não tem nenhum fundo ambiental ou corporal, já que a *awareness* é uma figura em contraste com um fundo. Semelhante *awareness* só é possível com relação a um todo-e-partes, onde cada parte é experienciada imediatamente como compreendendo todas as outras partes e o todo, e o todo é exatamente o todo dessas partes. Poder-se-ia dizer que a figura total é o fundo para as partes, mas é mais do que um fundo para estas: é ao mesmo tempo a figura das partes, e estas são fundo. Expressando isso de outra maneira: a experiência não leva em conta quaisquer outras possibilidades porque é necessária e concreta; o concreto é necessário, estas partes neste momento não podem significar nenhuma outra coisa. Vamos dar alguns exemplos: num instante de *insight*, não existem mais hipóteses, porque compreendemos como as partes operam juntas (entendemos o "meio-termo"); e assim, à medida que um problema se aproxima do momento do *insight*, tudo começa a fazer sentido; e após o *insight*, a aplicação a casos adicionais é imediata e habitual — o problema foi contatado de uma vez por todas. De maneira similar, quando amamos não há alternativas: não podemos nos retirar, olhar para o outro lado etc., e sentimos que quaisquer características adicionais que surgirem no bem-amado serão ou cativantes ou completamente irrelevantes e sem importância. Ou mais sombriamente, num momento de desespero final, não há mais recursos; a figura em tal caso nada mais é do que o fundo vazio sem nada para realçá-lo, e este é percebido como sendo necessário, porque o impossível é um tipo de necessário.

Em semelhante todo-relativo-a-partes, a figura fornece sua própria fronteira. Portanto não há funções de ego: nenhuma fronteira é escolhida, não há identificações e alienações e nem uma deliberação ulterior. A experiência é inteiramente intrínseca, e de maneira alguma estamos agindo de modo deliberado em relação a ela. O relaxamento da deliberação e o desaparecimento das fronteiras é a razão da vividez e vigor extras — por exemplo, o "instante de *insight*" ou "choque do reconhecimento" — porque a energia dedicada à contenção de si próprio ou à colocação agressiva de conexões no ambiente é acrescentada agora de maneira repentina à experiência espontânea final. A espontaneidade é percebida mais facilmente nos comportamentos onde houve movimento muscular deliberado, por exemplo, o movimento pélvico espontâneo antes do orgasmo, e o espasmo, ou o ato de engolir espontaneamente a comida que foi bem liquefeita e degustada.

Em todo processo de contato há uma unidade subjacente de funções perceptivas, motoras e de sentimento: não há graça, vigor, destreza de movimento sem orientação e interesse; nem vista aguçada sem focalização; nem sentimento de atração sem o ato de agarrar etc. Mas talvez seja somente no contato final, com sua espontaneidade e absorção, que essas funções são todas primeiro plano, elas são a figura: estamos conscientes da unidade. Isto é, o *self* (que nada mais é que o contato) passa a sentir a si mesmo. E o que está sentindo é o processo de interação entre o organismo e o ambiente.

2. O interesse e seu objeto

Tentemos analisar a absorção do contato final como sentimento (embora tenhamos de nos desculpar por nossa pobreza de linguagem). Ao analisar a seqüência do processo de contato, mencionamos a seqüência de motivações: em primeiro lugar, os anseios, apetites e respostas a estímulos que levaram o organismo a expandir-se em direção ao ambiente (por exemplo, a fome, uma alfinetada); em segundo, as emoções ou o sentimento da relação entre o apetite, a dor etc., e alguma situação ambiental (por exemplo, o desejo sexual, a raiva), com estes evocando uma abordagem agressiva; em terceiro lugar, a ativação mais ordenada de virtudes ou vícios (por exemplo, a determinação, a obstinação) que nos auxiliam em orientações, manipulações e conflitos complicados. Está claro que no processo de ajustamento criativo deve haver tais impulsos ou motivações, que põem em relação a percepção do organismo de si próprio como um "eu" (fundo aceito) e a novidade ambiental percebida como um "Isso", um "objeto" a elaborar.

Durante a absorção espontânea do contato final,[1] entretanto, não há necessidade de tal motivação, pois não há outras possibilidades; não podemos escolher de outra forma. O sentimento de absorção é "esquecido-do-*self*" (se esquece dele); dedica-se completamente a seu objeto; e já que esse objeto preenche o campo inteiro — qualquer outra coisa é experienciada com relação ao interesse do objeto —, o objeto torna-se um "Tu", é aquilo a que nos dirigimos. O "Eu" afunda-se inteiramente em seu sentimento de atenção: falamos de ser "todo ouvidos", "todo olhos"; por exemplo ao escutar a música grandiosa "nos esquecemos e somos todo ouvidos"; e qualquer "Isso" possível torna-se simplesmente um interesse do "Tu". Empreguemos a palavra "interesse" para esse tipo de sentimento sem *self*. Comparados com os apetites e as emoções, os interesses têm determinada qualidade estática ou final, pois não são motivações. No lado mais brilhan-

---

1. A questão aqui não é a espontaneidade, pois todos os sentimentos são espontâneos, são atos do *self* (ver capítulo X, item 4); mas nas motivações há uma percepção de nós mesmos nos desenvolvendo. Assim, na "fascinação", somos espontaneamente atraídos, a despeito de nós mesmos, mas na "absorção" estamos inteiramente "dentro" do objeto.

te, a compaixão,[2] o amor, a alegria, a serenidade, a apreciação estética, o *insight* etc., são tais estados, em lugar de serem operações de sentimento. (O Triunfo ou a Vitória são exemplos interessantes, porque é provável que o "Tu" nesse casos seja somente o ideal de Ego.) De maneira mais soturna, o desespero, o luto etc. são interesses, e podemos agora compreender como estes são terríveis, pois se não há nem Ego nem Tu, o sentimento é como o de um abismo.

Em geral, em todo este livro pressupusemos que toda realidade é plena de interesse: é real como objeto do apetite, emoção ou interesse. Desse modo, tanto os antigos quanto os homens da Idade Média sustentaram que o "ser" e o "bom" eram intercambiáveis (ver abaixo, item 3). Isto está naturalmente em oposição ao positivismo contemporâneo, cuja realidade é neutra; mas também está em oposição à concepção analítica de "catexia", de que o excitamento está vinculado ao objeto — uma concepção que se tornou plausível pelas cargas incomuns de energia em fetiches, objetos de referência etc. Nossa opinião é que o objeto-sem-interesse e o excitamento-sem-objeto são abstrações da figura de contato plena de interesse, que no fim, e potencialmente desde o começo, é a *awareness* espontânea primária da realidade. As abstrações parecem ser primárias na experiência se julgamos a partir de um fundo de deliberação inconsciente e dor indefinida, da maneira como discutiremos no próximo capítulo.

3. Exemplo de tato sexual etc.

O amor visa à proximidade, isto é, ao contato mais íntimo possível, enquanto o outro permanece sem ser destruído. O contato do amor se dá no olhar, na fala, na presença etc. Mas o momento arquetípico do contato é o abraço sexual. Aqui a intimidade espacial concreta ilustra de maneira espetacular a diminuição e a falta de interesse do fundo. Há pouco fundo porque não há espaço para ele: a figura vívida se avoluma tentando dispensar totalmente o fundo, e todas as suas partes são excitantes. A figura não é um "objeto" do "sujeito", porque a *awareness* se concentra no tato.

Faz-se com que os sentidos "distantes" sintam que são o tato (tocar e ser tocado), pois o rosto preenche o oval da visão e pequenos ruídos preen-

---

2. A compaixão, o interesse do médico, parece ser precisamente motivacional e contínua. Mas não é um motivo. A compaixão é o amoroso reconhecimento-do-defeito-como-potencialmente-perfeito, e a continuidade é o preenchimento da potencialidade do objeto. O próprio interesse é final e imutável. (Analiticamente é interpretado como a recusa de nos resignarmos à nossa própria perda, por exemplo, a castração. Essa é a opinião de Jekels.) Na prática da compaixão, não é algum interesse do "Eu" mas a integração do "Tu" que está em funcionamento.

chem a audição. Não é um momento de abstrações ou imagens de outras épocas e lugares; não há alternativas. A fala é, por assim dizer, pré-verbal: o que é importante nela é o tom e a concretude primitiva dos termos. E os sentidos "próximos" do paladar, do olfato e do tato constituem grande parte da figura. O excitamento e a intimidade do contato são percebidos como uma única e mesma coisa; mais excitamento é simplesmente um contato mais íntimo. E o movimento é finalmente espontâneo.

O desvanecimento do fundo-corporal é ainda mais extraordinário. Próximo ao clímax, a figura é composta dos dois corpos; da sensação de tocar e de ser tocado; mas esses "corpos" agora não são nada mais do que um sistema de situações-contato na fronteira; deixa de haver uma percepção dos órgãos fisiológicos subjacentes. As dores orgânicas tornam-se inconscientes. De modo paradoxal, nosso próprio corpo torna-se parte do "Tu", e finalmente da figura total, como se a fronteira fosse desanexada e colocada em frente.

Esse contato arquetípico mostra também a criatividade do *self*. No ápice da *awareness*, a experiência é nova, única e original. Mas quando no orgasmo a fronteira é "rompida" e o *self* diminui, temos a sensação de uma gratificação instintual conservativa de nossso próprio corpo familiar.

Entendemos também que o contato é espontaneamente transitório. O *self* trabalha pelo seu *completamento*, mas não por sua *perpetuação*. Quando o processo de formação-de-figura está completo, a experiência torna-se contida e o fundo desvanece, fica imediatamente óbvio que a situação-contato como um todo é apenas um instante da interação do campo organismo/ambiente.

As mesmas características do contato final estão evidentes ao comer, um contato por meio de destruição e incorporação. O que é degustado e mastigado é vívido e único, mas assim que é engolida espontaneamente, a figura desaparece e a assimilação é inconsciente.

Também, durante uma experiência intensa de uma obra de arte, sente-se que esta é não somente inevitável em sua elaboração mas também, de forma estranha, é a única obra possível ou pelo menos a de tipo mais sublime, e que sua experiência é inestimavelmente valiosa; isto é, o fundo em termos do qual elaboramos opiniões comparativas desapareceu.

(Escolhemos nossos exemplos de processo de contato e contato final principalmente entre os apetites. No entanto, muito disso vale para um processo de contato como o aniquilamento, embora não de maneira exata. A figura no aniquilamento é a ausência do objeto expulso do fundo; em seu ápice, portanto, ficamos sem nenhum objeto de excitamento, mas somente com a respiração penosa do esforço e um sentimento indiferente do *self* confrontando a situação que não é mais interessante — a não ser que aconteça de haver também uma sensação de triunfo: com a glorificação do ideal

224

de ego. Na aniquilação imperturbável, não há, é claro, nenhum crescimento resultante. Não obstante, pelo menos psicologicamente, o aniquilamento é um comportamento e um sentimento positivo, e devemos, portanto, discordar dos antigos e dos homens da Idade Média, na formulação que mencionamos anteriormente de que a realidade é "boa" (desejável), e o mal, uma negação da realidade; pois a ausência do expulso é psicologicamente uma realidade; remove um terror. Preferimos dizer que "a realidade é excitante ou plena de interesse".)

4. O pós-contato

A conseqüência do contato (exceto a aniquilação) é o crescimento consumado. Esse processo é inconsciente, e seus detalhes pertencem à fisiologia — na medida em que são compreendidos de alguma maneira.

Dependendo do tipo de novidade à qual se dirigiu e que transformou, o crescimento tem vários nomes: aumento de tamanho, restauração, procriação, rejuvenescimento, recriação, assimilação, aprendizagem, memória, hábito, imitação, identificação. Todos esses são conseqüência do ajustamento criativo. A noção básica subjacente a eles é determinada unificação ou identidade-feita na interação organismo/ambiente; e isto foi obra do *self*. A comida, onde se transforma o "dessemelhante" em "semelhante", é literalmente assimilada, "transformada em semelhante a" . Diz-se que a aprendizagem, quando é digerida e não engolida inteira, está assimilada; não pode então ser usada de maneira diferente de nossa muscularidade. Com relação às percepções, o uso filosófico foi o inverso: é a visão que se torna o mesmo que a cor-vista. Os hábitos são "adquiridos" de nosso comportamento em sociedade, imitamos ou nos identificamos com os outros, e formamos nossas personalidades com base no modelo deles. Mas não devemos nos enganar pela aparente inversão de linguagem, pois em cada caso houve o destruído, o rejeitado e o mudado, por um lado, e o processo de expandir-se-para e ser-formado-por, por outro lado. Onde o contato se dá por incorporação e a parte irrelevante é praticamente desconsiderada, falamos em assimilação; não obstante, os elementos químicos persistem, os resíduos são excretados e ainda assim existem etc. Onde o contato ocorre por proximidade ou tato, e a parte irrelevante (rejeitada) é ainda potencialmente interessante, como na percepção e no amor, falamos em transformar-se no outro ou em identicar-se com ele. O resultado do orgasmo é a procriação e o rejuvenescimento por meio de uma liberação sistêmica de tensão. (Reich sustenta que também há alguma alimentação biofísica.)

É ao considerarmos as conseqüências do contato, as assimilações e identificações, que podemos apreciar mais a importância do modo intermediário (nem passivo, nem ativo) da espontaneidade. Se o *self* tivesse estado meramente ativo, não teria podido tornar-se também aquele outro, mas simplesmente projetaria; e se fosse meramente passivo, *ele* não poderia ter crescido, teria sofrido uma introjeção.

5. A passagem do psicológico para o fisiológico

Psicologicamente, a passagem do contato consciente para a assimilação inconsciente tem um *pathos* profundo, porque a figura de contato preenchia o mundo, era o excitamento, todo o excitamento que havia; mas na conseqüência percebe-se que é uma pequena mudança no campo. Este é o *pathos* faustiano, quando dizemos "Fica! Eras tão belo(a)!" — , mas realizar esse dito seria exatamente inibir o orgasmo, o ato de engolir, ou o aprendizado. Mas o *self* prossegue espontaneamente e se extingue.

(É nessa altura, como mostrou Rank, que o mecanismo neurótico básico do artista entra em ação, porque ele insiste em sua própria perpetuação, em sua "imortalidade" e, portanto, projeta parte de si no meio material duradouro da obra. Mas nesse comportamento ele fica privado da possibilidade de acabamento final e nunca está contente. Tem de repetir: não a mesma obra, mas o processo de fazer uma obra de arte. E é essa interrupção e a ansiedade que a acompanha, e não a "culpa" da ousadia, a fonte do que Rank chama de "culpa de criar".)

A inibição do clímax consumado é, por excelência, a figura do masoquismo: é refrear o excitamento máximo e querer ser liberado da dor desse refreamento sendo forçado, forçado porque o *self* tem medo de "morrer", como se o *self* fosse algo mais do que apenas esse contato passageiro. Desse modo, o ápice do amor passa a produzir a mesma sensação de um convite para morrer. O amor-morte é elogiado, como se fosse o melhor amor. Mas na realidade o amor-morrendo continua a viver organicamente; o excitamento murcha; eles tentam recapturar o momento belo e falham necessariamente, porque o momento belo e possível agora é inteiramente diferente.

Mas embora o incremento do crescimento fisiológico seja pequeno, é absolutamente seguro; podemos usá-lo para sempre com confiança. Não podemos ser enganados por um ajustamento criativo. (Assim, o prazer, o sentimento de contato é sempre, sob qualquer forma e em quaisquer condições, uma evidência suficiente de vitalidade e crescimento. Em ética não é o único critério — não há um único critério — mas sua ocorrência é sempre uma evidência positiva com relação a um comportamento, e sua ausência levanta sempre uma dúvida.) Com relação à percepção, a confiabilidade de uma identificação criativa é admitida universalmente: a própria sensação é uma evidência irredutível, embora a interpretação possa estar equivocada.

Todavia, o mesmo é válido com relação à aprendizagem, ao amor e a outras identificações sociais. Mas isto não é apreciado; ao contrário, o amor que sentimos antes, é considerado, posteriormente, muitas vezes repugnante, as opiniões que sustentávamos são consideradas absurdas, a mística à qual éramos sensíveis quando adolescentes é repudiada como sentimental, as lealdades do patriotismo local são abominadas. Como Morris Cohen costumava dizer, "se apaixonar-se é cego, desapaixonar-se é idiota". Mas tais reações são uma inabilidade de aceitar a realidade presente de nossos passados consumados, como se aparecêssemos a nós mesmos no presente como algo mais do que o que nos tornamos e o que viremos a ser. Claramente em tais casos o contato nunca foi completo, a situação não estava acabada; alguma força inibidora foi introjetada como parte da experiência e é agora parte do conceito de ego em comparação com o qual estamos nos julgando. E agora, quando nossa realização passada, tal como era, é necessariamente diferente de nosso objetivo presente, em lugar de sermos capazes de usá-la como parte de nosso equipamento presente, ou desconsiderá-la como sendo irrelevante, desperdiçamos energia repelindo-a, envergonhando-nos dela, atacando-a (porque é ainda uma situação inacabada).

6. Formação da personalidade: a lealdade

O resultado do contato social criativo é a formação da personalidade: as identificações de grupo e as atitudes retóricas e morais viáveis. O *self* parece ter-se tornado parte do Tu no qual se desenvolveu. (Quando a criatividade foi interrompida e a força inibidora introjetada, a personalidade parece estar macaqueando suas companheiras, imitando uma fala e atitudes que lhe são realmente alheias e inadequadas; e isto realmente ocorre.)

A identificação-com-grupo que satisfez necessidades e faculdades, sendo uma fonte de força para a ação ulterior é o hábito de lealdade, que Santayana chamou de aceitação das "fontes de nosso ser". Considere, por exemplo, a lealdade a uma língua. Toda língua realiza adequadamente necessidades sociais elementares, se a aprendermos em circunstâncias de algum modo favoráveis. Se for uma língua eminente, como o inglês, nossa personalidade será formada de maneira profunda por seu gênio e literatura; um escritor sente sua lealdade no prazer de escrever sentenças inglesas. Um camponês imigrante italiano, fiel à sua infância, muitas vezes se recusa a aprender inglês, embora sua ignorância dificulte sua vida atual: é que ele foi desarraigado de maneira demasiado rápida e completa, e um número demasiado de situações antigas estava inacabado. Por outro lado, um refugiado alemão fugindo de Hitler aprende inglês em poucas semanas e esquece completamente o alemão: ele precisa riscar o passado e elaborar rapidamente uma nova vida para preencher o vazio.

Na terapia, as assim chamadas "regressões" são lealdades conscientes, e não tem sentido negar ou denegrir o que o paciente sentiu realmente como lhe pertencendo; a tarefa é descobrir as situações inacabadas inconscientes que estão tirando energia das possibilidades do presente. O exemplo clássico é a impossibilidade de "mudar" homossexuais que obtiveram outrora uma satisfação sexual importante, particularmente se eles superaram muitos obstáculos sociais para obtê-la. O método é evidentemente não atacar o ajustamento homossexual, pois este foi conseqüência do poder integrativo do *self*; é um contato e uma identificação sentidos e comprovados. O método deve ser trazer à tona o que a personalidade está *alienando* inconscientemente; aqui o interesse pelo outro sexo, metade dos seres humanos no mundo. Isto é, não tem sentido dizer: "Por quê você age como uma criança de onze anos?", mas é sensato perguntar: "O que é repugnante, imoral, perigoso em atuar como uma criança de doze anos?" O que quer que seja atuado foi até agora assimilado.

7. Formação da personalidade: a moralidade

Como conseqüências do contato, as avaliações morais, as apreciações sobre o comportamento adequado combinam dois tipos de assimilação: a) Por um lado, são simplesmente habilidades técnicas que aprendemos, suposições com relação ao que leva ao êxito. Como tal são flexíveis, sujeitas a modificação em circustâncias que mudam. Todo problema presente é enfrentado pelos seus méritos. Nossa prudência cristalizada é parte do fundo a partir do qual nos dirigimos ao problema; b) Por outro lado, são lealdades de grupo tais como as que estivemos descrevendo: atuamos de determinada maneira porque esta é a expectativa social, inclusive a expectativa de nossa personalidade formada. Nossa técnica num caso presente específico é modificada por nossa escolha permanente de continuar sendo membro do grupo, de usar a técnica do grupo. Geralmente a técnica do grupo é menos flexível do que a do indivíduo, e é provável que haja um certo conflito entre essas premissas de ação. Se esse conflito se tornar muito acentuado com demasiada freqüência, teremos de decidir que o grupo é irracional — está atado ao passado — e então teremos de mudar a técnica do grupo ou desistir de nossa lealdade. Desistindo dela, temos de encontrar uma nova lealdade, porque a sociabilidade de alguma espécie sempre faz parte de nossas necessidades. E é no próprio conflito que encontramos nossos novos aliados.

Até agora não houve nenhuma dificuldade teórica. Mas, infelizmente, nas discussões sobre moralidade essas duas premissas conflitantes, o prudente e o leal, são confundidas com dois tipos inteiramente diversos de avaliação, nenhum dos quais é uma assimilação. c) Um destes são as novas descobertas-e-invenções que ocorrem durante a criação de qualquer coisa. Verificamos que a maneira antiga, o que é sensato ou o que é costumeiro, não satisfaz em absoluto a função criativa, e de preferência temos de fazer *isto*. Semelhante avaliação é plena de interesse e constrangedora; vai além do que "desejamos" de acordo com nossa personalidade consumada. É a figura emergente, e na sua emergência temos de nos arriscar a ser absurdos ou solitários. Como conseqüência, por sua vez, a nova figura será uma técnica, e será nossa autoconcepção de lealdade a um novo grupo, ou guiará e ganhará um grupo para si própria. Mas no momento do interesse, a escolha é ousada, revolucionária, profética. E em parte o que embaralha as questões morais que poderiam ser simplesmente o ajustamento entre técnicas individuais e sociais é a injeção nelas de uma nostalgia do profético e do absoluto, particularmente por parte de pessoas que inibem sua criatividade. Uma escolha moral que foi aprendida há muito tempo e é uma premissa do comportamento comum é discutida como se estivesse sento inventada agora mesmo por Ezequiel.

Mas d) a causa principal de confusão é a moralidade costumeira da autoconquista: o comportamento é "considerado" "bom" por causa de alguma autoridade introjetada, ou é condenado como "mau" porque estamos atacando em nós próprios o impulso para um comportamento semelhante. Desde Nietzsche essa moralidade foi analisada corretamente como sendo "ressentimento"; seus efeitos são, em sua maior parte, aniquiladores negativos. Não vemos um homem que foi "bom", que não foi para a prisão durante meio século, ser elogiado e agraciado com medalhas por seus concidadãos por sua virtude, sagacidade e técnica de viver que levaram a realizações maravilhosas; porque os padrões alheios introjetados são criativamente inúteis. Mas há um ardor vingativo, uma força e uma punição na condenação dos "maus". De fato, a personalidade fraca que se autoconquista vive a maior parte de sua realidade na projeção de bodes-expiatórios, que lhe permitem colocar para fora alguma agressão e sentir alguma coisa.

Ao criar algo, há apreciações plenas de interesse do bem e do mal, daquilo que promove a realização vindoura e daquilo que tem de ser aniquilado no campo; mas posteriormente se consideram as rejeições, o "mal" como arcaicos, porque num novo empreendimento as coisas rejeitadas se tornam, por sua vez, possibilidades plausíveis. Mas na autoconquista, é somente o que é "mau", o que é excluído, que persiste, pois os anseios vitais com relação a este reaparecem e a agressão tem de ser exercida continuamente.

8. Formação da personalidade: atitudes retóricas

Um outro tipo de aprendizagem que forma a personalidade é a atitude retórica, nossa maneira de manipular os relacionamentos interpessoais, que pode ser observada ao nos concentrarmos em nossa voz, sintaxe e modos (ver o capítulo VII). Tais atitudes são reclamar, intimidar, estar desamparado, a evasividade ou a franqueza, dar e receber, a eqüidade etc. Todas essas são técnicas de manipulação, adquiridas rapidamente por crianças que têm uma audiência específica e limitada com a qual trabalhar, e logo descobrem quais recursos têm êxito e quais fracassam. O protocolo e a etiqueta das sociedades são semelhantes. E quando essas atitudes são consideradas como assimilações (como com relação a nossas lealdades ou à nossa moral), a única questão é se são úteis para um problema presente ou se devem ser modificadas ou descartadas. Se as pessoas depreciam intensamente determinadas atitudes, por exemplo a evasividade, é porque estão propensas a ser manipuladas por elas; para outras pessoas as atitudes são simplesmente ineficazes e cansativas (embora, naturalmente, ser enfadonho também seja uma técnica poderosa de punição e distração).

Quando uma atitude retórica é ineficaz — quando um terapeuta se recusa, por exemplo, a ser comovido pela voz enfadonha do paciente ou por suas lágrimas de crocodilo —, então poderá ser simplesmente abandonada; desse modo observamos que as crianças com freqüência riem de sua trapaça e tentam outra coisa. Em semelhantes casos a técnica é uma boa assimilação. Em outros, contudo, a percepção, por terceiros, de nossa técnica desperta sentimentos intensos ou ansiedade. Sentimentos intensos quando a "técnica" não é, na realidade, uma técnica em absoluto, mas uma expressão direta, embora imperfeita (uma sublimação), de uma necessidade inacabada importante: escolhemos intimidar porque precisamos vencer e estamos agora mais uma vez frustrados e zangados; escolhemos o desamparo porque estamos desamparados e agora novamente abandonados; ou somos enfadonhos porque queremos que nos deixem sós.

Mas a ansiedade é despertada quando a voz que ouvimos não é, afinal de contas, nossa própria voz, mas os outros falantes que introjetamos: é o pai ou a mãe reclamando, gritando ou sendo justos. Esta é, mais uma vez, como na lealdade falsa ou na moralidade ressentida, a situação de autoconquista; e estamos ansiosos porque estrangulamos, mais uma vez no momento presente, nossa verdadeira identidade, apetite e voz.

9. Conclusão

Em circunstâncias ideais o *self* não tem muita personalidade. É o sábio do Tao que é "como a água", adotando a forma de seu receptáculo. O incremento de crescimento e aprendizagem após um bom contato é indiscutível, mas é pequeno. O *self* encontrou e produziu sua realidade, mas reconhecendo o que assimilou, vê-o novamente como parte de um vasto campo. No ardor do contato criativo dizemos "é isto, e não aquilo" e agora dizemos "é somente isto, vamos abrir nossas mentes para aquilo". Isto é, a pulsação do contato e sua conseqüência é a sucessão dos sentimentos filosóficos de que entendemos o bem essencial, mas que, afinal de contas, como o bispo Butler dizia, "tudo é o que é, e não uma outra coisa", inclusive nós mesmos. Se semelhante processo é "significativo" ou "de valor", ou o que significa, não é uma questão psicológica.

Onde o *self* tem muita personalidade, vimos, é porque carrega consigo muitas situações inacabadas, atitudes inflexíveis recorrentes, lealdades desastrosas; ou então abdicou completamente, e a sensação que tem de si próprio nas atitudes com relação a si mesmo são as que introjetou.

Finalmente, voltemos à relação entre o psicológico e o fisiológico. A assimilação, o aprendizado digerido, a técnica, as identificações de grupo constituem hábitos próprios, no sentido de que o "hábito é uma segunda natureza". Parecem se tornar parte da auto-regulação fisiológica não-consciente. Com relação ao alimento assimilado, ninguém levantaria quaisquer dúvidas a respeito. Com relação aos hábitos-motores óbvios, a natureza "orgânica" do aprendizado é quase tão evidente. Aprender a andar, por exemplo, seria considerado primeira natureza e não um hábito de maneira alguma; contudo, nadar, patinar, andar de bicicleta parecem quase tão orgânicos e não podem ser esquecidos. Agarrar uma bola, por sua vez, dificilmente parece menos orgânico. Falar é orgânico; falar a língua materna é também dificilmente menos orgânico; e ler e escrever, por sua vez, também o são. Portanto, parece razoável definir o fisiológico como o conservativo, o não-consciente, a auto-regulação, sejam inerentes ou aprendidos. O psicológico é o contato passageiro, transitório com a novidade. A "primeira natureza" fisiológica, inclusive a interferência neurótica não-consciente na "primeira natureza", recorre periodicamente ao contato, à necessidade de novidade. A "segunda natureza" fisiológica é contatada aperiodicamente — por exemplo, alimentar-se da memória disponível como conseqüência de uma estimulação externa.

É o organismo e não o *self* que cresce. Descrevamos especulativamente o crescimento da seguinte maneira: 1)Após o contato, há um fluxo de energia que soma à energia do organismo os novos elementos assimilados do ambiente; 2)A fronteira de contato que foi "rompida" se reforma agora, incluindo a nova energia e o "órgão de segunda natureza";3) O que foi assimilado faz parte agora da auto-regulação fisiológica; 4) A fronteira de contato está agora "fora" do aprendizado, do hábito, do reflexo condicionado etc.; assimilados — por exemplo, o que é semelhante ao que aprendemos não nos afeta, não suscita nenhum problema.

231

XIV
A PERDA DAS FUNÇÕES DE EGO:
I. REPRESSÃO; CRÍTICA DA TEORIA
DA REPRESSÃO DE FREUD

1. A figura/fundo da neurose

O comportamento neurótico também é um hábito aprendido, o resultado de um ajustamento criativo; e, como outros hábitos assimilados, não se entra mais em contato com ele, porque não apresenta nenhum problema novo. O que diferencia esse hábito de outros e qual é a natureza da inconsciência neurótica (repressão) como algo distinto do mero esquecer e da memória disponível?

No processo de ajustamento criativo traçamos a seguinte seqüência de fundos e figuras: 1) Pré-contato — no qual o corpo é o fundo, e o seu desejo ou algum estímulo ambiental é a figura; isto é, o "dado" ou o id da experiência; 2) Processo de contato — aceito o dado e se alimentando de suas faculdades, o *self* em seguida se aproxima, avalia, manipula etc. um conjunto de possibilidades objetivas: é ativo e deliberado com relação tanto ao corpo quanto ao ambiente; estas são as funções de ego; 3) Contato final — um ponto equidistante das extremidades, espontâneo e desapaixonado de interesse para com a figura realizada; 4) Pós-contato — o *self* diminui.

Vimos também (capítulo XII, item 7) que o processo poderia ser interrompido em qualquer etapa, devido ao perigo ou à frustração inevitável, e o excitamento poderia ser sufocado, resultando em ansiedade. A etapa específica de interrupção é importante para o hábito neurótico específico que é aprendido, aspecto que discutiremos no próximo capítulo. Mas consideremos agora de que maneira uma interrupção e ansiedade quaisquer levam também a uma tentativa de inibir o *instinto* original ou a resposta ao estímulo, pois estes são o que está mais acessível ao controle. Estabelece-se, assim, um seqüência inversa que temos de investigar.

1) O esforço deliberado de controlar é o fundo. A figura é a excitação ou a resposta inibida ao estímulo; esta é um sentimento doloroso do corpo. É doloroso porque a excitação busca um escoamento, expandindo-se, e o controle é uma contração da expansão (cerrar os dentes, cerrar os punhos etc.).

Essa figura/fundo, como tal, naturalmente, não vai adiante. Relaxamos o controle e tentamos mais uma vez. Mas suponha agora que o perigo e a frustração sejam crônicos e não possamos relaxar o controle: enquanto isso há outros assuntos a serem cuidados. Então,

2) Uma nova situação surge e a situação antiga ainda está inacabada. A nova situação pode ser um novo estímulo ou uma distração que se buscou para diminuir a dor, a decepção etc. Ao enfrentar a nova situação, a antiga, inacabada, é necessariamente suprimida: engolimos nossa raiva, enrijecemonos e expulsamos o desejo da mente. Todavia, na nova situação, a excitação suprimida e dolorosa persiste como parte do fundo. O *self* afasta-se para enfrentar a nova figura, mas não pode usar as faculdades ocupadas em reprimir a excitação suprimida. Assim o fundo do processo de contato da nova figura é perturbado pela existência da supressão dolorosa, que está imobilizando algumas das funções de ego.

A seqüência não pode se desenvolver além desse ponto; ocorre porque o corpo não pode ser aniquilado. O desejo suprimido pertence à auto-regulação fisiológica e persiste de modo conservativo, reaparece intensamente sempre que se acumular uma tensão suficiente ou houver um estímulo, e permanece sempre como um matiz do que quer que avulte no primeiro plano do interesse. A excitação não pode ser suprimida, apenas mantida afastada da atenção. Todos os acontecimentos posteriores ocorrem mais uma vez no outro sentido, no de confrontar o problema, só que o processo agora é dificultado pelo fundo perturbado da situação inacabada. A perturbação persistente impede o contato final no novo ajustamento porque não se concede todo o interesse à figura. Ela impede que nos dediquemos ao novo problema por seus próprios méritos, porque toda solução nova deverá também resolver de maneira "irrelevante" a situação inacabada. E as faculdades perceptivas e musculares estão presas à manutenção da supressão deliberada.

233

A excitação não pode ser esquecida, mas o controle deliberado pode ser esquecido e permanecer inconsciente. Isto ocorre simplesmente porque, sendo um padrão motor, depois de algum tempo a situação é aprendida; se a inibição for crônica, os meios de efetivá-la não são mais novos, nem são mais contatados; são um tipo de conhecimento inútil que ocuparia a atenção aparentemente sem função. Enquanto nada puder ser mudado na inibição de fundo, o *self* esquecerá a maneira como está sendo deliberado, à medida que se volte para novos problemas. As faculdades motoras e perceptivas comprometidas na inibição deixam de ser funções de ego e tornam-se simplesmente estados corporais tensos. Nessa primeira fase, portanto, não há nada de extraordinário a respeito da transição de supressão consciente para a repressão; é o processo costumeiro de aprender e esquecer como aprendemos; não há necessidade de postular-se "um processo de esquecimento do desagradável".

(Ademais, em todo caso importante de repressão, dedicamo-nos rapidamente a assuntos inteiramente diferentes e, portanto, o esquecemos rapidamente.)

Mas acompanhemos o processo ulterior, porque até agora o meio de inibição foi uma lembrança disponível. Vimos que todo hábito não contatado é uma "segunda natureza"; faz parte do corpo, não do *self*. Desse modo nossa postura, quer seja correta, quer incorreta, parece "natural", e a tentativa de mudá-la causa mal-estar; é um ataque contra o corpo. Mas a inibição inconsciente tem essa propriedade peculiar, de que se há uma tentativa de relaxá-la, há uma ansiedade imediata porque a situação de excitamento é revivida e deve ser prontamente sufocada. Suponha, por exemplo, que a excitação inibida é surpreendida por um estímulo incomum, ou vice-versa, que o controle é afrouxado de modo temporário por um exercício terapêutico; então a visão que em geral é obtusa, é ameaçada, ao que parece, de cegueira, os ouvidos zunem, o músculo é ameaçado por uma cãibra fatal, o coração dispara etc. É o *self* inconsciente de que estes são os efeitos de uma simples contração, e de que tudo que é necessário é suportar um ligeiro mal-estar para localizar a contração e relaxá-la de forma deliberada — o *self* imagina que o próprio corpo está em perigo, e responde com terror, sufocando, e com uma deliberação secundária consciente para proteger o corpo. Evita a tentação, resiste à terapia; estando inconscientemente de boca fechada contra algo saboroso, mas que então era visto como perigoso, reage agora com o vômito, como se a coisa fosse veneno. Ademais, já que o excitamento nascente é doloroso de qualquer maneira, presta-se facilmente à interpretação externa. A atitude e a interpretação de defender as funções de ego de uma época como se fossem órgãos vitais em lugar de hábitos aprendidos é uma formação reativa. (Em todo esse processo está evidente a tentativa agressiva de aniquilar a fisiologia mais básica.)

Estamos, desse modo, elaborando a seguinte teoria da repressão: a repressão é o processo de esquecimento da inibição deliberada que se tornou habitual. O hábito esquecido deixa de ser acessível devido a formações reativas adicionais voltadas contra o *self*. O que não é esquecido e não pode sê-lo é o próprio desejo ou apetite; mas isto persiste como um fundo de dor porque não foi descarregado e está obstruído. (Isto é o "contrário do afeto".) Na medida em que o instinto mantém sua qualidade original e pode avivar objetos no primeiro plano, há sublimações, gratificações diretas mas imperfeitas.

2. A neurose como perda das funções de ego

A neurose é a perda das funções de ego para a fisiologia secundária sob a forma de hábitos inacessíveis. A terapia da neurose, ao contrário, é o processo deliberado de contatar esses hábitos por meio de exercícios graduados, de maneira a tornar a ansiedade tolerável.

Como distúrbio da função de *self*, a neurose encontra-se a meio caminho entre o distúrbio do *self* espontâneo, que é a aflição, e o distúrbio das funções de id, que é a psicose. Contrastemos as três categorias.

Aquele que se dá espontaneamente poderá não realizar o contato final; a figura está dilacerada em meio à frustração, raiva, exaustão. Nesse caso ele está aflito em lugar de estar feliz. A inanição é o dano sofrido por seu corpo. Sua disposição é amarga e ele se volta contra o mundo; mas não se volta ainda contra si próprio, nem tem muita percepção de si próprio, a não ser de que está sofrendo, até que fique desesperado. A terapia para ele deve ser aprender mais técnicas práticas, e deve haver também uma mudança nas relações sociais de modo que seus esforços frutifiquem, e, enquanto isso, um pouco de reflexão. Isto é o cultivo da Personalidade. (Esta é uma descrição de muitas crianças pequenas; contudo, é difícil fazer com que reflitam.)

No outro extremo está a psicose, a aniquilação de parte da concretude da experiência; por exemplo, as excitações perceptivas ou proprioceptivas. Na medida em que há qualquer integração, o *self* preenche a experiência: ou está degradado por completo ou incomensuravelmente grandioso, o objeto de uma conspiração total etc. A fisiologia primária começa a ser afetada.

A meio caminho, a neurose é a evitação do excitamento espontâneo e a limitação das excitações. É a persistência das atitudes sensoriais e motoras quando a situação não as justifica ou de fato quando não existe em absoluto nenhuma situação-contato, por exemplo, uma postura incorreta que é mantida durante o sono. Esses hábitos intervêm na auto-regulação fisiológica e causam dor, exaustão, suscetibilidade e doença. Nenhuma descarga total, nenhuma satisfação final; perturbado por necessidades insatisfeitas e mantendo de forma inconsciente um domínio inflexível de si próprio, o neurótico não pode se tornar absorto em seus interesses expansivos, nem levá-los a cabo com êxito, mas sua própria personalidade se agiganta na *awareness*: desconcertado, alternadamente ressentido e culpado, fútil e inferior, impudente e acanhado etc.

Pela assimilação da experiência sob condições de emergência crônica, o *self* neurótico perdeu parte de suas funções de ego; o processo de terapia é mudar as condições e proporcionar outros fundos de experiência até que o *self* descubra-e-invente a figura: "Eu estou evitando deliberadamente este excitamento e exercendo esta agressão". Poderá então prosseguir de novo em direção a um ajustamento criativo espontâneo. (Mas, repetindo, na medida em que as condições de vida incluam inevitavelmente a emergência crônica e a frustração, o controle crônico se mostrará funcional no final das contas; o desprendimento durante a sessão de terapia nada proporcionará a não ser uma aberração da raiva e do pesar, ou pior, um processo de vomitar situações que "não podemos engolir".)

3. Crítica da teoria de Freud: I. Os desejos reprimidos

Nossa explicação, em particular, da repressão, diverge tanto da explicação de Freud que devemos esclarecer a discrepância, isto é, explicar seu ponto de vista assim como fornecer evidências para o nosso próprio ponto de vista; porque a repressão foi o processo que ele estudou mais intensivamente, e seria possível construir todo o sistema de psicanálise freudiana empregando "repressão" como termo primário.

Parecia a Freud que o "desejo", a excitação, foram reprimidos, enquanto sustentamos que estes são irreprimíveis, embora qualquer pensamento ou comportamento específico associado com o desejo possa ser esquecido. Ele é em seguida levado a uma tentativa insolitamente complicada e expressamente difícil de explicar de que maneira o organismo conservativo pode se inibir. Todo o sistema do "pensamento inconsciente" e o id que nunca pode ser experienciado fazem parte dessa explicação que tentou — embora, como qualquer entidade *ad hoc*, levante um grande número de novos problemas. Além do mais, Freud sustentava que os conteúdos reprimidos tanto são rejeitados pelo ego quanto atraídos pelo "inconsciente", e ele tornou necessária também uma censura inconsciente; enquanto sustentamos que a atração ou censura dos conteúdos diverge dos fatos, e que a repressão é suficientemente explicável pela supressão deliberada, pelo simples esquecimento e pela atividade espontânea de figura/fundo do *self* ao confrontar novos problemas sob as condições antigas.

É evidente que as excitações inibidas não estão reprimidas, mas, ao contrário, expressam-se de tal modo que devemos dizer que querem exprimir-se, manifestar-se. Em condições de relaxamento, tais como a livre associação ou o sono leve, ou ainda em condições de concentração espontânea, tais como o trabalho artístico ou a conversação animada, imediatamente tornam-se conscientes e exigem atenção todo tipo de imagens estranhas, idéias, impulsos e gestos abortivos, dores e pontadas que inquietam: as excitações suprimidas que querem manifestar-se; e se por meio de uma concentração desinteressada mas direcionada lhes forem proporcionados meios lingüísticos e musculares, revelar-se-ão imediatamente com um alcance total. Semelhantes tendências são naturalmente o pão com queijo de toda sessão analítica; como é possível que Freud não lhes atribuísse importância como evidência da irreprimibilidade do id?

Considere um trecho típico de Freud:

> Entre os impulsos-desejo que se originam na vida infantil, indestrutíveis e incapazes de serem inibidos, há alguns cuja satisfação passou a estar em contradição com as idéias intencionais de nosso pensamento secundário. A satisfação desses desejos não produziria mais um afeto de prazer, mas de dor: e é exatamente essa inversão de afeto que constitui a essência do que chamamos de "repressão".[1]

Isto é, considerados "infantis", os impulsos são incapazes de ser inibidos, como estamos afirmando; posteriormente, "contradizem" outras intenções e são portanto dolorosos, e por conseguinte são reprimidos. Mas o prazer e a dor não são idéias, são os sentimentos de alívio ou tensão. Qual é a transformação orgânica que Freud está imaginando por meio da qual a "contradição" produz a mudança de afeto? Estamos afirmando, ao contrário, simplesmente que o desejo é doloroso por causa do esforço de inibi-lo — uma tensão não descarregada e uma restrição muscular: essa transformação é um fato da experiência geral.

Ainda, se o que estamos afirmando é correto, então toda a experiência consciente continua a ser matizada pela dor não reprimida. De modo óbvio isto não parecia ocorrer dessa maneira para Freud. E, contudo, ocorre assim. Não parece ocorrer assim porque não permitimos que pareça ocorrer assim quando estamos concentrados em nos ocupar do que é da nossa conta com uma resignação estóica, e tentando tirar o melhor proveito dos impulsos que realmente aceitamos. A dor está ali, mas está suprimida: concentre-se em seus sentimentos e imediatamente ela colore tudo. Freud é notoriamente desalentador quanto à perspectiva de felicidade na condição humana; contudo, ele é bem menos desalentador do que o necessário com relação à realidade da condição humana.

---

1. Sigmund Freud, *The Interpretation of Dreams*, trad. por A. Brill, Macmillan Co., Nova York, 1933, p. 555.

O desacordo aqui também é um desacordo verbal que depende, como todas as diferenças semânticas impotentes, de uma diferença no padrão do que se deseja: a que chamaremos "dor" e "prazer"? Para Freud, a percepção embotada, o movimento deliberado e o sentimento controlado da vida adulta ordinária não são "dolorosos", mas neutros. Todavia, comparado a um padrão de comportamento espontâneo, deve ser denominado pelo menos de "desprazer": não é neutro, pois está positivamente marcado pela inquietação, fadiga, insatisfação, resignação, uma sensação de inacabamento etc.

Note também no trecho citado a inferência de que não há auto-regulação fisiológica, pois os impulsos "infantis" são aleatórios, incapazes de serem inibidos, e a intencionalidade pertence ao pensamento secundário. Isto nos conduz a uma outra razão por que Freud julgava que as excitações estivessem reprimidas. Ele considerava persistentemente determinadas excitações como infantis, como vinculadas de forma específica a situações infantis e portanto a pensamentos e cenas infantis; e de fato semelhantes situações e pensamentos são recuperáveis, se é que o são de algum modo, com extrema dificuldade; não estão no plano de fundo da *awareness*. Mas como tentamos mostrar antes (capítulo V), todas as excitações são muito mais gerais em seu emprego; são os objetos e as situações em mudança que as definem e especificam. A conexão essencial aparente com pensamentos esquecidos específicos, evidente quando a repressão dos pensamentos é suspensa, deve-se, argumentamos, ao fato de que foi numa determinada situação que restringimos deliberadamente a excitação e a suprimimos — e essa atitude logo se tornou habitual e foi esquecida; portanto, o primeiro desenvolvimento livre da excitação para a liberação da inibição estimula uma lembrança antiga como sendo sua técnica disponível. Não é a lembrança que libera essencialmente o impulso, mas a manifestação do impulso que estimula a lembrança. Ou, expressando-o de maneira inversa, a vida espontânea é persistentemente mais "infantil" do que o permitido; a perda do infantil não é uma mudança orgânica, mas uma supressão deliberada.

4. Crítica de Freud: II. Sonhos

Reportando-nos agora à teoria de Freud da "atração" de determinados conteúdos pelo inconsciente, consideremos o exemplo familiar da "fuga" da parte final de um sonho; porque é verdade que este não parece ser simplesmente expulso da mente, mas, de modo mais exato, parece ser atraído como que por um imã invisível. Contudo, temos de perceber antes de tudo que na prática para reter o sonho não prestamos atenção a ele, mas nos dedicamos a ele de maneira desinteressada, deixando que venha se quiser, e isto não teria sentido se o sonho fosse realmente atraído para longe.

238

O sonho não desaparece por meio de uma supressão deliberada; é principalmente o processo de sintetização espontâneo do *self* que aniquila o sonho na medida do possível no ato de formar a figura/fundo mais simples no estado de vigília: eis por que o sonho desaparece tão sem esforço (a aniquilação é espontânea) e por que, do ponto de vista da introspecção pelo esforço, o sonho parece fugir — pois as premissas para se fazer o tipo habitual de esforço desperto são incompatíveis com as premissas de experienciar um sonho. O contato possível mais simples na experiência desperta exclui espontaneamente o sonho. Assim, para permitir que o sonho, ou qualquer instinto, se expresse, finalmente o único recurso é alterar a própria formação de figura/fundo costumeira — mudar as circunstâncias em que o contato é possível, de modo que o sonho também seja uma parte possível do contato. Isto se faz adotando a atitude de desinteresse. O método é não tentar lembrar de maneira deliberada nem tentar ativar o que está "inconsciente", mas alterar as premissas da realidade do *self* de modo que o sonho também apareça como sendo real. Nossos sonhos são "expulsos" por nós e "fogem" de nós porque nós mesmos estamos cometendo um erro quanto à natureza das coisas; não podemos reter o sonho porque nos recusamos a considerá-lo real.

A incompatibilidade entre o sonho e o despertar costumeiro é familiar. Ao despertar, uma pessoa começa a sentir que está ativa, ocupada, prestes a se mover. Mas o sonho pertence à classe de desejos que podem ser gratificados somente alucinando-os sem se mover; o inicio do movimento muscular põe o sonho em fuga (isto é interpretado como "censurar o desejo antes que possa alcançar uma liberação motora"). E o que é mais importante, como na alucinação, o sonho está excluído do que se pensa ser o mundo real. As alucinações não são aceitas como funções de nós próprios. (Contudo, as crianças naturalmente interpretam suas brincadeiras alucinatórias como parte do mundo real; e entre os adultos devota-se um dispêndio enorme de tempo e atenção a trabalhos artísticos, às alucinações de outras pessoas. Só os nossos próprios sonhos são desconsiderados. Ou considere a atitude corrente com relação a sonhar acordado propositadamente: é vista como uma escapatória, uma fuga da realidade e do compromisso; mas não é tanto uma escapatória quanto abuso: o desejo na fantasia permanece vago no final e não é utilizado; não se permite que se concretize numa ação ativa nem é empregado como uma interpretação de nossas intenções, como uma sugestão de interesse e vocação reais.) Ainda outra propriedade do despertar costumeiro que exclui os sonhos é que este é verbal e abstrativo — ao despertar verbalizamos imediatamente nossos propósitos abstratos: "Onde estou?", ' O que pretendo fazer esta manhã?", "Que horas são?", "O que sonhei?"; nossa experiência é organizada por essas abstrações. Mas o sonho é concreto, não-verbal, sensório — "eidético". Em geral, isto é, o sonho não é uma experiência possível não tanto por causa de seu conteúdo mas por causa de sua forma.[2]

Todos esses fatores operam de maneira particularmente intensa — de modo que o sonho foge rapidamente e é irrecuperável, em lugar de meramente desaparecer aos poucos e perder sua dominância porque é irrelevante — quando o *self* é neurótico e já há uma tensão nas relações costumeiras entre figura e fundo devido a hábitos de inibição inconscientes. Essa tensão é o sistema de formações reativas que defendem o conceito costumeiro do ego e de seu corpo. Já que o fundo não está habitualmente vazio mas perturbado, para realizar qualquer figura de alguma maneira é necessário manter o fundo tão vazio e costumeiro quanto possível; devota-se uma energia de aniquilamento considerável a essa tarefa. Em confronto com a espontaneidade do ato de sonhar, a sanidade do *self* e a segurança de seu organismo parecem estar em perigo intenso. Desse ponto de vista poderíamos considerar a necessidade de estar ocupado, de orientar-se no tempo, no espaço e na intenção, de estar alerta, como sendo tantas formações reativas espontâneas para enfrentar a emergência da atitude-sonho perigosa. Com tanta artilharia mobilizada contra eles, os pensamentos-sonhos são aniquilados de imediato, e o desejo-sonho suprimido vigorosamente.

O sonho foge e é expulso, em suma, tanto devido à formação espontânea da figura/fundo possível nas condições, quanto devido à decisão deliberada com relação ao que consideraremos ser a realidade. Otto Rank diz que os iroqueses costumavam tomar a decisão contrária: o sonho era o real, e portanto a tarefa era interpretar o estado desperto em termos do sonho em lugar de interpretar este em termos daquele. Pareceria que para Freud era a infância psicologicamente mais real, porque ele interpreta finalmente o sonho não em termos do estado desperto (os vestígios do dia) mas em termos de situações da infância. Ponderemos mais sobre isso.

5. Crítica de Freud: III. A Realidade

Para estarmos seguros da teoria da repressão de Freud devemos levar em consideração novamente sua discussão do real (ver capítulo III, item 13 ss).

Freud distingue o "processo primário" e o "processo secundário" de pensamento. Alguns trechos indicarão a semelhança básica entre o que ele está dizendo e nossas proposições, e também as diferenças importantes.

---

2. Uma análise semelhante e excelente do processo de esquecimento do sonho é proporcionada por Schachtel em seu ensaio "Da Memória", in *A Study of Interpersonal Relations*, Hermitage Press, Nova York, 1949, pp. 3-49.

O processo primário luta pela liberação da excitação para estabelecer com a quantidade de excitação reunida dessa maneira uma *identidade de percepção*; o processo secundário desistiu dessa intenção e adotou em seu lugar o objetivo de uma *identidade de pensamento*.[3]

Nós diríamos que o processo primário — uma unidade de funções perceptivas, motoras e de sentimento que não é adequadamente denominada de "pensamento" — *cria* uma realidade; o processo secundário que abstrai a partir dessa unidade é um pensamento que *reflete* a realidade.

A transformação do afeto (a essência da "repressão") se dá no decorrer do desenvolvimento. Temos só de pensar no aparecimento do nojo, originalmente ausente da vida infantil. Este está vinculado com a atividade do sistema secundário. As lembranças a partir das quais o desejo inconsciente suscita uma liberação de afeto nunca estiveram acessíveis ao pré-consciente, e por essa razão a liberação não pode ser inibida...

Os processos primários estão presentes no aparelho desde o começo, enquanto os secundários só se formam gradualmente no decorrer da vida, inibindo e sobrepondo-se aos primários, adquirindo um controle completo sobre eles provavelmente só no auge da vida.[4]

Os "processos incorretos", deslocamentos-sonho etc. são os processos primários do aparelho psíquico; ocorrem sempre que idéias abandonadas pelas catexias pré-conscientes são deixadas por conta própria e podem encher-se da energia não inibida que flui do inconsciente e luta por um escoamento...

Os processos descritos como incorretos, não são realmente falsificações de nosso proceder normal, ou um pensamento defeituoso, mas *os modos de operação do aparelho psíquico quando liberado da inibição*.[5]

O processo primário (elaborar uma identidade de realidade perceptiva) é um processo espontâneo de contato; mas vem a ser equiparado por Freud somente com os processos-sonho. A arte, a aprendizagem e a memória, o crescimento estão radicalmente apartados do processo-primário, como se toda aprendizagem e o controle deliberado que a acompanha não pudessem ser nunca simplesmente usados, e em seguida liberados, à medida que o *self* age mais uma vez de modo espontâneo. Então, o crescimento implica necessariamente a "transformação de afeto", pois a aprendizagem, de acordo com esse conceito, nada mais é do que o processo de inibição.

O que levou Freud a conceber o secundário sobrepondo-se ao primário dessa maneira, em lugar de conceber sua unidade saudável num sistema

---

3. Sigmund Freud, *The Interpretation of Dreams*, trad. por A. Brill, Macmillan Co., Nova York, 1933, p. 553.
4. Idem, p. 555.
5. Ibid., p. 556.

de lembranças acessíveis? Podemos falar de motivos de teoria, de prática e de personalidade.

Na teoria, Freud tinha uma concepção errônea da realidade que derivava de sua aceitação de uma psicologia da consciência incorreta; porque, caso toda orientação na realidade seja dada por objetos do sentimento e da percepção isolados, e caso toda manipulação da realidade seja dada por hábitos-motores isolados, então certamente para obter-se de alguma maneira uma realidade deverá haver um processo de pensamento abstrato para somar as partes e reconstruir um todo. Nessa construção, todas as partes — os objetos isolados de percepção, propriocepção, os hábitos e intenções abstratas — estão ancoradas no processo de inibição da unidade de espontaneidade. Mas de forma aparente os únicos todos de contato espontâneos que Freud conseguia perceber eram os processos-sonho, e estes fornecem de fato pouca orientação e nenhuma manipulação. Mas naturalmente existe um número indefinido de todos espontâneos não-alucinatórios; é uma questão de teorizar de modo correto o que ocorre na experiência, da maneira como fizeram os psicólogos da gestalt e os pragmáticos.

Na prática em terapia, Freud contava precisamente com as dissociações do paciente; ele as proibia de lerem sentido ou de se tornarem um hábito; assim eram apenas os sonhos que de modo forçoso lhe pareciam todos espontâneos. (A transferência, que era um todo espontâneo de hábito, ele persistia em considerar — como se estivesse embaraçado — como meramente um vestígio da infância.) Em seguida, além disso, não apenas a psicologia da consciência de Freud era deficiente, mas também o era sua psicologia fisiológica, porque concebia impulsos aleatórios, as excitações isoladas de um organismo mecânico. Em nossa opinião o corpo está cheio de uma sabedoria herdada — está mais ou menos ajustado ao ambiente desde o início: tem os materiais brutos para elaborar novos todos, em suas emoções tem um tipo de conhecimento do ambiente assim conto das motivações da ação; o corpo se expressa em séries intencionais bem construídas e em complexos de desejos. Negligenciando tudo isso, Freud foi compelido a uma terapia puramente verbal, e não a uma terapia psicossomática. A conseqüência de sua prática foi, portanto, que não conseguia vincular o "pensamento" dinâmico espontâneo que observava nem com o ambiente nem com o corpo; desse modo delimitou com audácia para esse "pensamento" um domínio independente, o "inconsciente".

Não obstante, ele não está em absoluto satisfeito com isso, e continua tentando dizer: "os processos-sonho não são incorretos afinal de contas; eles são o caminho para a realidade; ao contrário, sou eu, exatamente no auge da vida, que perdi a realidade". E porque ele quer dizer isso, todo o sistema da psicanálise freudiana se preocupa com o "infantil". E o faz de modo correto, porque na infância havia de maneira importante um processo desinibido,

242

que proporcionava uma realidade que ao mesmo tempo não era apenas um sonho. O que estava incorreto era a noção de que posteriormente uma nova entidade saudável se desenvolvia, o processo secundário, porque este era neurose epidêmica.

A noção de "processo secundário" é a expressão da perda pelo *self* da consciência de que ele está exercendo a inibição, e portanto poderia também libertá-la. A coerção é projetada de forma mais exata sob a forma da "dura realidade". E por uma formação reativa o processo espontâneo é denegrido com rancor e se torna "meramente" os sonhos e as distorções neuróticas, e passa por cima de todas as outras formações-figura espontâneas. E os sonhos e sintomas, além disso, são atacados por sua vez, "interpretados" e degradados em lugar de serem também considerados como partes da realidade vital e, de fato, como essenciais em qualquer operação criativa. (Esta é a crítica de Jung.) Por fim a infância é tanto denegrida quanto superestimada; é superestimada quando está sendo considerada como de modo perdido irrecuperável; denegrida na terapia onde toda a tarefa da análise vem a ser recuperar esse irrecuperável.

6. Exemplos de repressão: insônia e tédio

Retomemos o fio de nossa própria argumentação e vamos dar um exemplo de repressão.

Na repressão, dissemos, a excitação persiste no fundo e matiza com a dor todas as formações ulteriores. A deliberação da inibição é esquecida. Nessas condições, o *self* se volta para outros ajustamentos criativos e faz um esforço adicional para manter esquecido o processo de inibição esquecido. A insônia intensa ilustra esse método de funcionamento na sua forma mais simples; porque no ato de insistir no sono, os ajustamentos criativos ulteriores são minimizados, e a dor da necessidade inacabada é sentida difusamente como um desprazer, uma inquietação e uma tensão distintos. Mas o significado da necessidade é esquecido, pois não se lhe permite desenvolver e encontrar uma orientação.

Na insônia, o *self* quer relaxar e desintegrar-se, mas uma necessidade inacabada permanece controlando-o. As próprias tentativas de adormecer tornam-se então meios de manter a necessidade suprimida. Em primeiro lugar, o insone fecha os olhos, imagina cenas entediantes etc. Essas imitações deliberadas do sono são naturalmente irrelevantes para a necessidade real, que não é dormir, mas resolver o problema inacabado; mas podem ser interpretadas como uma retroflexão: ele quer entediar aquele "outro" que tem a necessidade e pô-lo para dormir. Então o insone inicia um processo de fantasias e pensamentos dissociados, todos os quais têm realmente a ver com o problema suprimido, mas ele não quer entender a conexão, e portanto as fantasias não se combinam num único desejo, mas se sucedem de maneira atormentadora. Ocorre às vezes de fato uma semelhante linha de fantasia ter o mesmo significado afetivo que a necessidade suprimida, em cujo caso os pensamentos libertam por abreação parte da excitação e adormecemos com um sono leve e infestado de sonhos; mas acordamos rapidamente se a tensão se tornar de novo demasiado forte. Uma terceira etapa é quando o insone fixa-se e concentra-se em alguma causa fictícia da falta de sono: o cachorro que uiva, a festa barulhenta no andar debaixo; e direciona sua agressão para aniquilar isso. O desejo de aniquilar um objeto está muito próximo da verdadeira situação subjacente de tentar aniquilar o problema, e assim obtém de forma espontânea um grande afeto — utiliza a própria energia que está aplicando vigorosa e inconscientemente. Desse modo, acontece que, se permitir a essa ânsia de aniquilar que adquira uma dominância importante e leve a uma ação violenta — jogar um sapato no cachorro, bater o pé no chão — há uma recuperação parcial da função de ego. Isto pode ter conseqüências alternativas: ou temos então mais controle sobre a supressão e podemos fazer com que ela persista o suficiente para adormecermos (em termos ortodoxos, a repressão tem êxito em lugar de falhar); ou vice-versa, agora que exaurimos no simulacro parte da energia voltada para dentro, poderemos de repente aceitar a necessidade inacabada como sendo nossa mesmo. Desistimos do esforço de tentar dormir, nos levantamos, admitimos que a festa no andar debaixo é atrativa em lugar de ser distrativa, ou que não é o cachorro que uiva mas algum outro ruído que queremos ou tememos ouvir. A orientação correta leva a uma atividade relevante adicional: vestimo-nos e descemos, escrevemos uma carta, ou o que quer que seja.

Ironicamente, quando não estamos tentando dormir, quando não é "hora" de dormir, a repressão do problema e a persistência da excitação surgem sob a forma de desatenção, tédio, fadiga (e às vezes adormecimento!). A necessidade dominante não pode alcançar o primeiro plano, mas as figuras neste plano estão perturbadas, e já que não podem utilizar a energia total, elas não são atrativas, e a atenção decai; nenhuma figura se tornará vívida, e porque há um desejo de estar em outro lugar fazendo alguma outra coisa (mas não podemos reconhecer o desejo porque não permitimos que se desenvolva), sentimos somente que desejamos não estar aqui, e não fazendo isso. Isto é o tédio. Mas a pessoa entediada se força a prestar atenção — esgota-se no esforço de manter a relação forçada entre a figura enfadonha e o fundo perturbado; logo é tomada pela fadiga e as pálpebras baixam. Se a excitação suprimida é do tipo que é gratificada de maneira significativa na fantasia, poderá fantasiar ou adormecer e sonhar. Mas muitas vezes, infelizmente, assim que cedemos ao desejo de dormir e deitamos, exatamente então a insônia se manifesta.

244

7. A "sublimação"

Contrastando com as distrações que não conseguem tornar-se atraentes e obter atenção, estão aquelas que organizam com êxito uma atividade interessante. Estas são interesses que se alimentam de uma excitação que não pode se expressar, apenas porque o significado está reprimido, mas que satisfaz "indiretamente" a necessidade. São as assim chamadas "sublimações" — interesses que satisfazem a necessidade de "maneiras socialmente aceitáveis ou mesmo apreciadas".

Pela teoria freudiana da transformação do afeto e, portanto, da repressão da excitação, o processo de sublimação seria inescrutavelmente misterioso, porque se o desejo orgânico é modificado de modo intrínseco, o que é satisfeito pela atividade substituta? Pela teoria que estamos apresentando não existe nenhum problema. Estritamente falando, não existe, em absoluto, um processo específico do tipo da "sublimação". O que é denominado de "sublimação" é uma satisfação direta mas imperfeita da mesma necessidade.

A satisfação é imperfeita porque a perda de funções de ego no processo inconsciente de inibição impede o ajustamento criativo eficiente; porque a própria excitação está matizada de dor, dificuldade e masoquismo; e estes matizam o interesse a ser satisfeito; porque as limitações que estão operando tornam o interesse sempre um tanto abstrato e desvinculado da necessidade; e porque a inabilidade de se tornar espontâneo impede uma' liberação plena. Portanto, a sublimação é compulsivamente repetitiva, o organismo não atinge um equilíbrio pleno, e a necessidade retorna com demasiada freqüência. A masturbação ilustra com muita freqüência essas propriedades da sublimação.

Não obstante, é evidente que a sublimação não é um substituto mas uma satisfação direta. Considere, por exemplo, a interpretação bem conhecida de que a arte do romancista é em parte uma sublimação do voyerismo e da exibição infantis reprimidas. (Como Bergler.) Por certo o romancista realmente espreita e exibe. O problema é o que o está reprimindo aqui? Ele satisfaz sua curiosidade sobre os feitos, sexuais e outros, de seus personagens, que freqüentemente são seus conhecidos e mais ainda, sua família relembrada; exibe seus próprios sentimentos e seu conhecimento proibido. A prova de que nada dessa parte está reprimida é que ele se sente de fato culpado por fazê-lo. Mas objetar-se-á que não são essas coisas, mas presenciar a cena primordial e exibir seus órgãos genitais infantis que estão reprimidos e sublimados, e que a culpa é herdada daquela época. Parece-nos que esta é uma interpretação falha do que ocorreu no passado: o interesse infantil pela cena primordial consistia em uma curiosidade desejosa sobre os afazeres das pessoas mais importantes para a criança, e o que ela queria era exibir sua própria natureza e seus próprios desejos, e participar. Estas são exatamente as necessidades que ele agora satisfaz diretamente — mas a satisfação é imperfeita, porque ele está apenas contando uma história, e não também sentindo e fazendo.

Porque é exatamente o romancista que consegue não suprimir esses instintos, mas sim obter alguma satisfação direta deles. Um instante de reflexão sobre a efetividade social de muitas sublimações mostrará que elas estão realmente proporcionando uma satisfação direta; porque é o espontâneo e o desinibido que é poderoso e efetivo e, finalmente, apreciado. Vamos dar outro exemplo menos comum. O poder de um Gandhi de emocionar milhões por meio de sua personalidade admiravelmente infantil teve como um de seus aspectos importantes sua atitude peculiar com relação à comida: quando Gandhi se recusava a comer ou concordava em comer, isto era algo, tinha um significado político. Bem, devemos interpretar isso como uma petulância infantil? Então como era tão efetiva? Ao contrário, era uma sobrevivência extraordinariamente direta do sentimento *genuíno* da criança de que têm toda a importância do mundo as condições de amor e ódio comemos. É provável que Gandhi jejuasse não como uma ameaça calculada, mas porque sob certas condições a comida lhe fosse repugnante. Essa opinião fisiológica espontânea e a conseqüente ação ponderada, não no contexto do quarto de criança mas no do mundo adulto onde é igualmente relevante mas universalmente desconsiderada, comoveu todos os corações. Era efetiva não porque era simbólica ou um substituto, mas porque era uma resposta espontânea a uma realidade.

Contudo, a teoria freudiana da sublimação foi mais uma vez a conseqüência de Freud associar de forma muito próxima os instintos persistentes com suas situações e pensamentos passados.

8. A formação reativa

A formação reativa é a evitação da ansiedade prenunciada pela interrupção da repressão (pelo aumento da excitação inibida ou do relaxamento da inibição) por meio de tentativas ulteriores de aniquilar a excitação ou os impulsos que levam a ela, e pelo fortalecimento da inibição. A repressão evita o excitamento; a formação-reativa evita a ansiedade do excitamento sufocado — pois esse excitamento parece a essa ansiedade ainda mais perigoso do que era o excitamento original. Exemplos da aniquilação do estímulo ou da excitação tentadores são a evitação, o nojo, a provocação, o esnobismo, a condenação moral; exemplos do fortalecimento da inibição são a honradez, a teimosia, a estupidez obstinada, o orgulho.

Se abandonarmos a teoria freudiana da transformação do afeto e da repressão da excitação, não precisaremos mais falar de "ambivalências", sentimentos opostos com relação ao mesmo objeto na mesma situação, como se os opostos existissem no mesmo nível e fossem ambos sentimentos expansivos. (Tais opostos, se existissem, seriam explicáveis como uma conversão incompleta do afeto: a coisa que proporcionava prazer infantilmente não proporciona, contudo, apenas dor). Mas é muito mais provável que os opostos estejam relacionados de forma dinâmica: um oposto é uma formação-reativa contra o outro: o que existe é uma hierarquia dinâmica de instinto, inibição do instinto e "defesa" da inibição, isto é, a agressão ulterior contra o instinto e a identificação com um introjeto que o agride. Por exemplo, considere o apetitoso e o repugnante. O apetitoso (tentador) é repugnante porque o apetite é inibido fechando-se firmemente a boca: o nojo é uma resposta à alimentação forçada, de uma boca firmemente fechada — mas perdemos a consciência do fato de que poderíamos abrir a boca, de que não seríamos mais forçados a comer e de que não haveria necessidade de vomitar a comida. Na etapa da supressão, da inibição deliberada, a comida é simplesmente alienada de nós mesmos, não nos identificamos com nosso apetite por ela; mas na etapa de formação reativa, não estamos, em absoluto, mais em contato com a comida — a escolha não tem nada a ver com o alimento, mas com as relações interpessoais esquecidas. Desse modo, o apetite e o nojo recorrentes não produzem um conflito verdadeiro; não há uma "ambivalência" real: os opostos são "gosto desta comida" e "não comerei algo de que não gosto"; estes naturalmente não são incompatíveis, mas o ajustamento entre eles é impossível por causa da repressão.

De um ponto de vista terapêutico, nossa sociedade tem uma hostilidade lamentável também para com suas formações reativas costumeiras, e por sua vez tenta aniquilá-las. A razão disso é o estado de desenvolvimento social desigual que descrevemos anteriormente (ver capítulo 8, item 3); uma sociedade que se autoconquista mas que também valoriza o expansivo e o sexual. As formações reativas são obviamente aniquiladoras e negativas; ninguém quer reconhecê-las. A probidade, a limpeza obsessiva, a frugalidade, o orgulho obstinado, a desaprovação moral são ridicularizados e censurados; parecem mesquinhos, em lugar de grandiosos. Da mesma maneira, o despeito e a inveja — a agressividade dos impotentes e os erros dos frustrados — são condenados. É apenas nas crises, nas emergências, que se permite que se tornem primeiro plano. Como alternativa, todas essas atitudes são elas próprias substituídas por um aniquilamento do aniquilamento, e obtemos cortesia, boa vontade, solidão, falta de afeto, tolerância etc., vazias. O resultado é que na terapia as relações entre paciente e terapeuta são no início demasiado cordatas; e é necessário mobilizar de forma penosa essas características reativas e esses triunfos banais.

XV
A PERDA DAS FUNÇÕES DE EGO:
II. FRONTEIRAS E ESTRUTURAS TÍPICAS

1. O estratagema da terapia dos "caracteres neuróticos"

Neste capítulo final, tentamos explicar os mecanismos e "caracteres" neuróticos mais importantes como maneiras de contatar a situação concreta em andamento, o que quer que esta possa ser durante a sessão de terapia. Os comportamentos neuróticos são ajustamentos criativos de um campo onde há repressão. Essa criatividade funcionará de forma espontânea em toda atualidade em andamento; o terapeuta não tem de descobrir o que está por trás do comportamento "costumeiro", nem pôr esse comportamento de lado para descobrir o mecanismo. Sua tarefa é apenas propor um problema que o paciente não está resolvendo de maneira adequada, e se estiver insatisfeito com o seu fracasso; nesse caso, com ajuda, a necessidade do paciente destruirá e assimilará os obstáculos, e criará hábitos mais viáveis, exatamente como ocorre com outro aprendizado qualquer.

Situamos as neuroses como uma perda das funções de ego. Na etapa de ego do ajustamento criativo, o *self* identifica partes do campo como sendo suas e aliena outras como não suas. Percebe a si mesmo como um processo ativo, uma deliberação de determinadas carências, interesses e faculdades que têm uma fronteira definida mas que se desloca. Continuamente envolvido, o *self* está como que perguntando: "Do que necessito? Será que devo pôr isso em ação? Como sou estimulado? Qual é meu sentimento com relação àquilo lá fora? Devo tentar conseguir aquilo? Onde estou com relação àquilo? Até onde vai minha força? De que recursos disponho? Devo ir em frente ou me deter? Qual a técnica que aprendi que posso usar?" Semelhantes funções deliberadas são exercidas de modo espontâneo pelo *self* e utilizadas com toda força do *self*, com *awareness*, excitamento e criação de novas figuras. E, em última instância, durante o contato final e íntimo, a deliberação, o sentido de "Eu", desaparece espontaneamente no envolvimento, e então as fronteiras não têm importância, porque contatamos não uma fronteira, mas o contatado, o tocado, o conhecido, o desfrutado, o realizado.

Mas, durante esse processo, o neurótico perde suas fronteiras, seu sentido de onde está, do que e como está fazendo, e não pode mais administrar; ou sente suas fronteiras como fixadas de maneira inflexível, não progride e não pode mais lidar com isso. Terapeuticamente, esse problema do *self* é o obstáculo para a resolução de outros problemas, e é o objeto de uma atenção deliberada. As perguntas são agora: "Em que momento *eu* começo a não resolver este problema simples? Como é que faço para impedir-me? Qual é a ansiedade que estou sentindo?

2. Os mecanismos e "caracteres" como etapas de interrupção da criatividade

A ansiedade é a interrupção do excitamento criativo. Queremos expor agora a idéia de que os diferentes mecanismos e "caracteres" do comportamento neurótico podem ser observados como sendo as etapas de ajustamento criativo nas quais o excitamento é interrompido. Isto é, queremos elaborar uma tipologia a partir da experienciação da realidade concreta. Vamos discutir as vantagens de uma abordagem desse tipo e as propriedades de uma tipologia que possa ser útil na terapia (porque, naturalmente, é uma pessoa única que estará sendo tratada, e não um tipo de doença.)

Toda tipologia depende de uma teoria da natureza humana, de um método de terapia, de um critério de saúde e de uma gama selecionada de pacientes (ver itens 4, 6). O esquema que apresentaremos aqui não é nenhuma exceção. O terapeuta precisa de sua concepção para manter-se orientado, para saber em que direção olhar. É o hábito adquirido o pano de fundo para esta arte, como para qualquer outra. Mas o problema é o mesmo de toda arte: como empregar essa abstração (e, portanto, fixação) de maneira a não perder a realidade presente e particularmente o movimento contínuo da realidade? E como — um problema específico que a terapia compartilha com a pedagogia e a política — não impor um padrão em lugar de ajudar a desenvolver as potencialidades do outro?

a) Se for possível descobrir nossos conceitos no processo de contatar, então ao menos será o paciente real que estará ali, e não a história passada ou as proposições de uma teoria biológica ou social. Por outro lado, naturalmente, para que sejam os meios pelos quais o terapeuta poderá mobilizar o saber e a experiência de sua arte; esses conceitos terão de pertencer de maneira reconhecível ao seu conhecimento da educação humana e à sua teoria somática e social.

b) Devemos lembrar que a situação concreta é sempre um exemplo de toda a realidade que existiu ou existirá algum dia. Contém um organismo e seu ambiente, e uma necessidade em andamento. Portanto, podemos fazer as perguntas costumeiras com relação à estrutura do comportamento: Como esta lida com o organismo? Como lida com o ambiente? Como satisfaz uma necessidade?

c) Além disso, se tomarmos nossos conceitos a partir de momentos num processo presente (isto é, suas interrupções), poderemos esperar que, com a *awareness*, essas interrupções se transformarão em outras interrupções; não se perderá o movimento contínuo do processo. Descobrir-se-á que o paciente não tem um "tipo" de mecanismo, mas, na realidade, uma seqüência de "tipos", e de fato todos os "tipos" em séries explicáveis. Bem, o problema é que ao empregarmos qualquer tipologia, em lugar de descobri-la na realidade, experienciamos o absurdo de que nenhum dos tipos se encaixa em nenhuma pessoa específica, ou, ao contrário, que a pessoa tem traços incompatíveis ou mesmo todos os traços. Contudo, o que esperamos? É da natureza do criativo — e na medida em que o cliente tenha qualquer vitalidade, ele é criativo — produzir sua própria singularidade concreta reconciliando incompatibilidades aparentes e alterando o significado destas.[1]

Assim, em lugar de atacar ou reduzir os traços contraditórios para alcançar o caráter subjecente "real" conjecturado pelo terapeuta (análise de caráter), ou de tentar descobrir as conexões perdidas com o que deve ser o instinto "real" (anamnese), precisamos somente ajudar o paciente a desenvolver sua identidade criativa por meio de sua passagem ordenada de "caráter" para "caráter". A diagnose e a terapia são o mesmo processo.

d) Pois a passagem ordenada nada mais é do que a remobilização das fixações em todos de experiência. A coisa mais importante a lembrar é que todo mecanismo e característica constituem um meio de viver valioso, se puderem ao menos continuar a fazer sua tarefa. Bem, na terapia e em outras

---

1. Reforcemos esse truísmo com um exemplo de outra disciplina humana. Um crítico literário passa a trabalhar com um sistema de *gêneros*: o que é a tragédia, o que é a farsa etc. Entretanto, descobre não somente que esses tipos incompatíveis estão combinados em *Henrique IV, Hamlet, Romeu e Julieta*, mas o próprio significado da tragédia ou da comédia foi transformado em cada todo único. Bem, se isto é verdadeiro em se tratando de meros meios musicais e plásticos, quão mais verdadeiro não o será quando o paciente tem para as suas criações toda a gama de situações humanas?

250

ocasiões, o comportamento do paciente é um processo de ajustamento criativo que continua a resolver um problema de frustração e medo crônicos. A tarefa é fornecer-lhe um problema em circustâncias em que suas soluções costumeiras (inacabadas) não sejam mais as soluções possíveis mais adequadas. Se precisar usar seus olhos e não o fizer porque não é interessante nem seguro usá-los, alienará agora sua cegueira e se identificará com sua visão; se precisar se estirar, se tornará agora consciente de sua agressão muscular contra o estiramento e a relaxará etc.; mas isto não é porque a cegueira e a paralisia sejam "neuróticas", mas sim porque não funcionam mais: seu sentido mudou de técnica para obstáculo.

Resumindo, propomos os seguintes esboços do "caráter" como um tipo de ponte entre a terapia da situação concreta e os conceitos do terapeuta. Esses caracteres e seus mecanismos não são tipos de pessoas, mas, considerados como um todo, são uma descrição do "ego" neurótico em marcha. Assim, tentamos em cada caso 1) principiar a partir de um momento de interrupção concreta, 2) indicar o funcionamento normal da interrupção, 3) mostrar como, contra o fundo das repressões, a interrupção enfrenta o organismo e o ambiente, e proporciona uma satisfação positiva, e 4) relacioná-la com a história cultural e somática. Finalmente, 5), discutimos a seqüência dos caracteres quando estão mobilizados.

3. Os momentos de interrupção

Vimos que a pergunta na perda de funções de ego é "em que momento eu começo a não resolver este problema simples? Como eu me impeço?"

Reportemo-nos mais uma vez à nossa seqüência esquematizada de fundos-e-figuras no excitamento e à seqüência inversa na inibição (ver capítulo XIV, item 1). Na inibição neurótica, a seqüência foi invertida e o corpo tornou-se um objeto final de agressão: o fundo está ocupado por uma repressão, um processo de inibição crônico que foi esquecido e é mantido esquecido.[2]

---

2. A "repressão", "sublimação" e "formação reativa" mencionadas no capítulo anterior, naturalmente são elas próprias funções normais de ajuste. Normalmente, a repressão é simplesmente uma função fisiológica, o processo de esquecimento de informações inúteis. Consideramos a sublimação como apenas uma função normal, o contato imperfeito possível na situação habitual. O caso interessante é a reação formativa. Normalmente, a reação formativa é a resposta-emergência automática à ameaça contra o corpo: é a categoria de respostas do tipo fingir de morto, desmaiar, o estado de choque, a fuga em pânico etc. Todas essas respostas parecem indicar uma interação imediata, e portanto indiscriminada e total, entre o sinal fisiológico e as funções de ego de cautela, sem a mediação da seqüência costumeira do processo de contato. Normalmente, a resposta-emergência parece enfrentar uma ameaça proporcional — embora muitas vezes um dano superficial leve ao estado de choque. Falamos em reação formativa quando a ameaça tem a ver com a ansiedade que resulta da liberação de um processo de inibição crônico e esquecido.

A interrupção presente (a perda de funções de ego) ocorre diante desse fundo.

A diferença de tipos consiste em se a interrupção ocorre:

1) Antes da nova excitação primária. Confluência;
2) Durante a excitação. Introjeção;
3) Confrontando o ambiente. Projeção;
4) Durante o conflito e o processo de destruição. Retroflexão;
5) No contato final. Egotismo.

4. Confluência

A confluência é a condição de não-contato (nenhuma fronteira de *self*) embora estejam ocorrendo outros processos importantes de interação, por exemplo, o processo de funcionamento fisiológico, a estimulação ambiental etc. Vimos que normalmente o resultado do contato, a assimilação, ocorre com o *self* em diminuição, e todos os hábitos e aprendizados são confluentes. A distinção entre as confluências saudáveis e as neuróticas é que as primeiras são potencialmente contatáveis (por exemplo, a memória disponível) e as últimas não podem ser contatadas devido à repressão. Mas, é óbvio, áreas imensas de confluência relativamente permanente são indispensáveis como fundo subjacente e inconsciente dos fundos conscientes da experiência. Estamos em confluência com tudo que de fundamental, não problemática ou irremediavelmente somos dependentes: onde não há nenhuma necessidade ou possibilidade de mudança. Uma criança está em confluência com sua família; um adulto, com sua comunidade; uma pessoa, com o universo. Se formos forçados a tomar consciência desses fundos de segurança básica, o "chão cederá" e a ansiedade que sentiremos será metafísica.

Neuroticamente, a atitude presente — não reconhecer em absoluto a nova tarefa — é um apegamento à inconsciência, como se estivéssemos nos apegando a um comportamento consumado para obter satisfação, e como se a nova excitação fosse roubá-lo; mas naturalmente, já que esse outro comportamento foi consumado e é costumeiro, não há nenhuma satisfação consciente nele, mas somente uma sensação de seguraça. O paciente cuida para que nada de novo aconteça, mas não há nenhum interesse ou discernimento no que é antigo. Os exemplos arquetípicos são o aleitamento ou o apegamento ao calor e ao contato corporal inconscientes, que não são sentidos, mas cuja falta nos paralisa.

Com relação ao ambiente, a atitude é impedir que o comportamento consumado seja roubado (pelo desmame). O maxilar está fixo na mordida persistente da criança de peito com dentes, que poderia passar para outros alimentos mas se recusa a fazê-lo; ou temos um abraço de urso na copulação;

ou mantemos um controle ferrenho nas relações interpessoais. Essa paralisia muscular impede qualquer sensação.

O paciente enfrenta desse modo a frustração e o medo. Qual é a satisfação? No âmbito da paralisia muscular e da dessensibilização, a satisfação só é possível na espontaneidade aleatória completamente independente da vigilância do ego (histeria). Uma grande parte da assim chamada regressão serve como uma atitude expansiva na qual os impulsos aleatórios podem encontrar uma liguagem e um comportamento; isto implica um deslocamento de sentimentos e a reinterpretação dos significados da satisfação, para torná-los apropriados. O comportamento regressivo não é em si neurótico; é simplesmente anterior à confluência, ou está fora desta. Mas a satisfação difusa nele não tem sentido. E a complicação é que, naturalmente, no comportamento "expansivo" surgem dificuldades semelhantes — alguma coisa requer ser contatada — e então o paciente começa a se apegar de novo.

Culturalmente, as respostas confluentes estarão no nível mais rudimentar, infantil ou desarticulado. O objetivo é persuadir o outro a fazer todo o esforço.

5. Introjeção

A interrupção pode ocorrer durante a excitação, e nesse caso o *self* introjeta, substitui seu instinto ou apetite potencial pelos de alguma outra pessoa. Normalmente esta é nossa atitude com relação a toda a ampla gama de coisas e pessoas das quais estamos conscientes, mas que não têm muita importância de um jeito ou de outro: convenções lingüísticas, de vestuário, de plano urbanístico, de instituições. A situação neurótica é aquela na qual a convenção é coercitiva e incompatível com uma excitação animada, e onde, para evitar o crime do não pertencimento (para não falar de conflitos adicionais), o próprio desejo é inibido — e o ambiente odiado é tanto aniquilado quanto aceito, sendo engolido por inteiro e suprimindo-o. Todavia, a não ser que os seres humanos pudessem imitar e adotar um uniforme público sem muita participação ativa, as grandes aglomerações de cultura e as cidades dos homens, que parecem nos pertencer, seriam impensáveis. Toda convenção natural (não-coercitiva) foi numa época uma realização espetacularmente criativa; mas utilizamos a maioria das convenções sem realmente assimilá-las nem sermos esmagados por elas. Por exemplo, é somente depois de anos que um poeta assimila o inglês; não obstante, outras pessoas falam inglês de maneira razoavelmente não neurótica. (A desgraça é que o uso corrente é confundido com a essência.)

Neuroticamente o introjetor chega a um acordo com seu próprio apetite frustrado, invertendo o afeto deste antes que possa reconhecê-lo. Essa inversão é obtida pelo próprio processo de inibição. O que queremos é sentido como imaturo, repugnante etc. Ou, ao contrário, se for um impulso de rejeitar algo que está inibido (uma oposição à alimentação forçada), o paciente se persuade de que o indesejado é bom para ele, é realmente o que quer etc. Mas morde a coisa sem degustá-la ou mastigá-la.

A atitude com relação ao ambiente é conformada (a pelve está rijamente retraída), e além disso é infantil e condescendente, porque é necessário ter alguma personalidade, alguma técnica, alguns desejos. Se ele não puder se auto-identificar e alienar o que não é ele em termos de suas próprias necessidades, confrontará um vazio. O ambiente social contém toda a realidade que existe, e ele se auto-constitui identificando-se com os padrões desse ambiente e alienando o que são potencialmente seus próprios padrões. Mas a cultura adquirida com essa atitude é sempre superficial, embora possa ser extensa. Aceitará todo ponto de vista oficial, mesmo que seja o contrário do que pensa acreditar; há até uma satisfação secundária em aniquilar a sua autoridade anterior; está masoquistamente ansioso para ser refutado. Suas próprias opiniões características são infantis de um modo comovedor, mas devido ao aspecto exterior emprestado que apresentam, parecem afetadas e idiotas.

A satisfação expansiva de introjetar é o masoquismo — a náusea é inibida, os maxilares são forçados a se abrir num sorriso, a pelve é retraída, a respiração contida. O comportamento masoquista é a possibilidade de ajustar, de modo criativo, o ambiente numa estrutura em que infligimos dor a nós próprios com a aprovação de nossas identificações falsas. Intensificando a identificação e voltando-se mais ainda contra o *self*, deleitamo-nos com mordidas sádicas, reclamações etc.

6. Projeção

Quando a excitação é aceita e o ambiente é confrontado, há emoção — a vinculação do apetite ou de outro instinto com um objeto concebido de forma vaga. Se a interrupção ocorrer nessa etapa, o resultado será a projeção: sente-se a emoção, mas esta flutua livre, desvinculada do sentimento ativo do *self* que vem com comportamentos expansivos adicionais. Visto que a emoção não surge dele mesmo, ela é atribuída à outra realidade possível, ao ambiente — ele a sente "no ar" ou a sente dirigida contra ele pelo outro. Por exemplo, o paciente está constrangido pelo que o terapeuta está pensando dele. Contudo, normalmente a projeção é indispensável. A projeção no "espaço vazio" é o começo da criatividade gratuita (ver capítulo XII, item 4), que, em seguida, passa a elaborar um correlato objetivo da emoção livre ou da intuição; no ajustamento criativo costumeiro, o fator de alucina-

254

ção é necessário nas primeiras abordagens. Pela intuição ou presciência, somos informados do significado que ainda não está aparente, ou somos atraídos por ele. Mas o projetor neurótico não passa a identificar o sentimento flutuante como seu próprio sentimento; de preferência, torna-o definido vinculando-o com alguma outra pessoa, e isto pode resultar em equívocos ridículos e trágicos.

O exemplo típico de projeção neurótica é que A tem planos com relação a B (eróticos ou hostis), mas A inibe sua aproximação; dessa forma, sente que B tem planos com relação a ele. Evita a frustração da emoção negando que esta seja sua.

Com relação ao ambiente, contudo, apresenta (e exerce) uma atitude de provocação inconfundível. O que ele deseja intensamente é a aproximação e o contato e, já que não consegue dar o passo, tenta fazer com que o outro o dê. Desse modo, sem se mover, não fica sentado sossegado, mas se comunica esperando "de tocaia", em silêncio, amuado, cismado. No entanto, se o outro interpretar o sinal e se aproximar de verdade, uma ansiedade intensa será causada.

Que satisfação real ele obtém? É a representação, como que num sonno, da cena dramática temida. Ele a rumina do princípio ao fim, e esse remoer está repleto de pensamentos muito falseados. Esta é a atividade possível para o *self* na estrutura rígida de exclusão do ambiente, de inibição das faculdades motoras e de ficar expondo-se passivamente às emoções desprendidas. É quase a figura do relaxamento que induz imagens hipnagógicas, só que em lugar do relaxamento há uma estrutura de músculos rígidos, de modo que quanto mais plenas de sentimentos e atrativas se tornarem as imagens, mais elas ficarão matizadas de dor e perigo.

Culturalmente, as áreas nas quais ocorrem as projeções serão obtusas, teimosas e desconfiadas — porque no momento em que as fantasias e os sentimentos poderiam se informar com o ambiente e aprender alguma coisa, o excitamento é sufocado; e é provável que se atribua a ansiedade, o perigo, precisamente àqueles que são mais "objetivos", prosaicos. Dá-se muita importância à moralidade abstrata e ao pecado. O pensamento mais positivo abunda em planos exagerados e projetos futuros.

7. Retroflexão

Suponha agora que as energias expansivas, de orientação e de manipulação, estão totalmente comprometidas com a situação ambiental, seja no amor, raiva, dó, dor etc.; mas ele não consegue agüentar e tem de interromper, tem medo de ferir (destruir) ou ser ferido; será necessariamente decepcionado. Nesse caso, as energias comprometidas voltam-se contra os únicos objetos seguros disponíveis no campo: sua própria personalidade e seu próprio corpo. Estas são as retroflexões. Normalmente, a retroflexão é o processo de auto-reformar-se, por exemplo, corrigindo a abordagem não prática, ou reconsiderando as possibilidades da emoção, fazendo um reajustamento, como sendo fundamento para ações ulteriores. Assim, sofremos remorsos, tristeza; relembramos, reconsideramos etc. Recriando na fantasia o objeto inatingível, o desejo poderá surgir mais uma vez, e o satisfazemos nos masturbando. E, de modo mais geral, qualquer ato de autocontrole deliberado durante um envolvimento difícil é uma retroflexão.

Neuroticamente, o retrofletor evita a frustração tentando não ter estado envolvido em absoluto; isto é, ele tenta desmanchar o passado, seu erro, o fato de ter-se sujado, suas palavras. Arrepende-se de ter invadido o ambiente (excretando). Esse processo de desmanchar é obsessivo e repetitivo na natureza do caso; porque uma modificação, como qualquer outra coisa, só pode ser assimilada se vier a incluir material ambiental novo; ao desmanchar o passado, ele revisa o mesmo material repetidas vezes.

O ambiente tangível do retrofletor consiste somente em si próprio, e nessa tarefa acaba com as energias que mobilizou. Se foi um medo de destruir que despertou sua ansiedade, agora ele tortura sistematicamente seu corpo e produz enfermidades psicossomáticas. Se estiver envolvido num empreendimento, trabalhará de maneira inconsciente para o fracasso deste. Esse processo é conduzido muitas vezes engenhosamente para produzir resultados secundários que realizam a intenção inibida original: por exemplo, para não machucar sua família e amigos, ele se volta contra si próprio e produz enfermidades e fracassos que envolvem sua família e seus amigos. Mas ele não obtém nenhuma satisfação disso, apenas mais remorso.

A satisfação direta do retrofletor é seu sentimento de controle ativo e de estar ocupado com assuntos plenos de interesse — porque ele está ocupado de modo obsessivo e sente o impacto na pele. Suas idéias e planos são muitas vezes bem informados, bem ponderados, e sentidos com uma seriedade extraordinária — mas ficamos ainda mais desconcertados e finalmente desenganados pela timidez e hesitação com que se interrompem antes de serem postos em ação. A orientação — o sentido de onde está na situação — parece ser extraordinária; até que fique claro que a simples possibilidade prática está sendo ignorada. Há uma reminiscência e um obscurecimento consideráveis da realidade por esse meio.

A satisfação direta da retroflexão pode ser observada quando o instinto é erótico, como na masturbação; a masturbação é um tipo de estupro — porque é provável que o corpo não esteja mais responsivo a ela que qualquer outro corpo tangível no ambiente; mas a satisfação pertence à mão agressiva, o prazer sexual é irrelevante. (Podemos distinguir facilmente entre

256

essa fase sádico-anal e o sadismo anterior introjetivo ancorado num masoquismo sentido.)

8. Egotismo

Por último, quando todas as bases para o contato final estão preparadas de modo adequado, há uma interrupção do processo de renunciar ao controle ou à vigilância, de ceder ao comportamento que levaria ao crescimento; por exemplo, desempenhando a ação que ele pode fazer e que a situação exige, ou terminando o que está fazendo e o abandonando. Isto é uma redução da espontaneidade por uma introspecção e circunspecção deliberadas adicionais, para se assegurar de que as possiblidades do fundo estão realmente exauridas — não há ameaça de perigo ou surpresa — antes de se comprometer. (Por falta de termo melhor, chamamos essa atitude de "egotismo", já que é uma preocupação última com nossas próprias fronteiras e nossa própria identidade em lugar de com o que é contatado.) Normalmente, o egotismo é indispensável em todo processo de complexidade elaborada e de maturação prolongada; de outro modo, há um compromisso prematuro e a necessidade de desencorajar o desatamento. O egotismo normal é hesitante, cético, arredio, obtuso, mas se compromete.

Neuroticamente, o egotismo é um tipo de confluência com a *awareness* deliberada, é uma tentativa de aniquilação do incontrolável e do surpreendente. O mecanismo de evitar a frustração é a fixação, a abstração do comportamento controlado a partir do processo em andamento. O exemplo típico é a tentativa de manter a ereção e impedir o desenvolvimento espontâneo do orgasmo. Por esse meio, ele demonstra sua potência, demonstra que "consegue", e obtém uma satisfação da vaidade. Mas o que está evitando é a confusão, ser abandonado.

Ele evita as surpresas do ambiente (medo de competição) tentando isolar-se como sendo a única realidade: isto ele faz "assumindo o comando" do ambiente e o tornando seu. Seu problema deixa de ser um problema de contatar algum Tu no qual está interessado, e passa ser um problema de acumular ciências e relações pessoais, incluir uma parte cada vez maior do ambiente no seu campo de ação e sob seu domínio, para que ele próprio seja irrefutável. Semelhante "ambiente" deixa de ser um ambiente, pois não alimenta, e ele não cresce nem muda. Assim, finalmente, já que ele impede que a experiência seja nova, fica enfadado e solitário.

Seu método de obter uma satisfação direta é compartimentalizar: ao separar uma atitude que está consumada e é segura, ele pode regular a quantidade de espontaneidade. Um tamanho exercício de controle deliberado satisfaz sua vaidade (e desprezo pelo mundo). Dada uma determinada quantidade de sagacidade e suficiente autoconsciência para não fazer exigências impossíveis à sua fisiologia, o egotista transforma-se facilmente na "personalidade autônoma" bem-ajustada, modesta e prestativa. Essa metamorfose é a neurose do psicanalizado: o paciente compreende seu caráter perfeitamente e acha seus "problemas" mais absorventes do que qualquer outra coisa — e haverá de forma incessante tais problemas para absorvê-lo, porque, sem a espontaneidade e o risco do desconhecido, não assimilará a análise assim como nenhuma outra coisa.

9. Resumo

Podemos resumir esses momentos de interrupção e seus "carateres" no esquema seguinte. (O é a agressão com relação ao organismo, E com relação ao ambiente e S a satisfação direta possível na fixação.)

Confluência: não há nenhum contato com a excitação ou o estímulo
    O: apego, mordida persistente
    E: paralisia e hostilidade dessensibilizada
    S: histeria, regressão

Introjeção: não aceitar a excitação
    O: inversão do afeto
    E: resignação (aniquilação por identificação)
    S: masoquismo

Projeção: não confrontar ou se aproximar
    O: repudiar a emoção
    E: provocação passiva
    S: fantasia (ruminar)

Retroflexão: evitar o conflito e evitar destruir
    O: desmantelamento obsessivo
    E: auto-destrutividade, aquisição secundária de doença
    S: sadismo ativo, ficar sempre ocupado

Egotismo: entravar a espontaneidade
    O: fixação (abstração)
    E: exclusão, isolamento do *self*
    S: compartimentalizar, vaidade

Repressão
Formação reativa
Sublimação

(O esquema pode ser multiplicado indefinidamente por meio de combinações das categorias uma com a outra, como por exemplo "confluência de introjetos", "projeção de retrofletos" etc. Dentre essas combinações, podemos mencionar talvez o conjunto de atitudes com relação aos introjetos — o super-ego: 1) a confluência com nossos introjetos é o sentimento de culpa, 2) a projeção dos introjetos é a pecaminosidade, 3) a retroflexão dos introjetos é a rebeldia, 4) o egotismo dos introjetos é o conceito de ego; 5) a expressão espontânea dos introjetos é o ideal de ego.)

10. A tipologia apresentada não é uma tipologia de pessoas neuróticas

Repetindo, o esquema acima não é uma classificação de pessoas neuróticas, mas um método de decifrar a estrutura de um comportamento neurótico único.

Isto é óbvio à primeira vista, pois todo mecanismo neurótico é uma fixação, e todo mecanismo contém uma confluência, algo inconsciente. Igualmente, todo comportamento resigna-se a alguma identificação falsa, nega uma emoção, volta a agressão contra o *self* e é presunçoso! O que o esquema pretende mostrar é a ordem na qual, diante do fundo de uma repressão pressagiada, a fixação se difunde por todo o processo de contato, e a inconsciência vem ao seu encontro da outra direção.

É evidente que deve haver uma sequência de fixação na experiência concreta, se considerarmos que em determinado momento estamos num contato razoavelmente bom, exercendo nossas faculdades e ajustando a situação, e, ainda assim, logo depois, estamos paralisados. A seqüência pode ser de fato observada diretamente. A pessoa entra, sorri ou fecha a cara, diz alguma coisa, etc: isto na medida em que tem vitalidade, não perdeu suas funções de ego e estas estão totalmente engajadas. Então ela se torna ansiosa — não importa o que seja que é demasiado excitante, pode ser o outro, uma lembrança, o exercício, seja o que for. Nesse caso, em lugar de começar a se orientar mais (é o mais, o movimento contínuo, que é essencial), imediatamente se isola e fixa a situação: fixa a única orientação obtida. Este é o ego isolado do *self*. Mas essa "consciência de si mesmo" torna-a imediatamente desajeitada; vira o cinzeiro. Torna-se rígida muscularmente (volta-se contra si própria); em seguida, pensa que o outro deve considerá-la uma idiota consumada. Adota esse critério como seu e fica envergonhada, e no momento seguinte está tonta e paralisada. Aqui interpretamos a experiência da maneira como foi criada pela difusão da fixação.

Mas, naturalmente, ela poderia ser considerada da maneira oposta, como a difusão da confluência. No instante de ansiedade, ele não está em contato com a situação em andamento — seja qual for a razão; é possível que deseje estar em outro lugar, que rejeite um impulso hostil contra o outro etc. Mas seu critério é estar no seu juízo perfeito e estar atento. Que direito eles têm de criticá-lo, afinal de contas! Assim, ele vira o cinzeiro com raiva, de propósito. No momento seguinte, ele exclui o ambiente totalmente e se basta a si próprio.

Considerando a experiência como a difusão da inconsciência, ela seria histeria; considerando-a como a difusão da fixação, ela seria compulsiva. O histérico tem "espontaneidade demais e controle de menos"; ele diz, "não sou capaz de controlar os impulsos que surgem": o corpo se agiganta no primeiro plano, emoções o assolam, suas idéias e invenções são caprichosas, tudo é sexualizado etc. O compulsivo supercontrola; não há fantasia, sentimento ou sensação ativos, e a ação é enérgica, mas o desejo é débil etc. Contudo, esses dois extremos resultam sempre na mesma coisa. E exatamente porque há muito pouco *self*, um desejo demasiado superficial, e muito pouca espontaneidade, o histérico organiza a experiência aparentemente desejada: os sentimentos não são dominantes o bastante para energizar as funções de orientação e manipulação — e, desse modo, elas parecem não ter sentido e parecem ser "demasiado pouco". Mas, inversamente, é porque as funções de controle, orientação e manipulação estão demasiado fixadas e inflexíveis, que o compulsivo é inadequado para enfrentar suas situações excitantes; portanto, ele não consegue controlar seus impulsos e se volta contra eles, e então seus sentimentos parecem ser "demasiado pouco". A divisão entre *self* e ego é mutuamente desastrosa.

Isto tem de ser desse modo, porque a neurose é uma condição tanto do medo crônico quanto da frustração crônica. Já que a frustração é crônica, o desejo não aprende a ativar funções práticas importantes, pois um homem rumando para a decepção e a dor não se envolverá seriamente com o ambiente. Não obstante, o desejo frustrado reaparece e põe em andamento fantasias, e, por fim, atos impulsivos que são praticamente inefetivos; e, assim, em conseqüência, não tem êxito, fica magoado e sujeito a um medo crônico. Por outro lado, alguém que é medroso cronicamente se controla e se frustra diretamente. Todavia, o instinto não é aniquilado, mas meramente isolado do ego; ressurge como um impulso histérico. A frustração, a impulsividade, o medo e o autocontrole se agravam mutuamente.

Em toda experiência única, todas as faculdades do *self* são mobilizadas para completar a situação tão bem quanto for possível, quer por um contato final, quer por uma fixação. A acumulação de semelhantes experiências durante uma história de vida resulta em personalidades, caracteres e tipos bem-demarcados. Mas ainda assim, em cada experiência única, considerada como ato característico do *self*, todas as faculdades são mobilizadas. E já que na terapia é o *self* que tem de destruir e integrar as fixações, temos de considerar uma "tipologia" não como um método de fazer distinções entre pessoas, mas como uma estrutura da experiência neurótica única.

11. Um exemplo de reversão da seqüência de fixações

Inventemos um exemplo[3] para ilustrar a seqüência terapêutica:

1) Fixação: o paciente é "potente", ele consegue fazer o exercício para sua própria satisfação. O chato é que quando o exercício chega ao final, no momento de extrair algo do exercício para si próprio, ou, desse modo, dar alguma coisa ao terapeuta, ele não consegue se soltar. Fica ansioso. Quando se chama sua atenção para o fato de que se interrompe nessa etapa, fica consciente de sua vaidade e exibicionismo.

2) Retroflexão: ele se censura por seus defeitos pessoais. Cita exemplos para mostrar de que maneira seu amor por si próprio e seu exibicionismo o atrapalharam. Não tem ninguém para culpar, a não ser a si mesmo. Pergunta-se: "Em lugar de recriminar-se, quem você gostaria de recriminar?" Sim; quer contar umas verdades ao terapeuta.

3) Projeção: as sessões têm fracassado porque o terapeuta não quer realmente avançar. Ele está usando o paciente; se os honorários fossem mais elevados, poder-se-ia pensar que sua intenção era extorquir-lhe dinheiro. Do jeito que está, a situação é incômoda; ninguém gosta de deitar ali e ser observado. Provavelmente o método ortodoxo é melhor, considerando que o terapeuta não estorva. Pergunta-se: "Qual é o seu sentimento quando alguém o está observando?"

4) Introjeção: ele está constrangido. Exibe-se porque quer que o terapeuta o admire; considerado como um tipo de ideal na realidade, teve uma fantasia a respeito do terapeuta (o contrário do sonho que foi discutido). Pergunta: "Sou-lhe realmente atraente?" Não: mas naturalmente temos de amar, ou pelo menos estar bem-dispostos com relação a uma pessoa que está tentando nos ajudar. Isto é dito com alguma raiva.

5) Confluência: ele está zangado porque os experimentos são enfadonhos, absurdos e, às vezes, dolorosos, e ele está cansado de fazê-los; está ficando enojado com a terapia ... Nisso ele silencia; não está interessado em fazer nenhum esforço adicional. O outro terá de fazê-lo.

---

3. O exemplo é inventado. Neste livro evitamos inteiramente o emprego de histórias de vida "verdadeiras", porque não são convincentes, a não ser que sejam transmitidas com a verossimilhança e a concretude de um romancista. São meramente exemplos para interpretação, e o leitor informado concebe imediatamente outras interpretações inteiramente diferentes, e fica irritado porque o autor omitiu a evidência relevante. Portanto, pensamos ser preferível fornecer o arcabouço intelectual diretamente e omitir as referências à "realidade".

O terapeuta recusa-se a cooperar e se cala. O paciente sente de repente que seu maxilar rígido está dolorido e se lembra, no silêncio, de que sua voz tinha saído por entre os dentes. Cerra os dentes. Suponhamos agora que a energia presa nessa característica confluente esteja acessível. Durante seu silêncio, sentiu-se alternadamente culpado por não cooperar e ressentido porque o terapeuta não fez nada para auxiliá-lo (exatamente como sua mulher). Agora talvez ele compreenda que esteve impondo sua própria dependência sem necessidade; e a imagem evocada pela dependência o diverte. Não obstante, a energia liberada da confluência será por sua vez contatada e fixada de acordo com os outros caracteres. Desse modo:

Introjeção: um homem tem de ser independente e fazer o que quer. Por que não deveria procurar outras mulheres? Pergunta: "Há alguém em especial em quem você esteja interessado?"

Projeção: ele nunca tinha tido semelhantes pensamentos antes da terapia. Sente-se quase como se eles estivessem sendo postos em sua mente. "Verdade?"

Retroflexão: é culpa de sua educação. Reconhece aquele rosto censurador em mães de classe média, exatamente como o rosto de sua própria mãe. Inicia uma longa reminiscência. Pergunta: "E o que me diz de sua mãe agora?"

Egotismo: ele entende tudo perfeitamente. O que as pessoas não sabem não as machucará. E só fazer as coisas dentro das regras do jogo. "Quem está jogando um jogo?"

Contatando a situação: tentará o experimento mais uma vê e verá se ganha algo com ele.

12. Percepção de fronteiras

Vimos que o funcionamento do ego pode ser descrito como um estabelecimento de fronteiras do interesse, da força etc. do *self*; identificar-se com algo e alienar são os dois lados da fronteira; e em todo processo de contato real a fronteira é definida, mas está sempre mudando. Bem, na situação terapêutica de contatar deliberadamente o caráter, qual é a percepção da fronteira?

Absorto numa atividade interessante, o *self* contata suas funções de ego perdidas sob a forma de bloqueios, resistências, falhas repentinas. Identificamo-nos com a ocupação interessante, que está num lado da fronteira; mas o que está alienado não é como no funcionamento normal — desinteressante e irrelevante, mas precisamente alheio, opressivo, estranho, imoral, insensível; não uma fronteira, mas uma limitação. A percepção não é a indiferença, mas o desprazer. A fronteira não se desloca pela vontade ou necessidade, à medida em que tentamos ver, relembrar, mover-nos; permanece fixa.

Considerados topologicamente, como fronteiras fixadas no campo organismo/ambiente em mudança, os carateres neuróticos que descrevemos são da sequinte maneira:

Confluência: identidade entre o organismo e o ambiente.
Introjeção: algo do ambiente dentro do organismo.
Projeção: algo do organismo no ambiente.
Retroflexão: parte do organismo transformou-se no ambiente de outra parte do organismo.
Egotismo: isolamento tanto do id quanto do ambiente, ou: o organismo está em grande medida isolado do ambiente.

Há uma oposição exata na maneira pela qual essas situações são percebidas pela necessidade neurótica de mantê-las fixadas e pelo *self* criativo que concentra a atenção nelas:

Na confluência, o neurótico não tem consciência de nada e não tem nada a dizer. O *self* que se concentra sente-se enclausurado por uma escuridão opressiva.

Na introjeção, o neurótico justifica como normal o que o *self* que se concentra sente como um corpo estranho que quer expulsar.

Na projeção, o neurótico está convencido como que pela evidência sensorial, onde o self que se concentra sente uma lacuna na experiência.

Na retroflexão, o neurótico está diligentemente ocupado, onde o *self* que se concentra sente-se esquecido, excluído do ambiente.

No egotismo, o neurótico está consciente e tem algo a dizer sobre tudo, mas o *self* que se concentra sente-se vazio, sem necessidade ou interesse.

Observa-se de acordo com isso que o tratamento de uma área de confluência e o de uma área de fixação egotista apresentam dificuldades opostas. A escuridão confluente é demasiado abrangente; o *self* é rotina; nenhuma proposta nova é aceita como relevante — exatamente como no comportamento histérico, é provável que tudo seja momentaneamente relevante (para sua própria satisfação, não há uma falta de sintomas para o terapeuta interpretar).

Bem, na história da psicanálise o extremo oposto dessa condição foi considerado como a saúde do *self*, a saber, a etapa de todo ego que sente uma fronteira de contato possível em toda parte.

O *self* essencial é definido como o sistema de suas fronteiras de ego; não se percebe que isto seja uma etapa em mudaça do *self*. O impulso para uma concepção teórica desse tipo é irresistível, porque na terapia a *awareness*

263

de fronteiras dissolve as estruturas neuróticas, e o médico define de acordo com o que funciona na terapia; além disso, todo "problema" específico que surge na terapia pode ser enfrentado finalmente e "resolvido" no egotismo, compartimentalizando-o e empregando todas as funções de ego dentro desse âmbito seguro, sem envolver os sentimentos em absoluto. Esta é uma condição de consciência extremamente intensificada, que nunca terá momentos criativos brilhantes, mas é inteiramente adequada para sessões terapêuticas. Para o *self*, tudo é potencialmente relevante e novo — há uma fronteira em toda parte e nenhum limite para a ação — mas nada é interessate. Ele está psicologicamente "esvaziado". Como dissemos, isto é a "análise-neurose"; é provável que qualquer método de terapia que for prolongado por um tempo demasiado logo tenha de dar esse resultado, que na Antiguidade era elogiado como sendo a apatia estóica, e entre os modernos é considerado como uma "personalidade livre", mas semelhante liberdade do indivíduo, sem a natureza animal ou social, ou sob o controle jurídico e higiênico perfeito da natureza animal e social, é, como disse Kafka, uma coisa triste e tola.

13. Terapia das fronteiras

Para uma terapia-da-concentração, o problema de contatar as funções de ego perdidas não é diferente de qualquer outro problema de orientação e manipulação criativas, pois a *awareness* ou o tipo insatisfatório de *awareness* são sentidos simplesmente como um outro obstáculo no campo organismo/ ambiente. É necessário necessitar, aproximar-se, destruir, para identificar, contatar e assimilar. Não é uma questão de recobrar algo do passado nem de resgatá-lo detrás de uma couraça, mas de produzir um ajustamento criativo na situação dada no presente. É necessário destruir e assimilar a inconsciência como um obstáculo para completar a gestalt na situação presente. Os exercícios terapêuticas consistem num delineamento nítido e numa descrição verbal precisa do bloqueio ou do vácuo sentidos, e em experimentos com eles para mobilizar as fronteiras fixadas.

Desse ponto de vista, não há mistério no milagre psicanalítico de que a mera *awareness* é de algum modo catártica, pois o esforço da *awareness* concentrada e da mobilização do bloqueio impõem a destruição, o sofrimento, o sentimento e o excitamento. (Correspondentemente, o terapeuta é uma parte imensamente importante da situação presente, mas não é necessário falar em "transferência", trazer energias edipianas reprimidas, porque a realidade contém tanto a confluência da dependência quanto a rebelião contra ela.)

Voltemos em seguida à pergunta do paciente pela qual iniciamos: "Em que momento começo a não resolver o problema? Como eu me impeço?" E agora vamos dar ênfase não ao momento da interrupção, mas ao começo e ao como. Contrastemos a situação não-terapêutica com a situação terapêutica. Ordinariamente, tentando contatar alguma realidade interessante no presente, o *self* torna-se consciente das fronteiras de suas funções perdidas — alguma coisa do ambiente ou do corpo está faltando, não há força ou clareza suficientes. Não obstante, o *self* prossegue e tenta unificar o primeiro plano, embora a estrutura neurótica apareça no fundo como uma situação inacabada, impossível de conhecer, um prenúncio de confusão e uma ameaça ao corpo. O excitamento crescente é sufocado, há ansiedade. Não obstante, o *self* insiste na tarefa original, e mitiga a ansiedade suprimindo mais o fundo com formações reativas, e avançando com uma parte cada vez menor de suas faculdades. Na terapia, ao contrário, é exatamente o momento da interrupção que se torna então o problema interessante, o objetivo de concentração; as perguntas são: "Qual é o obstáculo? Com o que se parece? Como o sinto muscularmente? Onde está no ambiente? Etc". A ansiedade crescente é mitigada prolongando o excitamento nesse novo problema; o que se sente é alguma emoção inteiramente diferente de dor, raiva, nojo, medo, saudade.

14. O critério

Não é a presença de obstáculos "internos" que constitui a neurose: eles são simplesmente obstáculos. Na medida em que a situação está viva, quando surgem os obstáculos à criatividade, o excitamento não diminui, a gestalt não pára de se formar, mas sentimos espontaneamente novas emoções agressivas e mobilizamos novas funções de ego de precaução, deliberação, prestar atenção — relevantes aos obstáculos. Não perdemos o sentido de nós mesmos, de nossa unidade sintética, mas esta continua a se aguçar, a identificar-se mais e alienar o que não é ela própria. Na neurose, ao contrário, nessa altura o excitamento titubeia, a agressão não é sentida, perdemos o sentido do *self*, ficamos confusos, divididos, insensíveis.

Essa diferença fatual de criatividade progressiva é o critério crucial de vitalidade e neurose. É um critério independente, geralmente observável, e também passível de introspecção. Não exige normas de saúde para comparação. O teste é fornecido pelo *self*.

O neurótico começa a perder contato com a realidade; sabe disso, mas não tem as técnicas para continuar o contato; continua numa rota que o afasta mais da realidade, e está perdido. O que tem de aprender é a reconhecer nitidamente quando não está mais em contato, de que maneira não está em contato, onde está a atualidade e o que ela é agora, de modo que possa continuar a contatá-la; um problema "interno" é agora a realidade, ou provavelmente a relação de um problema "interno" com o processo de percepção anterior. Se ele aprender uma técnica de *awareness*, para prosseguir, para manter-se em contato com a situação em mudança, de modo que o interesse, o excitamento e o crescimento prossigam, não estará mais neurótico, não importando se seus problemas são "internos" ou "externos". Pois o significado criativo da situação não é o que pensamos de antemão, mas surge ao trazermos para o primeiro plano as situações inacabadas, quaisquer que sejam, e ao descobrirmos-e-inventarmos sua relevância para a situação aparentemente sem vida do presente. Quando o *self* puder se manter em contato e prosseguir na emergência, a terapia estará terminada.

Na emergência, o neurótico se perde. Para sobreviver um pouco, com um *self* diminuído, identifica-se com sentimentos reativos, com um interesse fixado, com uma ficção, uma racionalização; mas estes em realidade não funcionam, não modificam a situação, nem liberam energia e interesse novos. Ele perdeu uma parte da vida concreta. Mas o paciente passa a reconhecer que seu próprio funcionamento é parte da atualidade. Se alienou algumas de suas faculdades, passa a identificar-se com sua própria alienação destas como um ato deliberado; poderá dizer "sou eu que estou fazendo ou impedindo isto". A etapa final da experiência, contudo, não é um assunto da terapia: é alguém se identificar com seu interesse por aquilo que é pleno de interesse, e ser capaz de alienar o que não é pleno de interesse.

Nas suas provações e conflitos, o *self* está passando a ser de uma maneira que não existia antes. Na experiência plena de contato, alienando suas estruturas seguras, o "eu" arrisca-se a esse salto e identifica-se com o *self* em crescimento, fornece-lhe seus serviços e seu conhecimento, e retira-se de cena no momento da realização.

leia também

ESCARAFUNCHANDO FRITZ
DENTRO E FORA DA LATA DE LIXO
Frederick S. Perls

Autobiografia em que Frederick S. Perls, criador da Gestalt-terapia, deixa fluir seu foco de consciência e "escreve tudo que quiser ser escrito". O livro é um mosaico multifacetado de memórias e reflexões sobre sua vida, bem como um interessante relato de como surgiram as idéias e conceitos que deram origem e fizeram evoluir a Gestalt-terapia.
REF. 10103   ISBN 85-323-0103-7

GESTALT-TERAPIA EXPLICADA
Frederick S. Perls

Fritz Perls, com sua constante inquietação e intransigência, deixa-nos como legado esta síntese genuína de sua grande criação, a Gestalt-terapia. O livro apresenta de maneira simples e informal – palestras e sessões gravadas – as idéias nas quais se sustenta a Gestalt-terapia. Difícil imaginar algo que nos aproximasse mais da Gestalt-terapia do que o próprio Perls atuando e comentando suas intervenções.
REF. 10031   ISBN 85-323-0031-6

ISTO É GESTALT
John O. Stevens (org.)

Coletânea de artigos elaborada oito anos após o início da explosão da Gestalt, ocorrida na Califórnia em 1966-68. Naquela época, Frederick Perls, o iniciador da Gestalt-terapia, trabalhava intensamente em seminários e workshops no Esalen Institute. O livro contém artigos de Perls e de outros nomes expressivos da Gestalt, inclusive o de John O. Stevens, que organizou a coletânea nos Estados Unidos.
REF. 10023   ISBN 85-323-0023-5

TORNAR-SE PRESENTE
EXPERIMENTOS DE CRESCIMENTO EM GESTALT-TERAPIA
John O. Stevens

A tomada de consciência, ou seja, tornar presente para nós mesmos o que se faz presente à nossa volta, é uma das condições fundamentais do processo terapêutico. Aqui é apresentada mais de uma centena de experimentos, baseados em Gestalt-terapia, e originalmente criados como parte da formação clínica de estudantes de psicologia.
REF. 10099   ISBN 85-323-0099-5